JN034191

飛行機との初めての出会い。ニューヨーク州
ブルックリンにて、両親のジョージとアンと。

1940年式シボレーと。1944年。

キャサリン・“ケイ”・キャロン。モナーク峠にて、1944年。

ケイ。ユタ州ウェンドーバーにて、1944年。

向かって左から、リチャード・マクナマラ中尉、ハロルド・ライダー中尉、スチュアート・ウィリアムズ中尉、ルイス大尉、ドゥーゼンベリ曹長、ネルソン上等兵、シューマード軍曹、スティボリック軍曹、キャロン曹長。ユタ州ウェンドーバーにて。1945年6月に82号機でテニアン島へ向かう前。
(U.S.Army Air Forces)

上空300メートルの南東から見たテニアン島の北飛行場。1945年夏。
(Ken Eidness)

向かって左からジョン・ライト中尉、キャロン、ラルフ・ベラミー軍曹（所属隊員ではない）、ハーバート・プラウト軍曹。テニアン島の東の岸壁にて。1945年8月下旬。（Ken Eidness）

テニアン島の上空300メートルから見た南端のラロ・ポイント。左手はテニアン港。（Ken Eidness）

エノラ・ゲイの尾部にて。1945年 8 月。

テールコードに丸に矢のマークを記したエノラ・ゲイの尾部にて。

サイパン島からテニアン島へキャロン（ドジャーズの帽子を被っている）を訪ねてきたニューヨーク州リンブルックで隣同士だったメル・ダール伍長と。(Ken Eidness)

1945年８月６日、広島から帰投して北飛行場の駐機場へ向けて地上滑走するエノラ・ゲイ。(U.S.Army Air Forces)

テールコードを丸に矢のマークに戻したエノラ・ゲイ。テニアン島、北飛行場にて。1945年 8 月下旬。（U.S.Army Air Forces）

テニアン島にて。1945年 8 月下旬。背景に見えるのは食堂。（Ken Eidness）

後列向かって左からトーマス・フィアビー少佐、セオドール・ヴァンカーク大尉、ポール・ティベッツ大佐、ロバート・ルイス大尉。前列の向かって左からキャロン曹長、ジョセフ・スティボリック軍曹、ロバート・シューマード軍曹、リチャード・ネルソン上等兵、ワイアット・ドゥーゼンベリ曹長。1945年８月４日、テニアン島の作戦本部の前にて。（U.S.Army Air Forces）

エノラ・ゲイの搭乗員たち。1945年８月６日、広島へ飛行する直前。後列左から航法士のヴァンカーク大尉、爆撃手のフィアビー少佐、操縦士のティベッツ大佐、副操縦士のルイス大尉、電子対策士官のジェイコブ・ビーザー中尉。前列左からレーダー士のスティボリック軍曹、尾部射撃手のキャロン曹長、無線通信士ネルソン上等兵、副航空機関士のシューマード軍曹、航空機関士のドゥーゼンベリ曹長。写真に写っていない２名にウイリアム・パーソンズ海軍大佐とモリス・ジェプソン少尉。（U.S.Army Air Forces）

広島ミッションに向けて兵舎を後にする、向かって左からキャロン曹長、ドゥーゼンベリ曹長、スティボリック軍曹、シューマード軍曹（写真のフラッシュで不鮮明)、ネルソン上等兵。(Yank Magazine)

広島と長崎の原子爆弾投下任務に就いた隊員たち。非公式の日本の降伏を知った夜の兵舎で。向かって左から座っている無線通信士のエイブスピッツァー軍曹、射撃手のレイモンド・ギャラガー曹長、特殊機器操作員のエドワード・バックレイ曹長、スティボリック軍曹、キャロン曹長、ドゥーゼンベリ曹長、シューマード軍曹、航空機関士のジョン・カーレック曹長、尾部射撃手のアルバート・デハート軍曹、特殊機器操作員のシドニー・ベラミー伍長、ネルソン上等兵。
(Yank Magazine)

キャロンが撮影した広島上空で炸裂した原子爆弾。(U.S.Army Air Forces)

1945年８月６日、広島からテニアン島へ帰投したエノラ・ゲイの搭乗員たちとカール・スパーツ将軍を交えた報告会。野球帽を被っているのがキャロン。（U.S.Army Air Forces）

試験飛行中のボーイング社のXB－29。シアトル、1942年。
（U.S.Army Air Forces）

キャロン。1945年。

記念空軍（Commemorative Air Force）コロラド航空団のキャロン大佐。

キャロン（左）とポール・ティベッツ准将（退役後）。1994年。

左からリチャード・ネルソン、セオドール・ヴァンカーク、トーマス・フィアビーの各氏。1994年。

わたしは広島の上空から地獄を見た

エノラ・ゲイの搭乗員が語る半生記

FIRE OF
A THOUSAND SUNS

ジョージ・R・キャロン&
シャルロット・E・ミアーズ 著
金谷 俊則 訳

文芸社

FIRE OF A THOUSAND SUNS

by George R. Caron and Charlotte E. Meares

Japanese translation rights arranged with National Museum of the Pacific War,
Texas Historical Commission, Fredericksburg, Texas
Through Tuttle-Mori Agency, Inc., Tokyo

妻のケイと最愛の両親アンとジョージへ

緒　言

成功し、勝利し、空を飛び、ときに戦うためには、信頼して任せられる人たちが必要です。

わたしの戦歴の中でも、第二次世界大戦のときは、とても恵まれていました。第五〇九混成部隊とともに陸軍航空軍が編制する最高の搭乗員たちとチームを組むことができたからです。

平和な時代とちがって、当時はあらゆる状況で異常な行動を取らなければなりませんでした。世界で初めてとなる原子爆弾を投下した指揮官として、わたしは、それまでの指揮官に比べて多くの裁量権と自由を与えてもらいました。わたしは、そうした経歴を持てたことを誇りに思いますし、あのときわたしたちが成し遂げた偉業を今も誇りに思っています。

エノラ・ゲイの搭乗員たちは、個性ある者たちばかりでした。あのようなすばらしい爆撃機を使った作戦では、全員が一流の腕を持っていて、どの搭乗員もわたしがとびきり優秀だと見込んで選んだ者たちばかりでした。その中で、わたしたち搭乗員を敵から守ってくれる唯一の者がいました。尾部射撃手のジョージ・R（ボブ）・キャロンです。

ボブ・キャロンは、あらゆる面からみて典型的な兵士でした。一九三〇年代の不況の中で苦労しながら学び、成功への階段をのぼり詰めました。成功し、学び、より多くのことを知り、人生を楽しみたいという飽くなき欲求を持っていました。端的にいうと、ジョージ・ロバート・キャロンなら信頼できると思ったのです。わたしを失望させたことが一度もありませんでしたし、頭の回転が速く、辛口のしゃれを飛ばし、鋭い観察力を持っていて、わたしたちは多くの恩恵を受けました。B－29の火器制御装置については、それを設計した技術者よりも彼の方が詳しいほどで、そのような専門的な知識は大変貴重なものだったのです。

本書はそのボブ・キャロンの物語です。読者は、本書の中で少年のような心を持ったボブに、またエノラ・ゲイを守ってくれた尾部射撃手のボブに出会うことでしょう。

ポール・W・ティベッツ

アメリカ空軍准将で退役　エノラ・ゲイのパイロット

一九九五年二月

謝　辞

わたしには、勇気と支援をいただいた多くの方たちがいます。中でも最初に挙げたい人は、今も美しい妻のケイです。ケイは、わたしの半生にわたる身の上話に辛抱強く耳を傾けてくれて、その話を多くの人たちにも語るよう勧めてくれました。「あなたは七十五歳になったんですし、もう若くはないのですから」と、いつもの歯に衣着せぬ言い方でわたしの記憶を蘇らせようとしてくれました。

ポール・W・ティベッツ氏は、当時は大佐でエノラ・ゲイの機長でしたが、アメリカ空軍を准将で退役された今、このたび本書の緒言を快く書いて下さいました。

これからお話しする内容は、何しろ五〇年も昔のことですので、当時の空軍であった出来事についてわたしの記憶が正しいかどうかを確かめるため、ポール・ティベッツ氏と、ワシントンDCにある航空記念博物館の歴史家、著述家、理事長のジョージ・E・ヒックス氏とが、本書の原稿を点検して下さいました。

トーマス・フィアビー氏、セオドア・ヴァン・カーク氏、リチャード・ネルソン氏は、エノラ・ゲイの搭乗員だった仲間たちで、いろいろな資料を簡潔な伝記風にまとめて提供して下さり、励ましてくれました。

ジェームス・C・ホール空軍准将（退役）は、本書の出版に全面的に賛成して下さいました。本書の発行人で隣人でもあるワレス・バーク氏は、ケイとわたしが偶然に出会った人で、バーク氏がいなければ本書の出版計画を進めることはありませんでした。妻のケイと同じように、バーク氏もわたしの物語を公にする価値があると考えてくれたのです。

共著者のシャルロット・ミアーズ氏は、ケイとわたしを満足させるような文才があり、本書をまとめるため熱心に調査研究をしてくれました。本書を執筆するにあたっては、事実や歴史上の事件や個人生活を詳細に調べようとしてもわたしだけでは見当がつかないこともあり、多くの疑問な部分もありましたので、彼女の労を惜しまぬ努力に深く感謝しています。

最後になりましたが、わたしの誇りとする子供たち孫たち曾孫たちにも感謝したいと思います。わたしは、読者の皆さんにわたしの物語をすべてお話しするつもりですが、家族にもわたしの物語を知ってもらい、覚えておいて欲しいのです。

ジョージ・R（ボブ）・キャロン

本書の出版にあたって協力と激励を惜しまなかった方々として、ネブラスカ州ベルヴューにある戦略航空軍団博物館の事務局長ジェームス・バート氏と、博物館に展示されていたB－29の狭い機内を這いまわりながら、わたしが浴びせた質問に丁寧に答えて下さった復元責任者のマーク・トラップ氏に感謝を申し上げます。また義兄でパイロットのウィリアム・M・ミアーズ三世には、原稿の内容に誤りがないかをチェックするため、わざわざ遠路足を運んでくれたことに心より感謝を申し上げます。ジェネシス・コミュニケーション代表のネリー・サダビシアス・マッカラム氏には、本書の装丁を担当していただきました。ダグラス郡歴史協会の図書館および資料館には、貴重な調査資料を提供していただきました。本書の発行人ワレス・バーク氏には、ボブ・キャロン氏の物語を公にしてくれたことに対して、そしてボブ・キャロン氏には、自らの身の上話を語ってくれたことに対して深く感謝を申し上げます。一九四五年八月に、ご母堂のアン・ウェストリック・キャロン氏が報道関係者からインタビューを受けた際、いつか息子の冒険譚が本になるはずですと自信たっぷりに語っておられました。やはり彼女は、いつもながら正しかったのです。わたしには彼女が昔からの友人のような気がしてなりません。ご尽力をいただいた方たちの中で、とくに心より感謝の気持ちを伝えたい人として、ネブラスカ大学オマハ校英語科のリンダ・ジョンソン博士を挙げなければなりません。またわたしの仕事に理解を示し、支えてくれた夫のロラン・ミアーズは、時間を割いて本書に掲載する当時の写真をデジタル処理してくれました。さらにわたしの家族、友人、熱心に支えて下さった方たちすべてに感謝を申し上げます。

シャルロット・E・ミアーズ

目次

1. 目を貫く閃光

かつてこの世で誰も目にすることのなかった日の出だった。その日の出は、はじめは、ほんのひと粒の赤紫色の光の種子となってあらわれたと思うと、瞬く間に太陽の一〇〇〇倍もの光となって花開いた。

目に突き刺さるような閃光が保護眼鏡を貫いたとき、尾部射撃手は失明したと思った。ほんの二分前にジョージ・ロバート・キャロン曹長は、高感度のポラロイドフィルムを点検していた。撮影した印画紙には、明るい朝の太陽が奇妙でかすかな紫色の一点として写っているだけだった。ただそれだけだった。

トム・フィアビー少佐は、照準点の相生橋に目を凝らし、ノルデン爆撃照準器のスイッチを入れ、落ちつきはらった様子で「爆弾投下」と告げた。

その瞬間、「リトル・ボーイ」はエノラ・ゲイの胴体から九六〇〇メートル下の地上に向けて落下していった。爆弾倉が開いたあと、キャロン曹長は保護眼鏡を着けたままの暗い視野の中で秒読みを始めた。

急に五トンも軽くなったB－29は跳ね上がった。機長のポール・ティベッツ大佐は、爆発の衝撃から搭乗員たちの身を守るため直ちに、これまで幾度も訓練を重ねてきた退避行動を取った。

この爆弾が炸裂したとき、特別に改造された機体に対して、あるいは三二万三〇〇〇人の人々が暮らす街に対して、どれほどの衝撃を与えるのか、誰ひとり、もちろん世界ではじめてとなる核兵器を造り出した科学者たちさえも予測することができなかった。リトル・ボーイを投下する前に、予行演習はなかったのだ。そのことは、強力な新兵器が実験もされないまま戦場に投入されるという、歴史上初めての作戦行動となった。

アメリカ第三十三代大統領のトルーマンは、この年に急死したルーズベルト大統領にかわって血なまぐさい戦争を引き継いでいた。大統領に就任したトルーマンが一番気がかりだったのは、この爆弾が不発に終わるかも知れないことだった。この「仕掛け」がうまくいけば日本は降伏するだろうと思った。しかし、それが日本に壊滅的な打撃を与えなかったとしたら、そのときはそのときのことだと思いながら、爆弾が投下された結果を待ち望んでいた。二〇億ドルもの価値のある赤ん坊をはらませた科学者たちと、その赤ん坊を出産した飛行機のパイロットも、もちろん結果を待っていた。

爆弾の犠牲となる目標の都市は、六本の指をひろげたような姿で横たわっていた。広島と呼ばれるこの街は、太田川(おおた)の七つの支流が街の中を指のあいだのように優雅に流れくだっていて、支流は南西に向かって曲がりくねったあと、瀬戸内海に注いでいた。

日本の軍部は、広島の水路が軍事上大いに役立つと考えていた。港は軍隊を輸送するのに都合がよかったし、川岸にはいろいろな軍事施設が立ち並んでいた。軍部の思いつきの計画によって、万一、東京を放棄しなければならなくなったときに本土防衛のための司令部を広島に移す予定で、すでに陸軍の第二総軍が駐屯し、軍の施設が相生橋から約六キロメートル以内の地域に建造されていた。

この日の朝、街はいつもと変わらずにはじまった。栄養不足の若い兵隊たちは、天皇のために命を投げ出す覚悟で広島城内の広場で訓練に励んでいる。腰の曲がった皺だらけの老人たちは、太田川の土手で魚を釣っている。一匹の魚でさえ空腹の家族にとっては腹の足しになったのだ。学生たちは前日からの作業を再開し、木造の家屋、商店、塀などを取りこわして、空襲のときに火災から街を守るために空き地を造っている。

一九四五年八月六日の晴れわたったこの日の朝、空を仰いだ市民の誰もが、一万メートル上空を一機のB－29が朝日を浴びて飛んでいるのを目にしたはずだ。ここ数ヶ月のあいだ、一機ないし二機の偵察機と思われるB－29の飛来によって、くりかえし空襲警報が発令されていたが、この日の朝は警報が発令されないまま、市中では人々が忙しそうに活動をはじめていた。

前日から当日の深夜と早朝にかけて三回、「Bさん」と人々が呼んでいたB－29の飛来に対して警報が発令されたので、疲れきっていた市民は、またしても眠れない夜にうんざりしていた。広島の脈拍は早鐘のように鳴り、神経はすり減っていた。市民たちは、日本のほかの都市を焼け野原にした焼夷弾がいつ自分たちの上空に落下してくるのかと不安で落ちつかない気持ちのまま、この美しい街が何かの理由によって、あるいは何か思いもよらないものによって守られていると信じていた。

日本時間の午前八時十五分十七秒、そんな人々の想いは終わりを告げた。肩幅の広さほどしかない狭い隔室の中で、尾部射撃手のキャロン曹長は秒を数えていた。四十一、四十二……。突如、何の音もなく爆弾内部のひと刺しほどのエネルギーが巨大な爆発に変化した。太陽を一〇〇〇個ほど集めたほどの光が、宇宙全体を照らすかと思われるほどの輝きとなって膨張していった。

創世期から続いてきた十数億年が突然もつれ合って逆転したかのように空が引き裂かれ、人間の造り出したこの大変動によって、計り知れない熱が発生した。爆弾は計画どおり、広島の上空五七〇メートルで炸裂し、放出された摂氏一〇〇万度の高熱は物質を熱エネルギーに変えて、すべてを灰にした。火球の中心温度は摂氏三〇万度に達し、爆心直下では、はげしい火炎から逃れることのできる物は何もなかった。物質は存在することをやめてしまった。木々、自転車、急須、布団、家屋、人間などのすべてが消滅し、蒸発した。強烈な熱線によって、石の上にシルエット写真のような薄気味の悪い影が焼き付き、ほんの少し前まで、その場所に生きていた人がいた跡を遺した。

リトル・ボーイを投下したエノラ・ゲイは、右に急旋回したあと退避行動を取って、東に向けて飛行をつづけた。

爆発の瞬間、機内の前方は一度に数百ものフラッシュが焚かれたように輝いた。ティベッツ大佐は舌に電気の走るような痛みと、そのあとに鉛のような後味を感じた。

爆発の瞬間、保護眼鏡を着けていたキャロン曹長には、自分の周囲がネガフィルムの画像か、露出オーバーの写真のように見えた。慌てて保護眼鏡を額からむしり取ると、網膜には幻影があらわれ、あらゆるものがキラキラした黄色と白色の中に包まれて、その幻影が数秒のあいだスローモーションのように漂った。まもなく物の形と輪郭が徐々にはっきりしてきて、脱色した部分にさまざまな色が戻ってきた。

広島市から西に一二キロメートルの友人の家で、中村敏（さとし）は新聞に目をとおしながらお茶を一口飲んだ。そのとき何の警報もないまま東側の窓が粉々に吹き飛び、体が床にたたきつけられた。同盟通信社の記者だった中村は、砕け散ったガラスの中から身を起こして表に飛び出した。そして自分の目を疑った。広島の上空に真っ黒な雲が渦巻きながら膨れあがっていて、その雲は「見たことのない奇妙な花が一斉に咲き乱れたように」炎の塊の中に吸いこまれていた。

中村のいたところからほぼ同じ距離にいたキャロン曹長も広島の光景を目にしていたが、見える位置はまったくちがっていた。ティベッツ大佐は、爆発の瞬間に出現する光景を目撃できる唯一の場所が機体の尾部だと知っているので、キャロン曹長が地上の様子を報告してくるのを待っていた。

「機銃装置が邪魔になって、まだ何も見えません」キャロン曹長がそう報告した直後、事態は急変した。キャロン曹長は、体の底から突き上げてくるような恐怖で心臓が削岩機のように高鳴った。まるでSF映画に登場する不気味な原形質のような物体が飛行機を巻きこもうとするかのように迫ってきたのだ。その物体は半透明の巨大な気泡で、水の中で四方にひろがる波動のように急速に膨張しながら迫ってきた。インターコムから警報を発しようとしたが、声にならなかった。叫ぼうとして、やっと声が搭乗員たちの耳に届くと同時に、圧縮された灼熱の気泡が機体を襲った。衝撃で機体はいったん跳ね上がったあと、建物の十階から一階に落下するように急降下した。

「対空砲火か……」ティベッツ大佐は、ヨーロッパ戦線でのはげしい対空砲火の衝撃を生々しく思い出して本能的に呟いた。その衝撃はドイツ軍の八八ミリ対空砲弾のようだった。

「超空の要塞」と呼ばれた重厚なB－29の機体は、対空砲火ではなく気泡の衝撃波によって動揺したため、ティベッツ大佐は思わず「対空砲火」と呟いたのだ。その衝撃から四秒後、最初の衝撃波が地上から跳ねかえってきた第二の巨大な気泡が襲いかかってきた。

「もう一度やってきます！」キャロン曹長は今度は大声で、はっきりと伝えた。第二の衝撃波は初めの衝撃波ほどではなかったが、もう一度機体を跳ね上げた。

キャロン曹長は、広角窓に顔を押しつけて外を見た。機体尾部から突き出た機銃の向こうに、すさまじい噴煙が地上から立ちのぼるのが見えた。恐怖を感じたが、自分にはまだやることがあった。屋外トイレよりも狭い隔室の中で、出撃する直前に写真班の将校から押しつけられた、操作の面倒な飛行機用カメラを使って外の光景を撮影しようとした。それにしても一体どこを撮ればいいのだろうか？　照準器が邪魔だったので、インターコムでティベッツ大佐を呼び出し、機体の方向を少し変えてもらいたいと頼んだ。そして左に五度旋回すると、右側の窓からうまく撮影できる位置になった。

「おまえが見たままを報告するんだぞ」ティベッツ大佐が念を押した。

風防ガラスに顔を押しつけると、沸き立ったような生々しい外の光景が目に飛びこんできた。全員がキャロン曹長の報告を聴こうと耳を澄ませ、機体の中央部から前方の操縦席までが静まりかえった。息づかいの混じった、切れ切れの言葉がインターコムから機内に流れてきた。

「巨大な噴煙の柱です……紫がかって、灰色の渦巻く塊……その頂上は白くて、底の方は中心が真っ赤な火のようです」出撃前のブリーフィングのときにウィリアム・パーソンズ大佐が説明していた言葉を思い出した。キノコ雲だ。パーソンズ大佐は噴煙の上に開いた傘のような王冠をそう表現していた。

「下の方は糖蜜が泡だったようで……キノコが傘をひろげているような……それが、こちらの方まで立ちのぼってきていて……真っ黒だけど、紫がかっていて……キノコ雲の根元の方は一面の厚い雲に覆われて、そのあたりから真っ赤な炎が立ちのぼっていて、巨大な石炭層から噴き上がる炎のようで……噴煙は膨らみながら、周りの山麓の方にひろがっていて……まるで地獄を覗きこんでいるようです」

「ボブ、火炎がいくつあるか数えるんだ」完璧主義のティベッツ大佐は、そんなことまで報告させようとしたが、火炎はおびただしい数だった。キャロン曹長は十五まで数えて諦めた。

ティベッツ大佐が機体を傾けたので、ほかの搭乗員たちも、外の様子を見ることができた。その光景を見ながら搭乗員たちは、十一ヶ月にもおよぶ厳しい訓練の日々と、一緒に働いてきた一〇万人の労働者のことを思い起こしていた。しかし自分たちの詳しい任務については、帰投してからティベッツ大佐が公表するまで知らなかった。ティベッツ大佐は、噴煙を用心深く避けながら飛行した。噴煙は、手のひらを重ねていく子供の遊びのように上昇しながら、もうこれ以上重ならない高さになるまで上昇していた。九〇〇〇メートル、一万二〇〇〇メートルの高さにまで渦を巻きながら上昇をつづける噴煙は、高熱の水蒸気を含んだまま一万五〇〇〇メートルにまで達して、広島の上空を青い色に染めた。

「ああ、我々は何ということをしたんだろうか?」副操縦士のロバート・ルイス大尉は、自分でも何を言っているのかわからないまま、かすれた声でささやいた。ただその言葉は、嘆きの感情でもなければ平凡な感情から発せられたものでもなく、ましてや自分を非難する言葉でもなかった。その言葉は、何かぼんやりとした得体の知れない、自分が今まで気づかなかった心のある部分から発せられた。自分のやったことが連帯責任として許されるという意味なのか、訳のわからない出来事に答えを出そうとする意味なのか、あるいは小説や詩の中にだけ求められる答えを探し求める意味なのか、よくわからなかった。あるいは、一瞬で大きな破壊をもたらした原子爆弾の威力に否応なく驚嘆した意味だったのかもしれない。

そんなことをあれこれ想いながら、突然、全くちがった想いも浮かんできた。これで戦争が終わるんだ！

キャロン曹長は、目の前にある、黒い髪をした美しい妻のケイの写真に微笑みかけた。ケイは、尾部の狭い隔室に一緒にいるかのようだったし、本当に一緒にいるのだ。ケイの写真は透明なプラスチックポケットに入れて酸素チャートの上に鎖でぶらさげてあった。裏には赤ちゃんのジュディのスナップ写真が入っていて、今はこの写真がこの世でもっともすばらしい眺めだった。エノラ・ゲイの頭上に漂う気味の悪い黒雲によって日本が降伏を決断してくれるなら、まもなくケイたちのもとに帰れるのだ。

キャロン曹長は、扱いにくいK－20カメラをどうにか操作して、まだ上昇しつつあるキノコ雲に、もう一度ねらいを定めてシャッターを切った。エンジンのうなり音の中で、カメラに装塡した真空ピストンが鈍い音を立てた。撮影するのに具合のよい位置を決めてシャッターボタンを何度も押した。写真撮影は飛行機の次に熱中していたが、こんな切羽つまった中で撮影した記録写真がまもなく世界中の新聞の一面を飾ろうとは、そのときは思いもしていなかった。とにかく今は考えることが多すぎた。目にしているものは、あまりにも「現実ばなれした」光景だった。

写真を撮りつづけながら、心はキノコ雲の上を漂っていた。原子と呼ばれる極小の粒子が分裂した結果、巨大なエネルギーが発生することを実験で証明したときの科学者たちの興奮した様子を思い浮かべていた。

子供の頃から物を分解しては組み立てるのが好きだった。物がなぜそのように組み立てられているのか知りたかった。ユタ州ウェンドーバーの基地にあった図書室で、何時間も物理学の書物を読みふけったことがあったが、それは今回の任務のため何ヶ月も訓練を続けていた頃のことだった。そこはユタ州の北西の片隅でネバダ州に接する辺鄙な場所で、この図書室でバークレーにある研究所の著名な物理学者や粒子加速器のことを知り、それをもとにして造られた原子爆弾が今、手品のようにキノコ雲の形になったのだ。

ティベッツ大佐は、今は量子物理学については関心がなかった。そんなことよりも危険な退避行動を上手に操縦して、まだ立ちのぼっている噴煙に注意を向けながら、いくぶん大げさともいえる疑問について考えていた。それは、原子爆弾という歯止めのかからない威力を持った兵器の登場によって新しい時代の曙が訪れるのだろうかという問いだった。幸いなことに、このたびの任務では、できるだけ多くのデータを収集するという差し迫った仕事がその答えになった。ティベッツ大佐は自分の予知能力を誰にも話さなかったが、「我々は戦争に勝ったんだ」とルイス大尉が心に浮かべた言葉が、あたかもテレパシーのように口をついて出た。

しばらくしてティベッツ大佐は機内にワイヤーレコーダーがあることを思い出して、搭乗員たちに向けて、目撃したままの感想を語るよう命じた。そして「後世のためだ」と言ってから、「言葉づかいには気をつけるんだぞ」と付け加えた。

搭乗員たちは、一人ずつ語り始めた。シューマード、スティボリック、ネルソン、ビーザー、ルイス、パーソンズ、ジェプソン、キャロン、フィアビー、ヴァン・カーク、ティベッツ、ドゥーゼンベリ。搭乗員たちは目にした光景をどんな言葉で表現したのか？ どのように感じたのか？ マイクに向かって発せられた、ありふれた言葉がインターコムから流れてきた。「驚いた」「途方もない」「すごい」。そして、そんな言葉のあとに、こんな大それたことをしたのは戦争を終わらせるためにやむを得なかったからだとか、これで戦争が終わるだろうという言葉が付け加えられた。

この日の朝、搭乗員たちは誰も的を射た感想を語ったとは思っていなかったはずだが、結局、そのあと誰も自分の言葉を二度と耳にすることはなかったし、政府の高官たちも聴くことはなかった。ワイヤーレコーダーのテープは、テニアン島に帰投して情報将校にいったん渡されたあと、奇妙なことに行方がわからなくなってしまったのだ。

爆撃手のフィアビー少佐と核爆弾起爆装置の専門家だった海軍のパーソンズ大佐にとっては、物思いにふける余裕はなかった。パーソンズ大佐は今回の爆撃の成果を詳しく報告する任務があったので、その詳細をまとめなければならなかった。大統領が知らせを待っていたし、テニアン島でも軍のお歴々が知らせを待っていたのだ。一方、ティベッツ大佐は、彼らが聞きたがるような短い報告文を前もって用意していた。

あきらかに、すべてにおいて成功せり。
目視できたかぎりでは実験より大なる効果あり。

広島にて。爆弾投下後も機体は正常。

これより基地へ帰投する。


無線通信士のリチャード・ネルソン上等兵がティベッツの報告文をテニアン島へ打電した。そのあと、パーソンズ大佐が作成して暗号化した詳細な報告書を今回の爆弾投下計画の司令官レズリー・グローヴス少将の副官トーマス・ファレル少将に読ませるため、グアム島へ送信した。

これでやるべきことは、ほとんど残っていなかった。放射能を含んだ雲が搭乗員たちの方へ漂ってきたので、ティベッツ大佐はエノラ・ゲイの機首を南へ向け、連合軍が天皇の名前を取って「ヒロヒト・ハイウェイ」と名づけた空路を飛行しながらテニアン島をめざした。

「下級生」とキャロン曹長があだ名を付けていた十九歳のネルソン上等兵が、これからの長い帰路のあいだにラジオが受信できるよう調整していた。ルイス大尉が「日本が降伏したという放送はまだ入らないのか」と数分おきにたずねて、ネルソン上等兵をうるさがらせた。さすがにそんな発表は早すぎた。それに原子爆弾の投下によって衝撃を受けたらしい日本の方では何の発表もなかった。

搭乗員たちは黙りこんだままだった。ティベッツ大佐が重苦しい沈黙を破った。

「おいボブ、うしろの乗り心地はどうだった？」ティベッツは以前、ある試験飛行の時に今回と同じような荒々しい操縦でＢ－29を急旋回急降下させたことがあった。重力加速度によって尾部にいるキャロン曹長は隔室の壁に押しつけられて「鞭で従わされる」ような気がしていた。

「大佐、コニーアイランドサイクロン（木製のジェットコースター）より具合よかったですよ」

「じゃあ、帰ったら二五セント払うんだぞ」

「すみません、大佐。給料日まで待って下さい」

＊＊＊

ハリー・S・トルーマンは、自分の前に乱雑に置かれたマイクを丁寧にそろえた。大統領に就任してから数ヶ月のあいだにミズーリ訛りの話しぶりはラジオですっかりおなじみになっていた。これからトルーマンは、かつての政治指導者たちが述べた中でもっとも重大で衝撃的な声明を発表しようとしていた。

世界中の人々は、初めての原子爆弾が軍事基地の広島に投下されたことを心に留めることになるでしょう。我々は、ドイツとの核開発競争に勝ったのです。そして戦争による苦難の歩みを短くし、何千何百万人ものアメリカの若者たちの命を救うために、この爆弾を使ったのです。我々は、戦争を仕掛けてきた日本の軍事力を徹底的に破壊するまで原子爆弾を使い続けるつもりです。

「初めての原子爆弾が投下された……」これは、かつて発せられたことのない言葉だった。それを今やトルーマンは出し抜けに、アメリカが極秘の内に革新的ともいえる新兵器を開発したことを日本に知らしめたのだ。その兵器はヒットラーに向けて使用するには間に合わなかったが、そのかわり日本に使用して戦争を終わらせ、数えきれない若者の命を救うことができるのだった。

このことは息子を戦場へ送り出した祖国の母親たちが祈り続けてきたことでもあった。

一九四五年八月八日 水曜日、午後四時三十分

親愛なるボブへ

何ということでしょう、新聞の一面にキャロン一家のことが載っているんですよ。リル・アニーなどは今もまだ一生懸命にその話を話しているわ。昨夜の十一時から、あまりにもたくさんの出来事があったの。ボブ、まずはじめに、あなたのことが自慢で胸がいっぱいなのよ。お父さんだって、そうですよ。お父さんは、今日はずっと家にいなければならないの。あまりにも突拍子もないことが多いのですからね。あなたは、わたしたちが話していることは気にしないでちょうだい。あなたが秘密にしている任務とは関係ないのですからね。だってわたしたちは本当に何も知らなかったのよ。わたしたちはただ、このたびの爆弾については月曜日のニュースで聞いて、その時は、ちょうどあなたに手紙を書いていたんだけれど、それ以来、何だか予感がしていたの

よ。そして昨夜、ガブリエル・ヒーターが「原子爆弾を投下したB－29はフロリダのティベッツ大佐が機長だったよ」と言ってきたので、やっぱりそうだったのかと思ったの。だから十一時のニュースを聞くまで寝ないで起きていたのですよ。そしてニュースで、あなたの名前が発表されたと思ったら、それから電話が鳴りっぱなしで、今もそうなのよ。家にある写真は、ほとんど新聞に使われることになって、それが新聞の一面を飾っているの。構わないわよね、ボブ？　でもとにかく、あなたは仲間の人たちと一緒に世界中で有名になったのよ。ケイはきっと元気にしていると思うわ。今夜、電話をしてみるつもりよ。ケイが昨夜のニュースを聞いていないかもしれないし。新聞社の人がジュディの写真を欲しがっているのだけれど、家には写真は一枚もありませんと言ってやったわ。たしかケイがジュディの新しい写真を持っていたはずだから、新聞社の人たちはケイの所へ行って頼むつもりでしょう。お父さんは眠っていたので起こさなければならなかったし、わたしはこの世で一番物静かな人間などじゃありませんからね。だってニュースデイの女性記者がわたしに話してくれるまでは、あなたたちが無事かどうか知らなかったのですから。リンブルックでは、みんながあなたのことを自慢に思っていて、昨夜もわたしたちのところへそのことを伝えたくて電話をかけてきているの。お父さんは、各社の新聞を全部買ってきて、あなたとケイに届けるつもりよ。ニュース記事のコピーの中には紛らわしい内容のものもあるけれど、あなたが読めばわかると思うわ。今日はシチューを作っていて、これから茹でダンゴを作るつもりよ。さようなら。あなたの無事を祈っているわ。

母より愛をこめて

2. 少年時代

雨が降っているせいか、気温は摂氏八度だったが、それ以上に寒く感じられ、それに薄暗い日だった。もう冬が訪れたかのようだった。一九一九年十月三十一日の朝、ニューヨーク・タイムズの見出しに目を留めたジョージ・ジェイ・キャロンは、背筋が寒くなるのを感じた。

連邦政府は石炭業界のストライキの停止を裁判所に要請する模様
石炭輸送の安全確保のためウエストバージニアへ州兵を派遣
ウィルソン大統領は緊急時に対応するため断固とした処置を容認

ジョージは、いつも読んでいるジャーナルアメリカンを買わずにニューヨーク・タイムズをコートにねじこみ、新聞売り場のカップに五セント硬貨を投げ入れると、すぐにアパートへ戻った。買ってきた新聞に半分ほど目をとおしてから、コーヒーを飲み終えた。まもなくコーヒーはできるだけ濃いめに淹れなければならなくなりそうだ。それというのも、二日前に国家禁止法がウィルソン大統領の拒否権にもかかわらず議会で可決されたからだ。おかげでアルコール濃度が一パーセントを超えるすべての飲み物は「酔いをもたらす」と記されたラベルを貼ることになったのだ。そんな飲料を飲んだって、ほろ酔い加減になるのがおちで、酔って騒ぐなんてできっこない。この国は一体これからどうなるんだろうか？　例の反酒場禁酒連盟が、琥珀色をしたアイルランドの上等なウイスキーに幸せを感じる自分のような人間の権利を奪ってしまったが、少なくとも第十八条の改正案は来年の一月十六日まで効力はないはずだから、それまでは休日に一杯飲めるというわけだ。

ジョージは新聞に目をとおしながら、飛行機にかんする記事が目にとまったので、いつものように妻に読み聞かせた。

アフガンの侵略者に爆撃予定

イギリスは、部族たちが攻撃を停止しなければ飛行機を使用する模様

部族らがイギリスの駐屯地と部隊それに領有地に対する度重なる襲撃を停止しなければ、アフガニスタンのワジリスとマシュードの部族に対して飛行機による爆撃をおこなう模様

アフガニスタンとの最近の紛争は、これらの部族が関与

イギリス軍の司令部は部族の代表者たちを呼んで最後通牒を伝え、期限までに襲撃を停止しなければ、女子供を避難させる時間を与えた後、空爆をおこなう予定

それから次の記事を読み聞かせるために、息を深く吸いこんだ。

先見の明のない飛行機分野

海軍少将のフラム氏は、退役を前にした先日、陸海軍に対して飛行機の運用にかんする自説を語った。氏の考えによると、これからは艦船だけでは攻撃も防御も有効な手段ではなくなり、とくに飛行機による戦力が弱いことは問題なのであって、今後は飛行機による大隊を編制し、敵の輸送船や部隊を爆撃すれば、敵がわが国の沿岸に上陸することなどできないとのことだった。

この記事は、ジョージには興味深かった。しかし妻のアン・ウェストリック・キャロンには、まるで興味がなかった。アンは、冷やかし半分に話をする方が好きだった。

「フラットブッシュの売り出しですって……」アンは別の記事のところを声に出して読みはじめた。「家族で暮らすには、いい住宅みたいね」そう言いながら、その広告を一語一語、夫に読み聞かせた。「豪勢な住宅で、部屋数は十七、浴室は三つ、ビリヤードの部屋もあって、寝室が七つ、使用人の居室、温水暖房に電気とガスに冷房装置、車三台が入る部屋付きのガレージ、それと入居者には制限あり」アンは夫が何か言うのを待ったが、ジョージは妻が何を欲しがっているのかわかっていたので、聞いていないふりをした。

「ねえ？　いくらするのかしら？」と甘えた声で言ったが、ジョージが肩をそびやかしたので、じれったそうに先を読みつづけた。

「価格は四万二〇〇〇ドル。六万ドルの価値あり。エバンス&エバンス弁護士邸。ビーチャム街五番地」

「君は大工じゃなくて、弁護士と結婚すればよかったんだ」ジョージが話をそらせた。

「こんな家を買う人って、どんな人なのかしら?」アンが声に出して言った。そんな人なんて知るよしもなかった。ジョージとアンの友だちたちは、ほとんど賃貸に住んでいるし三〇〇〇ドルか四〇〇〇ドルを払って小さな家を買う余裕のある者などいなかった。

ジョージはアンが夢見ているような家を持ちたかった。ただ当面は、裕福がふたりの家のドアを叩くことはなかったので（多分、当分はなさそうだった）、このまま話が気まずくなって自分の気分まで悪くさせたくなかった。天候のせいもあったし、その日の朝はいろんなことが重なり合っていた。ストライキの見出し。濃度四〇パーセントの酒が一杯も飲めなくなるという記事。それでもジョージは陰気な気持ちを払いのけて陽気な気分になっていた。人のよいジョージは、気に入ったほかの記事をふたたび妻に読み聞かせた。

「アメリカは、飛行機の組み立てにおいてイギリスにひどく後れを取っているんだ」そう言って記事の解説をはじめたが、アンは、そんな国の政策などよりは、大きくなった自分のお腹の中の不思議な感覚のことを考えていた。

「こう書いてあるよ、『七月にはわが国では一四機が製造されたのに、イギリスは二〇〇〇機』

だって……」ジョージは言葉を切って、妻が聞いていないことがわかった。

一九一九年のハロウィーン（Trick or Treat）の日、世界最大の都市ニューヨークでジョージ・ロバート・キャロンは産声をあげた。両親のアンとジョージが、この赤ん坊を狭くて何もないアパートに連れて帰ったとき、アンは赤ん坊を見ながら、ごちそう（Treat）ではなく、いたずら（Trick）されたみたいねと言って、ふたりで笑い合った。もちろん、ジョージの腕の中であやされる赤ん坊が、ふたりにとってどんな意味があるかは言うまでもなかった。世界中は不穏な空気に包まれていたが、フラットブッシュにあったアパートの暖かな寝室の中で、その夜だけは、ロシア国内に渦巻いていた動乱のことも、ハンガリーの共産主義勢力を抑えこんだルーマニアのフェルディナンド王のことも、帚星のように消え去っていた。

＊＊＊

社会、経済、政治のすべてにわたって一九一九年は奇妙な一年だった。アイスクリームの売上は軒並み更新して、生産高は一億五〇〇〇ガロンにまで増えた。女優のリリアン・ギッシュは『散り行く花』というサイレント映画で官能的な演技をした。「戦争の落とし子」ともいえるウォール街の景気は株価が高値を呼び、ベツレヘム・スチールの株は一四〇〇パーセントに上昇し、ゼネラルモーターズの株は九四〇パーセントに上昇した。

キャロン一家はもちろん、ニューヨークの何百万人もの人たちは自分たちの生活費が前年より七九パーセントも上昇したなどと不満は言えなかった。というのも、アメリカの中流階級の暮らしは飢餓に見舞われていた東ヨーロッパの人たちよりはましだったからで、東ヨーロッパでは、農作物が不作だったわけではないのに人手不足のため収穫ができなかった。ウィーンの人たちは、クリスマスを祝う時期なのに厳しい生活を強いられていて、パンの配給は一週間に四オンスだけだった。

ジョージ・ロバートが生まれてからの数年間は、海外ではユダヤ人排斥運動が高まりつつあったが、そんな悪いニュースばかりではなかった。愛想がよくて自由奔放な天才アルベルト・アインシュタインが登場し、「自然現象に対するわれわれの概念を完全に覆すような研究をおこなった新星」として、ジョージ・ロバートが三歳のときにノーベル賞を受賞した。ただアインシュタインにとっては科学研究よりも関心の高いことがあった。アドルフ・ヒットラーという得体の知れない人物が影響力を増していることに不安を抱きながら注視していたのだ。一九二三年十一月八日のビアホール・プッチにかんする見出し記事にヒットラーの名前が登場したとき、ベルリンにいたアインシュタインの不安は高まった。わずか十年のあいだに、ただの扇動者からドイツの首相にのぼりつめたこの謀反人に、アインシュタインだけでなく周囲の人たちも用心深い目を注いでいた。

ヒットラーが首相に任命された五日後、フランクリン・デラノ・ルーズベルト大統領は、国民に向けて難局を前にした就任演説をおこなった。「世界政策の分野において、わたくしは、わが国を良き隣人の政策に捧げようと思います」。しかしルーズベルトはまもなく、世界中のすべての指導者たちが黄金律によって政策を実行しているわけではないことを身をもって知ることになった。

＊＊＊

アンは、額に垂れさがった巻毛を鼈甲の櫛で整えた。櫛はジョージから誕生祝いにもらったものだった。髪を整えたアンは、エプロンを手のひらで伸ばしながら、大きくなった腰まわりを撫でて少しがっかりしたが、それもすぐに忘れた。鍋の中ではフライドポテトが美味しそうに揚がっていた。ジョージが言うように、これを上手に作るのがアンの役目だった。結婚式の日、体重は四四キロしかなかったし、ジョージも大きい方ではなかった（一七二センチ）が、ふたりが並んで立つと、その頃のアンは、しなやかなトンボのようだった。

ジョージは、ロングアイランドでアンと出会った日から、透明な碧い瞳、穏やかな雰囲気、女性らしい体つきのアンに参ってしまった。ふたりがアイルランドの血をひいていることもジョージを喜ばせた。ジョージのフランス系カナダ人の父親は、家庭に活気のある雰囲気を好み、正しい発音で話すよう、いつも家族にはうるさく言っていた。

アンは律儀に家事をこなしながら息子のロバートを熱心に育てたが、息子が突然大きくなるようなことでもなければ、父親よりも身長が低いままになるだろうと思った。

ただアンは知らなかったが、ボブ（ロバート）も、「高さ」について、いつも考えていた。ただボブの考えていた高さというのは、身長のことではなかった。ボブの心は、居間のテーブルに肘をつき握ったこぶしに顎を乗せて、想いは遙か高い彼方に遠ざかり、がらがら音のする壺や鍋や天井にある眩い照明をさらに越えて、もっと高い空のあたりをさまよっていたのだ。

ボブにとって、ひとつの家に落ちつくということは、奇妙なことでもあり、すてきな感じでもあった。この十一年のあいだに一家は六回も引っ越しをした。そのせいで新しい友だちができなかったわけではなかったが、周囲になじむのには少しばかり努力が必要だった。友だちの多くは一〇センチから一五センチも背が伸びて、フットボール選手になれそうな者ばかりだった。ボビー（母はどうして、こんな呼び方をするのだろう？）は、あんなケンカのようなスポーツをする体つきではなかったし、自分の背が低いことは別に気にならなかった。そのかわりノストランド街の舗装された横丁の通りで遊ぶことが好きで、そこはフェザー級のボクサーのような小柄な者にも向いていたし、スケートが上手だったので、すばやい動きと判断を必要とするホッケーが性に合っていた。校庭や空き地ではハンドボールの球を誰よりも上手に投げることができたし、できるだけそうしようと取り組んでいたが、敏捷さについては、もうそれ以上に上達する必要はないほどだった。ただ視力だけは、もっとよく見えるようになればと願っていた。

ブルックリンで成長することには何も不自由はなかった。「U」通りの逞しい樫の木も、ボブが一歳を迎える独立記念日には若木だったのに、今では通り一帯を要塞やジャングルや隠れ家のように覆うほどの大木に育っていた。ボブにとって、コンクリートと金属に囲まれた樫の木で自由に過ごす毎日は、自分の独立記念日のような気がした。木登りができるようになると、時には素足になって大きくひろげた枝を伝いながら大木のてっぺんまで登った。下を見なくても誰かが木の上に登った自分を見ていることがわかった。その相手が女の子だとわかると、わざと細くてきしみそうな枝に手足を伸ばして挑んだ。友だちと大きな枝に太いロープを二重に結びつけて、地上から六メートルの高さのところから空中に飛び出した。ボブたちはターザンになり、勇敢なパイロットになり、水中を泳ぐ冒険家になった。樫の大木は、ボブたちの夢と空想にぴったりの場所だった。遊びに疲れると、ボブと親友のハーブ・フィンクは、子供が入れるほどの木の洞に身を寄せ合って、ブルックリン・ドジャーズの野球帽で顔を覆い、地球上のほかのどこにもない、ふたりだけの世界を楽しんだ。

夏が来ると、毎朝九時頃には少年たちがチームを組んで空き地に集まり、野球をはじめた。ボブは敏捷なショートの選手で、ボールをグラブですばやく掬い取って投げることができた。バッターが球を見えないくらい高く打ち上げたりすると、その球を空の彼方まで追って行くような空想にふけった。

＊＊＊

アンは、暮らしにゆとりがなくても、特別な行事のときにはピクニック用のバスケットに食べものを詰めこみ、ビーチタオルを丸めて二人の子供（ボブにはドリスという妹ができていた）を連れて汽車でコニーアイランドへ出かけた。汗ばむような暑い日などには、海岸の温まった砂地の上には海水浴客の群れが紙吹雪のように散らばっていた。

「あんたはイチゴみたいに真っ赤だわ」アンは何度もボブに向けてそう言った。砂にまみれてザラザラするビーチタオルに体を投げ出すと、そこに母の温もりを感じて、嬉しさでいっぱいになった。打ち寄せる波は、まるで競技場にいるように時と場所を忘れさせた。妹のドリスはとくにそうだったが、この砂浜は誰にとっても別世界のようだった。ボブは、沖の方から打ち寄せる波に身を任せながら、うまく乗れると決めた波の上に乗って、そのまま体が浅瀬に打ち上げられて背中に波が当たる感覚を楽しんだ。

ボブは、太陽で体が乾くことのないくらい、ずっと水の中で遊んだ。帰りの汽車の中では、水に濡れたままの毛織りの水着が服の下でムズムズし、汗のためにますます蒸れて不快な感じがひどくなった。母は窓際に座らせてくれたので、車窓から街の中を走る汽車の前方を見ていると、自分が遙か遠くの大空に飛び去って行くような感じになって、その空想に身を任せていると、いつしか自分が飛行機を操縦していて、首に巻いた長い白い絹のスカーフがはためき、唇にあたる風の味や、手袋をした指をとおして革製の飛行帽の顎紐をしている気分になった。

＊＊＊

ボブは、自分を折檻する革砥を父が持ち出さない方がよいことはわかっていた。言いつけられた用事をしなかった言い訳をしても容赦してもらえなかったし、出来が悪かったことに対して責任逃れをすることも許してもらえなかった。父は、誰の責任なのかということを、いつもはっきりさせようとした。「そういうもんなんだ」父の言っていることはわかっていたし、自分も父の期待どおりにするつもりだったが、必ずしもそうはならなかった。木登りの枝、大げさな話、親友のハーブとの秘密、ホームランを打つこと、金曜日の夕食に出された魚料理の自慢の種など、話題はいくらでもあった。しかも自分が十分な素質を持っていることを近所の悪童たちに示す機会だってあったのだ。

「よくできた息子さんですね、ミセス・キャロン」学校の先生たちは、いつもそう言ってくれた。アンは朝食のときにジョージにその話をした。ところが街のあるタクシー運転手はアンに向けて全くちがう話をした。「S」通りと二十七番通りで口笛と手を挙げて合図をしているお客を見て、運転手はカーブを曲がって、お客の前に車を寄せようとした。ところが、お客と思っていたボブたちは一斉に街灯を横切って路地へ逃げて行ったのだ。ひと晩中かせぎの少なかった運転手は怒り狂って、逃げて行く少年たちをタクシーで追いかけブレーキをきしませて拳を振り上げながら悪態をついた。

家の中では褒められるということはなかったが、いつも両親が自分と妹のことを愛し大切にしてくれていることは疑わなかった。台所のテーブルの上にクズ入れやガラクタから集めてきた材料を並べて父と一緒に模型飛行機を作りながら、父の頑丈な手先に自分への愛情を感じたし、窓辺に置かれたスープ鍋の中で豚の膝肉とインゲン豆に香草を加えただけの料理が煮えている湯気には、母の愛情を感じた。

思わず見とれるようなことは、両親に対しても感じることがあった。時には戸惑うようなこともあったが、大抵は心をなごませるものだった。たとえば、両親同士のちょっとした口喧嘩がおさまって仲直りする様子を、それとなく眺めることがあった。喧嘩は、いつもほんの些細なことからはじまったので、それがいつどこではじまり終わったのか、よくわからないほどだった。喧嘩の相手だと思っていたのに急に仲良くなったりする様子は驚きでもあったし、そんな出来事は忘れられない教訓にもなった。夫婦喧嘩のあとで仲直りした父が、照れくさそうな様子で母に優しくキスするのを眺めていると、そのあと父がドアからゆっくりと出て行き、ビブラートのかかった口笛を吹きながら玄関から階段を下りて行き、その口笛は次第に遠ざかって、二十七番通りの雑音の中に消えていった。

ブルックリンの静寂は、うまく表現できないものだった。自動車の警笛。トロリーバスのがらがら走る音。踊り場のない階段をギシギシいわせながら上り下りする足音。ドアのバタンと閉まる音。夫に金切り声をあげる妻。妻をどなる夫の声。トイレの水を流す音。パイプを水が流れる音。子供の笑い声。

妹のドリスは、アパートにふたつある寝室の小さい方で騒音に囲まれて眠った。ジョージとアンは、もうひとつの身動きのできないほど狭い寝室で眠った。ボブは居間にあるゴツゴツしたソファに眠った。そのおかげで心身ともにたくましくなって、それからは、どんな場所でも平気で眠ることができるようになり、のちに駐機場に駐められたB－29の翼の下で眠ることまでできたのだ。

一日おきに氷の配達人が三階まで氷を運んできた。朝になると、ボブは昨夜のうちに溶けた氷の水を窓際まで運んで行って、表の通りへ向けて捨てた。

ジョージの仕事が順調なときは一家の暮らし向きは少し楽だったが、仕事は、ないときの方が多かった。そのためアパートを転々とすることになって、アメリカンドリームはますます遠ざかった。数十万人の労働者と同じように、ジョージも「ジキルとハイド経済」と呼ばれた、当時の変転きわまりない経済情勢の中の小さな駒でしかなかった。

建築ブームが下火になってから、ジョージは店先や会場に商品を陳列展示する店に雇われ、まもなく上司から腕を見込まれて主任になったので、一家は、わずかのあいだでもくつろぎのあるアパートで暮らしをはじめることができた。ジョージとボブはアパートの地下室に工作場を作って、週末になると、そこで模型飛行機を作った。ジョージは木材を上手に細工して模型飛行機を作った。土曜日になると、時々ボブを誘って地下鉄で工場地帯にある自分の勤めている店に行き、そこで昼までボブにも仕事を手伝わせてから地下鉄で帰宅し、それからまた模型飛行機作りで気分転換をしたものだ。

野球の試合がある土曜日になると、友だちと一緒に歩くかトロリーバスを使って六キロメートル離れたエベッツ球場まで出かけた。そして二五セントを払って一番遠い外野席に座り、一塁手のドルフ・カミリのような名選手を見物しながら午後を過ごした。

秋から春になると、学校への一・二キロメートルを息を切らさずに駆け足で行けるようになり、始業のベルが鳴り終わらないうちに教室へ滑りこむことができた。放課後の午後になると、ノストランドは冒険を楽しむ通りになった。家から遠くないところに、長いあいだ使われていない送水場がみんなの野球場になって、大きなホームラン性の打球でも十分な広さだった。この野球場で、体型も肌の色もちがう少年たちが何時間も野球に興じた。また少年たちは、近くの放置されたゴルフ場がゴルフボールを飛ばしたりパットをしたりするより、野球のランニングやキャッチングに向いていることを見つけだした。

放課後や土曜日になると、少年たちは、通りに並んだ大きな店舗に挟まれた一軒の狭苦しい店先に釘づけになった。そして窓の外でワイワイ言いながら、争うようにして熱心に中を覗きこんだ。

「あれを見ろよ」亜麻色の髪をした少年が叫んだ。みんなの目が店の天井から釣り糸でさがったハンドレ・ペイジV／1500の模型飛行機に注がれた。その横にある広告には、この爆撃機は一九一八年に初飛行をし、幅が三八メートルの翼に三七五馬力のロールスロイス製のイーグルⅧエンジンが搭載され、爆弾搭載能力の大きさと尾部銃座を備えためずらしい飛行機だと書かれていた。

その飛行機のすぐ隣には、片持ち翼の双発単葉低翼機ソビエト製TB1の模型が店の入口の方に機首を向けていた。

「何を買ったんだ？」店から出てきた学校の友だちに、ボブと仲間が物欲しそうな様子でたずねた。

店にあるどの模型も、ボブたちが買うには値段が高すぎた。ボブは、もう少し成長するまで自分が父と固く結ばれていたことに気づかなかったが、「凧作りの名人」の父と一緒に模型飛行機の図面に熱中している時間は大切にした。台所のテーブルの上に大きなベニア板を置いて模型飛行機の設計図を仮留めし、図面を修正し誤った箇所に正確な図を描きこんだりしながら、ふたりが肩を寄せ合うようにして翼と機体部分から発動機の図面まで根気よく設計をした。作業が熱を帯びてくると、ひと休みして冗談を言い合ったり、時には中止して図面の細かい計測はやめて一緒にバターピーナッツを食べたりした。

模型飛行機の図面を完成させるためには、スパイ活動と悪巧みが必要だった。叔母のグレイス

（その名前は叔母がうまくやることと関係していたかもしれない）が、自分の職場を利用して印刷まぢかの模型飛行機の図面を大胆にも盗み出したのだ。ボブにとって叔母はスパイの親玉で英雄だった。彼女はボブのためにSPAD社の飛行機、英国のSE5、ニューポール11、フォッカーD8などの図面を、上司の目を盗んで密かに手に入れ、それを自分の大きなハンドバッグに納めると、あらかじめキャロン家の居間で待機している飛行機の設計担当者たちに届けるのだった。叔母への報酬はアンの役目で、甘いクリームの載った、叔母のように大きなピーチパイだった。

必要は発明の母の言葉のとおり、機体や翼に雁皮紙を張り付けるための接着剤は水と小麦粉を混ぜ合わせて作り、サンドペーパーで滑らかにし、正確に切り取ったバルサ材の骨組みに霧吹きをして雁皮紙をぴったり張りつけるときは、アンが使っている紫色の絹球が付いた香水噴霧器が役に立った。

「これでひと儲けができるよ」完成した模型飛行機を誇らしげに持ち上げながら、友だちのハーブが目を丸くして言った。

ボブは、模型飛行機を組み立てるハーブの腕前には期待をしていなかったが、ハーブは出来上がった模型飛行機を子供たちに売りつける役目をしてくれた。しかし、二人のつかのまの商売は、ハーブが三機を売っただけで、倒産はしなかったものの、たちまち供給が需要を上まわった。わずかばかりの利益は手に入れたが、近所の子供たちは代金を払う余裕などなかった。

「それじゃあ今度は、釣りで儲けることにしよう」ハーブは泣き言のように言ったが、ボブは、ハーブと組むのはやめようと思った。ブルックリンで釣りをする方法は、糸の先に唾で柔らかくしたチューインガムを付け、歩道にある鉄格子の隙間から下の溝にゆっくりと垂らして魚が食いつくのを待つやり方だった。釣り糸をまっすぐに垂らすと三メートルほどになったが、獲物は大抵かからなかった。一瞬、釣り糸がぴくりとすることはあったが、あっという間に獲物は粗末な疑似餌から深みに逃げ去った。

ブルックリンの街は動脈が拍動する鼓動のようだった。ノストランド通りの地面の下では、蛍光灯で青白く照らされたトンネルの中をIRTの電車が疾走していた。電車の乗客たちは、潮の満ち引きのように改札口の回転ドアを通って果てしなく行き来していた。数ブロック向こうではフラットブッシュ通りが広いノストランド通りと交差し、そこが通りの終わりになっていた。

ノストランドを空から眺めると、豊かに彩られた景色と匂いと音が、さまざまに混じり合ったような街だった。アパートの屋上に上がって眺めると、ブルックリンが自分のもののように思われた。ニューヨークや空までが自分のものだった。屋上は、滑走路にも操縦席にも空への搭乗口にもなった。ところが、ある晴れわたった午後に、ボブは大変な失態を演じた。

その日、ボブは輪ゴムを動力にした模型飛行機を抱えて屋上への階段を駆け上がった。前の晩にやっと完成させた新しい飛行機を早く飛ばしたくて待ちきれなかった。タール紙で作った滑走路に飛行機をすえて、プロペラをまわした。計算どおりに飛行すれば、何回か半円形に旋回したあと降下して、隣の空き地にある砂場に着陸するはずだった。

　離陸した飛行機が屋上の柵を越えて飛んで行くのを見たとき、予定の飛行コースでないことに気づいた。飛行機は上昇気流に乗ってどんどん上昇し、ノストランド通りを越えて遠ざかって行った。どうすることもできずに見ていると、バスやタクシーや歩行者の頭上を滑空したあと、きりもみ状態となって降下し、ちょうど前から走ってきたトロリーバスに今にも衝突しそうになった。

「止まれ！　止まれ！」模型飛行機がこちらに向かってくるのに気づいて、トロリーバスの車掌が叫んだ。トロリーバスは飛行機に目を奪われたほかの車と衝突するかもしれなかったので、車掌は両腕を振りまわしながら警笛をはげしく鳴らした。しかし飛行機はバスの前面に激突して、機体がバラバラになった。バスの窓ガラスはこわれなかったし、幸い交通事故にもならなかったが、車掌は、どこにいるかわからないパイロットに向けて拳を振り上げながら悪態をついた。

　こうしてノストランド通りでの戦いは敗北に終わった。しかしボブは敗北を潔しとしなかった。物を造りたい気持ちはますます高まっていたし、それで夢が終わったわけではなかった。まもなく製図板の前に座る時が来ようとしていたし、空気力学についてもっと学ぶ時が訪れようとしていた。

＊＊＊

ボブが崇拝していた飛行家チャールズ・リンドバーグにとって、一九三二年は痛ましい年になった。二十ヶ月になる息子が誘拐され、五万ドルの身代金を払ったあと殺害されたのだ。警察はブルーノ・ハウプトマンを逮捕し、世間を騒がせた誘拐事件の裁判の結果、ハウプトマンに死刑判決がくだされた。

ハンガリー人のレオ・シラードにとって、一九三二年は英国の作家で社会思想家のハーバート・ジョージ・ウェルズの作品を見出した年だった。その作品は科学者たちを震撼させた有名な『宇宙戦争』（一八九八年）ではなく、『解放された世界』（一九一四年）という小説だった。この作品でシラードをもっとも驚かせたのは、人類が原子エネルギーを利用した技術によって世界戦争で多くの都市が破壊されるだろうとウェルズが予言していたことだった。その小説は、イギリス、フランス、アメリカが同盟を結んでドイツに対抗するという架空の物語だったが、シラードは身ぶるいした。

原子エネルギーの可能性を追究している科学者たちは、いつも中立の立場を保っていた。科学上の発見が善のために使用されるか悪のために使用されるかは自分たちの責任ではなかったし、そもそも科学上の倫理感は試験管と遠心分離機や分光写真とサイクロトロンの領域には存在しなかった。

一九二九年四月には早くも、アメリカの物理学者アーネスト・オーランド・ローレンスの頭には原子エネルギーを大量に発生させる装置の考えが渦巻いていた。ローレンスの考えでは、核子

（陽子と中性子）を円形磁場の中で加速させると高いエネルギーが発生するはずだった。

ローレンスと同じ考えは、その数ヶ月前にシラードの頭にも渦巻いていた。シラードは背の低い横柄なユダヤ系の物理学者だったが、アルベルト・アインシュタインに独創的な才能を付け加えたような才能のある人物で、ある物を生み出すのに必要とされるエネルギー以上に大きなエネルギーを発生させる装置を造ることができることを、すでに考えついていた。

シラードの理論によって「臨界量」の概念が萌芽し、この理論によると「ある物質の集積量が臨界量よりも大きくなると」その物質は爆発を起こすはずだった。そしてシラードは一九二九年一月、原子を分裂させる装置の概略を完成させて、それによって特許を取得した。

しかし設計図面ができたからといって直ちに装置が完成するわけではなかった。シラードは骨の折れる仕事をするより独創的な発想を広げることが好きだったので、装置を造ることには関心がなく、もっぱら頭で考えることに没頭していた。一方のローレンスは、革新的な考えを生み出すと同時に装置そのものを作ることにも熱心で、粒子加速器の着想を得てから一年後には小型の粒子加速器を完成させ、「サイクロトロン」と名づけた。それから二年後に「物理学評論」に掲載した論文の中で、実用の大きさに改良した装置で円形磁場を発生させるためには八〇トンの磁石が必要であると述べた。

ボブは、物理学者よりもパイロットになることを夢見ていたが、中西部の名もないような陸軍基地の埃っぽい図書室の中で、ローレンスの論文やサイクロトロンにかんする興味深い資料に出会った。その陸軍基地は、ローレンスが研究所長をしていた学問が盛んなカリフォルニア州バークレーからは遙か遠いところだった。そしてボブがその図書室で知ったローレンスの装置が実用化されて実際に使用されるには、それから十一年の歳月が流れることになった。

シラードは一九三四年三月頃は相変わらず思索に没頭していて、頭脳の中ではシナプスを介して神経繊維が興奮していた。ロンドンにある研究室に籠もったまま核連鎖反応の実験計画を頭の中で考え続け、冷めた熱湯に何度も湯を注ぎ足すように、捕捉した中性子によって二個以上の中性子を放出する元素はどれかという問題をあれこれ考えていた。

「突然、頭にひらめいたのは、原子核が一個の中性子を吸収して分裂したとき二個の中性子を放出するような元素が見つかれば、その元素が大量にあれば核連鎖反応を起こすことが可能だということだった」

ローマでは、エンリコ・フェルミという科学者が登場した。フェルミは、シラードの不毛のブドウの木からブドウの実を上手に収穫した。ブドウ畑を耕すのが好きでなかったシラードにかわって、フェルミは研究室でブドウ畑を実りの多い肥沃な大地にした。そして豊かに実ったブドウを収穫できるようになったのに、エゴという濁流によってブドウ畑は台無しになった。

フェルミはローレンスと同じように足元の雑草を伸び放題にはせずに、さまざまな実験に没頭し、「オッカムの剃刀」の考えに熱心なこの内気な人物は独りで何時間でも何日でも実験を続け、ひとつの理論をもっとも単純な形式に変えることに没頭した。一九三四年、フェルミは「錬金術師」の夢を達成していた。ウラン元素に中性子を高速で衝突させることによって、新たな放射性同位元素を作り出したのだ。フェルミは後年までこの実験の重大性に気づかなかったが、実は原子を分裂させることに初めて成功していたのである。

フェルミとちがって颯爽としてカリスマ的なローレンスは、学生や同僚たち、それに報道関係者たちにも人気の的で、自分を取り巻くすべての人に大きな影響力をおよぼしていた。ローレンスは自分の生み出したアイデアという枝を核分裂反応の若木に接ぎ木して、新しく成長した木は一九三九年にノーベル賞の受賞となった。そして受賞による功績と賞金によって、国内の主要な物理学研究所のひとつだったカリフォルニア大学バークレー校に放射線研究所を設立して所長になった。ハーバード大学の物理学者ジュリアス・ロバート・オッペンハイマーは、自分と同じような畑の管理人をほかに見つけ出せないままだったが、のちに理論の上で全く異なった考えを持つ計画立案者という完璧な助っ人を見出すことになった。

畑には二十五世紀前の小さな種子が発芽していた。ギリシャの哲学者デモクリトスは、万物はそれ以上分割できない小さな単位から成り立っていると考えた。そして、この最小単位を「分割できない」という意味の「原子」と名づけた。

二〇〇〇年以上のあいだ原子とは何かという問題が科学者たちを悩ませてきた。分割できないとされたものが本当に分割できないのだろうか？　原子は化学反応のふるまいとして十分に説明できるのか、それとも単に便宜的な考えなのではないのか？　そして十九世紀末になると、西洋の科学分野では原子は分割できるという結論で一致した。

第一次世界大戦の頃、イギリスのマンチェスター大学でニュージーランド出身の物理学者アーネスト・ラザフォードが原子核を初めて発見した。その後、ケンブリッジ大学でラザフォードの助手だったジェームス・チャドウィックが第三の粒子である中性子を発見した。中性子は陽子と同じ質量で原子を構成していたが、さらにチャドウィックは中性子は電荷を持っていないので中性子を使って原子核を分裂させることができることを発見した。そして中性子を発生する完全な装置は、いくつかの改良を重ねたのちローレンスのサイクロトロンとして誕生した。一方で、第二次世界大戦が始まろうとしていた頃、ドイツの物理学者オットー・ハーンの研究チームが、原子核を分裂させて核連鎖反応が持続する実験を発表した。こうしてヨーロッパとアメリカの研究者たちは別々の場所で同じような発見をしていたのだ。

その後の政治的に不穏な数年のあいだ、多くの科学者たちは安全な避難場所を探すことを強いられ、その多くはアメリカの主要な大学に居場所を見つけた。パサデナにあるカリフォルニア工科大学は、航空工学のパイオニアだったセオドア・フォン・カルマンがドイツのアーヘンから逃れてきたとき喜んで迎え入れた。その後、カルマンは世評の高いグッゲンハイム航空研究所（飛行家で慈善家のダニエル・グッケンハイムにより創設）を率いることになった。

ヨーロッパの頭脳は流出を始めていた。ヒットラーの反ユダヤ人法によって一九三三年には非アーリア系のおびただしい学者たちがその地位を剝奪され、隣国に隠れ場を探したのちアメリカに渡った。それから八年のあいだに一〇〇人ほどの亡命物理学者たちが、学問の自由と経済的な保障を約束してくれる学問のメッカとして、ニューヨーク、イリノイ、カリフォルニア、マサチューセッツ、ニュージャージーなどの各州に移り住んだ。

プリンストン大学は、相対性理論の生みの親アインシュタインの前に五〇〇万ドルの寄付というニンジンをぶらさげて招聘しようとした。しかし皮肉なことに、アインシュタインは話すのが子供のように悠長だったし、プリンストン大学の高等研究所は理論を生み出すよりも詳細な解釈をするアインシュタインの才能にはあまり関心を示さなかった。一九三三年三月、ドイツにいたアインシュタインの身にも危険が迫りベルリンの自宅が捜索を受けたので、精神的にも肉体的にも丈夫で輝いた目をして笑い飛ばすのが好きなアインシュタインも、ドイツの市民権を放棄して亡命を決意した。アインシュタインにとってドイツを去ることに格別な悲しみはなかったし、ドイツがどうなってもよいと考えていた。

3. 大空への夢

大いなる謝恩祭の賛歌が歌われるアメリカという国は、現実よりも夢を追い求める人にとっては豊かな大地だった。新世界のアメリカから吹きはじめた風は海の向こうにまで届き、生きることに疲れ果てていた人たちに「こちらには成功の見込みと豊かな土地が待っているぞ」とささやいた。苦しみに喘いでいた人たちはアメリカに渡って夢を見ようとして、スーツケースと小さなカバンの中に自分たちの文化だけを携えてエリス島を通り、アメリカの大地に足を踏み入れた。しかし、夢を抱いてアメリカに渡ってきた移民たちに居場所は見つからなかった。一方、太平洋を遙か隔てたアメリカの対岸には、東洋の象徴として日本人が台頭してきた。ただ日本の中でも、山と海に囲まれた広島という都市を知っている日本人は、これまではわずかしかいなかった。

日本に夜明けが訪れると、天は大地を暖かく包みこんで迎えた。はるか昔から続いてきた儀式では、偉大なる太陽の女神である天照大神(あまてらすおおみかみ)が生命の源として祀られた。この女神にはひとりの男子が誕生し、その男子にもまた男子が誕生して瓊瓊杵尊(ににぎのみこと)と称された。天照大神は瓊瓊杵尊に「地上の豊かな葦原の国へ行って治めなさい。そこはわたしたちの子孫が継ぐことになるのです。わたしたちの国の血統が天地とともに永遠に繁栄しますように」と命じた。そこで、瓊瓊杵尊は三種の神器である正義の剣、慈悲の玉、鏡(天照大神がそれを見て真理が映っていたとされる)

を携えて、雪の降り積もった山の頂に降り立った。そして瓊瓊杵尊は火山の土地、木々の生い茂った山々、豊かに水をたたえて流れる河のほとりに人々を住まわせた。それから紀元前六六〇年、瓊瓊杵尊の曾孫にあたる神武（じんむ）が日本の初代天皇となったのである。

二五〇〇年にわたって日本は、中国と儒教思想から大きな影響を受けて独自の文化を発展させ、繁栄してきた。十二世紀には武士階級が台頭し、将軍と呼ばれた専制君主が国を治めた。そして一八五三年になって、アメリカのマシュー・カルブレイス・ペリー提督が鎖国政策を続けていた日本に来港して、日本は西洋への門戸を開いた。

それから十四年後、木戸孝允（こういん）とその一族が徳川幕府を倒して、長いあいだ国権の外に置かれていた明治天皇を復権させ、天照大神の御代に確立されていた天皇制を復活させた。天皇制の復活は必ずしも異常な出来事ではなく、これによって明治天皇の孫、裕仁（ひろひと）と木戸孝允の孫、幸一との宿命の関係が生まれることになった。のちの昭和（裕仁）天皇と木戸幸一も、ふたりが少年の頃には走ったり組み合ったりして戦士になるための腕を磨いたのだった。

裕仁は、一九二六年に天皇に即位すると、木戸幸一侯爵の長年にわたる忠節を認めて内大臣府に任命した。公式の場では、木戸は天皇の勅宣や勅書に天皇の印章（御璽（ぎょじ））を押す役目を果たし、非公式の場では、天皇の目となり耳となり声ともなった。また、みずからを天皇の番人で首席顧問と称し、天皇にもっとも影響力のある人物になっていた。そして天皇の権限をさらに強めるために自分の威光を利用しようとした。木戸幸一とその一族は、天皇に命を捧げるのは報償のためではなく名誉という信念にもとづいて行動していた。この信念のもとに何千人もの人たちが天皇の名において切腹したが、それは裕仁が天皇家という神聖な血筋の一人だと疑わなかったからだ。

ところが、天皇を神聖化することにもっとも不信を抱いていたのが裕仁自身だった。日本では「人情」は芸術、詩歌、性愛などの分野で尊ばれる感性とされていたが、天皇自身が人情にもとづいて、さまざまな感情を表立って表現することは特権とはいえなかった。裕仁は、自分はほかの人間と何も異なっていないと信じ、いくら裕福で教養があっても、死を免れることのできない同じ人間だと思っていた。しかし、木戸は裕仁のこのような考えを危険で独りよがりの考えだと思った。日本の国民は、自分たちの生と死に目的を与えてくれる神のような存在を求めていたのだ。天皇は日本の国を統治する存在だったし、誰もがそう思っていた。天皇家という裕福な環境によって、ある程度の自由が与えられていたので、裕仁は研究施設で自分が採ってきた蝶などの昆虫類や菌類を収集して研究に没頭し、さらに飽くなき探究心は海中の世界にまで目を向けさせた。しかし天皇の地位は牢獄でもあった。国民は、天皇の姿を直接見ることは禁じられていたが、海外の人たちは、そんな決まりには影響されなかったから、裕仁のことを海洋生物の研究で重要な業績をあげた生物学者のように考えていた。裕仁は、国外では周囲の人たちに笑顔を見せたり手を振ったりして恥ずかしがる様子もなく、世間一般の生活を送り、終日ゴルフを楽しんだり、朝食のベーコンエッグを腹いっぱい食べるような日々を過ごした。

裕仁は何でも与えられたが、本当は何も所有したくはなかったのだろう。贅沢な暮らしをすることは、人間として生きるということからすると、取るに足らないことだった。本当の豊かさとは、質素で静穏な暮らしの中に見出されるべきだと考えていた。今の裕仁には、子供の頃にまねごとをした戦士の姿はなかった。このように静穏な暮らしを尊んでいた裕仁は、平和な世を照らすという意味で、自分が在位するときの元号を「昭和」と名づけた。

しかし、天皇としてあるべき本来の姿も幾多の障碍に妨げられることになった。そのひとつは国内の天然資源が限られていたことだった。政治家や軍部の指導者たちは、日本の理念である大東亜共栄圏構想をもとに国を富ませ、国際社会での地位を高めようと考え、そのためには国外から資源を手に入れる必要があった。

日本の軍部は、一八九五年に日清戦争で勝利して台湾を手に入れた。一九〇二年にはイギリスの同盟国となって伝統的なイギリスの海軍力を手本にして自国の海軍を造り上げ、イギリス海軍から学んだ戦略によって一九〇五年には旅順港と仁川（じんせん）沖の海戦でロシア艦隊を撃滅し、ロシアに割譲されていた中国の領地を手に入れて国際社会の中で頭角をあらわしてきた。それから五年以内には朝鮮を併合し、第一次世界大戦が勃発すると、太平洋のマーシャル、マリアナ、カロリンの島々とともに中国沿岸部にあったドイツの居留地をまたたく間に占領した。一九三一年には満州に傀儡政権を樹立し、六年後には中国北部に侵攻した。蔣介石は中国を統一国家にするために奮闘していたので、日本と中国共産党による侵攻を阻止するため軍隊を動員した。その後、日本は、大胆にも前回の敵だったドイツとともにイタリアと三国同盟を結んでアメリカを仮想敵国と見なすようになった。

軍部は天皇から干渉されることを予期していなかった。にもかかわらず天皇の権威が戦争を阻止するために政治的に行使されることはなかった一方で、天皇の名の下に戦争を始めることは自由になされていた。こうして軍部は中国への侵攻を続けながら、電光石火のようにフィリピン、香港、シンガポール、マレーシア、グアム、ウェーク島、ビルマ、オランダ領東インド諸島などを占領していった。

＊＊＊

日本が持たざる物を手に入れていた頃、ボブは、手元にある物は何でも自分の望みの物にする方法を編み出していた。手作りの五連装銃は、一本の砲身を三つのゴム輪で巻いたもので、かなりの威力があったからフラットブッシュ通りで使うことは禁止された。スクーターは、シカゴスケート社のローラースケートをばらした部品に、厚さ五センチ幅一〇センチの木材を利用して組み立てた。洗濯店のマジェスティク・クリーナーズでシャツを包むのに使う厚紙でジップ・ガンを作ったり、妹の乳母車の車輪と車軸を使って荷車の台車を作ったりした。

＊＊＊

繁栄は、築き上げられたその日に失われた。一九二九年の株価大暴落は、人々の前途を価値のない紙切れにしてしまった。ウォール街の興奮は異常なほど高まって、その病的ともいえる状況は急速に進行した。アメリカの国内は失業者の増加という暗い深淵にどんどん落ちこんでいき、その結果、労働力の三分の一にもなる一六〇〇万人の労働者が失業の危機に瀕していた。

フランクリン・デラノ・ルーズベルトは、一九二一年に歩行障害を伴うポリオを発症して闘病生活を送っていたが、その後、ニューヨーク州知事として政界に返り咲き、州の経済危機を乗りきった。一九三二年四月七日、大統領選挙のラジオ演説では、困窮している国民に対し「社会の底辺で忘れ去られた人のためには何でもする」と訴えた。

有権者たちはルーズベルトを支持し、対立候補のハーバート・フーバーは敗北した。ルーズベルトの新たな政策によってアメリカンドリームを取り戻すことは、ペナントレースでスポーツアナウンサーのレッド・バーバーが実況中継したときのようなドラマになった。

ルーズベルトが大統領に就任して初めの百日のあいだに、「何でもやる」という政策は三つの「R」すなわち改革（Reform）、回復（Recovery）、救済（Relief）として始められた。具体的には、景気を刺激し工業と農業の構造改革をおこなうため、議会を通じて抜本的な財政上および社会的な改革を強引に推し進め、レイモンド・モーリーをはじめとするブレイントラストらの後押しでフーバーの政策を継承し、ハットから何匹もウサギを取り出す手品のような実績を挙げた。

しかし手品のようなニューディール政策のいくつかは、まもなく陰りを見せはじめた。たとえば全国復興庁は一九三三年に全国産業復興法によって設立されたが、二年後には憲法違反とされ、フーバーの復興金融会社のような事業目的の基金は軍需産業や災害支援には役立ったが、資金はまたたく間に底を突いた。

アメリカは、ヨーロッパ各国に貸与していた一一〇億五〇〇〇万ドルの戦時信用限度額についても頭を痛めていた。不況の波はヨーロッパ諸国にもおよんでいて、貸付金の返済が不履行にならなかった国はハンガリーとフィンランドだけだった。そのため、ニューディール政策に融資することになっていた政府の財源は債務国からの返済によって補填されることができなくなった。

一九三五年に発足した公共事業促進局による計画が成功したことは、見当ちがいではなかった。雇用した労働者によって、一一六万のビル、七万八〇〇〇の橋、一〇四〇キロメートルにおよぶ道路を建設し、労働者たちは、支払われた給料で品物やサービスを買うことができるようになったからである。しかし、公共事業で使われたレンガにもまして金属と木材が国家を再建するために必要とされた。連邦美術プロジェクトと連邦劇場プロジェクトが、俳優、演出家、劇作家、舞台制作者たちを救済するために実施された。その結果、「実験劇場」は不況の空に明るい太陽を照らすことになり、その中にはオーソン・ウェルズが高く評価したマーキュリー劇団があった。また連邦作家プロジェクトは、有能な文学者たちを救済しようと立案されたものだった。

とはいえ、日雇い労務者、工場労働者、中小企業の社員、それにすべての職種の技術労働者たちの生活再建は長引き、生活は困窮していて、ジョージ・ジェイ・キャロンも、その中の一人だった。

＊＊＊

ボブは、三階の窓から通りの向こうに見える一軒の清涼飲料販売店をじっと見ていた。ブルックリンの街中でも、あまり裕福ではないこのあたりは、飲料水とキャンディーを売る店が新聞の販売も兼ねて三ブロックごとに店を出していた。ボブがその清涼飲料販売店に注意を向けていたのは、ホット・ファッジ・サンデーや五十種類もある一セントのキャンディーが食べたいからではなく、新聞配達の仕事がしたかったのだ。

「いいとも、雇ってやるよ」店の主人が言った。主人は、なまけ息子が遊びまわって店を手伝わないことに不平を漏らした。「いいか。週一ドル五〇セントの条件でデイリー・ミラー、タイムズ、ヘラルド・トリビューンを毎朝、日曜日も含めて配るんだ。午前五時に新聞の束が届くから、ここへ来ているんだぞ」

新聞配達の収入は生活費の足しになったし、週の大半の学校給食代に充てられ、ほかの日の昼食はチーズサンドと買ってきた紙パックの牛乳で済ませた。

暮らしに余裕はなかった。それでも家族、友だち、近所の人たちは、お互いに物を分け合った。

親友のハーブ・フィンクは、ボブのところより大変だった。ハーブの父親が死んだとき、母親は自宅の階下の部屋を人に貸して生活費の足しにしようと考えた。とはいえ、部屋のことはともかく育ちざかりの少年には食料雑貨と靴だけは、どうしても必要だった。

ボブは、ハーブの母親が好きだった。ほっそりした顔付きで、いつも明るく、よく笑い、自分の母親と同じように不平不満を口にすることは決してなかった。ボブは、ハーブの母親の血管の浮いた細長い手がパンを丸まるほど薄く切るのをじっと見ていた。それから、薄く切ったパンにピンク色のボローニャソーセージを錦織を扱うように丁寧に一切れずつ並べて、もう一枚のパンで挟んだあとパンを斜めに切ってから、半分ずつをハーブとボブの前に置いてくれた。

家庭の妻や母親たちの多くは、節約をしながら何か手に職を見つけようとしていた。アン・キャロンは、週に三日ほどトロリーバスに乗って街はずれまで出かけ、病気の婦人のために、洗濯、アイロンがけ、食事の支度などの世話をした。帰りのトロリーバスの中では膝の上に手を置いて眼を閉じ、通路に混み合って立っている乗客たちのことは考えないようにしていた。吊革を握って立った乗客が曲がり角や発車のときによろめくと、アンは思わず痛む両足を座席の下に引っこめた。それからまもなくすると、車内の息苦しさや警笛や眩い照明などは自分とは隔たった感じがしてきて、いつの間にか自分だけの安らかな世界にひたることができた。膝の上には、息子のために持ち帰る束ねた新聞が置かれていた。

「新聞は全部、持って行っていいのよ」世話をしている病気の婦人は、アンの息子が古新聞を集めて一〇〇ポンド当たり五セントを稼いでいることを知ると、しきりにそう言ってくれた。

シカゴ・ボールベアリング社のローラースケートを初めて買ったときは二ドル払った。足を交互に押し出すたびに金属性の車輪の音がコンクリートの上をリズミカルに響きわたって、格子模様の窪みのある数キロメートルの歩道を滑って行った。

ある日の午後、数学の教師が授業を脱線して、木製の車輪を付けたスケートを履いて屋内ローラースケート場で滑る話を生徒たちにしたとき、ボブは意外な気がした。木製の車輪だって？自分の金属製のスケートよりも具合がいいとでも言うのだろうか？　教師が言葉を切ったとき、ボブが口を挟んだ。「木で作った車輪なんて、そんなのただの安物のスケートだよ」と、手を払いのける仕草をしながら。そして教師と教室中の笑い声が鎮まると、椅子に反りかえって両足を通路の方にひろげ、自信ありげに笑った。そもそもスケート場のような建物の中でスケートを滑りたい奴なんているんだろうか？

入り組んだ玉石を敷いた大通りとはちがって住宅街の脇道は平らに舗装されていて、ローラーホッケーをするには格好の場所だった。少年たちがホッケーのパックにするため古いゴム製の靴のかかとを集めていたことをチェコスロバキアの靴メーカーが知って、少年たちの試合に参加してくれた。そのおかげで五〇セントで本物のホッケーのスティックを一人あたり一本買うことができた。レンガ造りの家並みの向こうに日が沈む頃になると、膝をすりむいた少年たちは、乳母車を押す若い夫婦や地下鉄から疲れた様子で出てくる仕事帰りの通勤客たちのあいだを縫うようにして、スケートを滑らせて帰って行った。

＊＊＊

ブルックリン工業高校の新入生になったボブは、地下鉄を出るとディカルブ通りを通ってフォート・グリーン公園までの道を十五分ほどかけて元気よく歩いて行った。学校の建物は、サンパンが多く停泊する港の真ん中に停泊した七階建ての船のように、そびえ立っていた。学校の西はアパートが立ち並んでいて、北には広いフォート・グリーン公園があった。南には室内競技場を備えた高い天井のある体育館があり、日差しの強い日には暑くなったが、曇った日には運動をするのに涼しい場所だった。体育館の東に接した二階建てのほとんどは飛行機の設計や組み立てをする工作室が占めていた。

学校は全国でも有数の工業高校として知られていて、補欠入学を希望する生徒があとを絶たなかった。毎年春になると、市内の中学生たちが入学試験を受けるために集まってきて、ボブはめでたく試験に合格することができた。授業では人文科目のほかに工学と物理があった。物体がどのように作用するかという問題は子供の頃から好奇心を刺激していたので、計算問題を解くことはクイズを解くように楽しかった。

季節はずれの暖かなある秋の日、ゴミ箱の中を引っかきまわして五セントに交換できるジンジャーエルの瓶を集めていたとき、ふと何か目に留まるものがあった。それは一冊の本で、注意深くゴミ箱の中から取り出して、湿った袋や瓶類とは別にした。その本は、茶色の布製の背表紙に金色で『土木工学論説』と記されていた。表題には「Ｄ・Ｈ・マハン、法学博士、ウエストポイント陸軍士官学校土木工学前教授、一八七七」と著者の肩書きが記されていた。舗道のふちに座りこんで、傷んだページを丁寧に繰っていった。最初の図版にイースト川に架かる橋の石版画が載っていた。第九章の「河川の自然な姿」について述べられた四九四ページまで読み進めた頃には、瓶を集めることはどうでもよくなっていた。

学校の隣にある広いフォート・グリーン公園は測量実習の場所になったし、学校では製図を描き、化学で分子構造について学び、物理で物体に加わる重力を計算したりした。そしてボブにとっては、どの授業も勉強というより遊びのように楽しくて、夢であるパイロットになるための基礎訓練になる気がした。

＊＊＊

「可愛い子じゃないか」ハーブが横にいるボブを突ついた。たしかにブロンドの髪をした可愛い子だったが、セクシーかというと、そうでもなかった。ボブは以前、別のＹＭＣＡのダンスホールでエドナ・サンダースというこの女の子に気がつかなかったが、今は関心があった。そして大胆にも次の日曜日にデートを申し込んだら、快く応じてくれた。

ボブが入った陸上部の仲間は、練習以外のときでも一緒に行動していて、土曜日の晩に共学のスプラッシュ・パーティーの開かれる「Y」に集まった。プールで熱気を冷ましてから、少年と少女たちはダンスホールでペアになってジルバを踊った。もっとも、壁の花たちは内心イライラしながら黙り込んで椅子に座っていたが。

時には同級生や陸上部の仲間が自分たちの家に招待してくれた。ある晩のパーティーに招待されたとき、酒が自由にふるまわれて、友だちの両親が、みんなのグラスに酒を注いでくれるのを見て驚いた。グラスを何杯か空けてほろ酔い加減になって、エドナの踊るジルバに見とれていた。あんな具合に踊れたらと、しばらく思っていたが、まもなくほかの女の子が気になってきた。酒のせいでぼんやりしていた意識がはっきりしてくると、可愛い赤毛の子に注意が向いた。

「ぼくもアイルランド出身なんだ。フランス系アイルランド人なんだ」ボブの、その不躾な自己紹介に赤毛の子が笑った。そのときエドナは、ほかの相手と踊っていたが、ボブの移り気な様子が気に入らなくて、あとになってから自分を家まで送ってくれと言い張った。エドナは、高架鉄道に乗っているあいだも、ずっと不機嫌そうにしていて、家まで送っていつもするグッドナイト・キスをしようとしたら拒まれてしまった。

夜はまだ更けていなかったし、パーティーの会場まで戻るための乗車賃は残っていた。戻ってみると、赤毛の子はまだそこにいて、窓の近くでボブの友だちに何か言っては笑わせていた。ボブは、その子のように人を楽しませる爽やかな人柄が好きだった。その晩、エドナは冷たい態度を見せたが、その後、無邪気な様子でエドナをコニー島へデートに誘った。

それから数週間して、ボブが可動橋に誘ったのをきっかけに仲たがいをした。ふたりは、お互いにほかの相手とデートをすることを認めながらも高校時代は友情の強い絆で結ばれていたので、陸上部の仲間たちはボブの女性観に感心しながら、エドナとの仲直りを応援してくれた。仲間たちのあいだに嫉妬や羨望はなかった。秋にはクロスカントリーで走ったり、冬には国家警備隊の二〇〇メートルのトラックをみんなで競走したりしながら、誰もが兄弟のような関係だった。

初めて一・六キロメートルのリレー大会に出場したときは、エドナのほかにボブの両親と妹のドリスが観客席にいた。ボブは二番手のチームでは一番速いランナーとしてアンカーに選ばれた。第一走者がスタートしたときには気力十分だったのに、次第に気力が衰えていった。第三走者が残りの半周になった。顔から玉のような汗が流れ落ちた。ついにバトンが手に渡ったとき、もう勝つチャンスはないと思った。観客席の中にエドナや家族の姿を見つけることはできなかったし、歓声の中からエドナの声を聞き分けることもできなかったが、自分を応援してくれていることはわかった。そう思うと下半身にエネルギーが湧き上がってきて、胸を突き出すようにしてストライドを大きくした。たちまち前方を走る走者たちとの距離が縮まってきた。全身を前方に押し出すようにして、ついに先頭集団の中ほどになった。コーチが両手をメガホンのようにして「行くんだ！　チビ！　おまえなら行けるぞ！」と叫んだ。何も聞こえなかったが、血管の中の拍動が聞こえるようだった。
「よくやったぞ、おまえは優勝したようなもんだ」ゴールしたときにコーチが言った。

＊＊＊

自信たっぷりの毎日を送りながらパイロットをめざしていた十五歳のある金曜日の晩、壁から革砥がはずされることになった。その日、歩道のところに友だちのハーブ・フィンクがやって来るのを待っていた。ふたりはタッチフットボールで許されるくらい体をぶつけ合って、一週間のあいだに溜まったエネルギーを発散させようとウズウズしていた。ほかの仲間たちは、いつものように五ブロック向こうのガソリンスタンドの隣にある明るい照明に照らされた広場に集まっている。ボブは、広場に行く前に一セントの煙草が買える角のドラッグストアに駆けこむ時間がまだあるとハーブに言った。

街灯の下で、ふたりは買ってきた煙草に火を点け、鼻から紫煙を出しながら横断歩道の信号が変わるのを待った。信号が変わったとき、向こうから黒い外套を着た中折れ帽の男性が横断歩道を渡ってくるのにボブたちは気がつかなかった。男性が立ち止まってふたりを見つめたときも、笑い合いながら煙草を吹かして通り過ぎて行った。
「さっきの中年の男はどうしたんだろう」ハーブが言った。

「知るもんか」ボブは肩をすくめ、俳優のハンフリー・ボガートが煙草を下唇の上で振るわせながら話をする仕草をまねて言った。

それから数時間のあいだフットボールに熱中して、さっきの男性のことなど忘れていた。フットボールでエネルギーを発散できたかどうかはともかく、帰宅した居間で父から革砥を使って罰を受けることになった。

友人たちとフットボールをする前に親に隠れて煙草を吸って帰宅したボブは、居間で待っていた父親のジョージ・キャロンから命じられたのだ。「ボブ、革砥を持ってこい」

ボブは、理由がわからないまま、ぼんやりと父の顔を見つめた。

「おまえが煙草を吸っているのを見ていた年取った男というのは、父さんだったんだ」

＊＊＊

一九三五年六月下旬になるとアパートの中はもう暑くなって、部屋の扇風機が不快な空気をかきまわしてカーテンを微かに揺らしていた。ジョージの大工仕事は何の予告もないまま朝靄のように消えてなくなり、家賃を払う金が底を突いた。

「おまえは新しい仕事が見つかるまでアンと子供たちに、わたしたちのところで暮らすよう言うんだ」伯父のビルは、がっしりした手で、いつものようにジョージの肩を叩いた。ビルと伯母のキティーは家族ではなかったが、家族同然の間柄だった。伯父たちが所有しているオールド・ブルックリンの赤茶色のアパートは快適な環境だったし、ニュージャージー州パーサイパニー湖畔にも寄宿舎を建てるのに十分な広さの三角地を持っていた。

伯父が所有するパーサイパニー湖畔の寄宿舎に移ったドリスとアンは、階下の快適な寝室をあてがわれ、ボブは屋根裏部屋におさまった。部屋の小さな格子窓からは東にパーサイパニー湖が見わたせた。きちんと畳んだ衣類の入ったダンボール箱を壁ぎわに寄せてから、折りたたみの簡易ベッドに大の字に寝て、手枕をして天井の垂木を見つめた。夏のあいだはパーサイパニー湖畔で過ごすのか。ボブは楽しそうに目を閉じた。

＊＊＊

「意気地なし」

「そうじゃない」

「じゃあ、早くやれよ」

たぶん、みんなの言うとおりだと思いながら、ボブは高さ四・五メートルの飛び込み台の上に立った。このまま押し問答をくりかえしていると、朝食が昼食になりそうだった。

「飛べ」自分の中の声が命じた。大きく息を吸いこんで空中に飛び出すと、膝を抱えて重力に身を任せた。頭の中は恐怖でいっぱいだったが、すぐに何ともいえない奇妙な快感に包まれた。五六キロの体は、ぶざまな格好で水中深く沈みこんだが、恐怖心はなかった。

五回目の飛びこみをするときには、飛びこみ台の先端でバランスを取りながら、みんなの視線が自分に向けられるのを意識した。今度は、みんなに披露しようと朝からずっと考えていた格好をして、弓から放たれたように台から飛び出し、前に差し出した両腕のあいだに頭を入れるようにして飛びこんだ。体が水面を突き抜けると、拍手と喝采が耳に届いた。

パーサイパニー湖畔で過ごしたあいだの忘れられない出来事のひとつに、エディス・シェーノとの出会いがあった。その出会いは、エディスの方がボブの姿を見て自己紹介をしてきたのだ。エディスは子供のときに孤児となったが、その頃には将来有望な才能のある歌手として自信にあふれ、活発で幸せそうだった。

何度かデートを重ねたある晩、キスをしたエディスの頬が初めて赤らむのがわかった。ふたりは、穏やかなパーサイパニー湖にカヌーを浮かべて漕いだ。カヌーの中でエディスの明るい笑い声が湖面に響きわたって、その声が湖岸を囲む松の木に吸いこまれていった。エディスは、ボブの知らないことを熱心に教えようとした。たとえば、地中に埋めた燃えさしの中にジャガイモを入れて、表面が黒ずんで真ん中がしっとり柔らかくなるまで蒸し焼きにする方法や、淡水魚の釣り方とかだった。真夜中に浜辺で友だちと一緒に焚き火をしたときには、エディスは砂の上に横になってボブの両膝のあいだに柔らかな肩を押しつけて、自分のもののようにボブの両脚にしがみついた。ふたりは体を絡ませ、笑い合いながら、焚き火の火が消えて次の火を点けるまで何時間もそうしていた。

ボブは初めて、親友のハーブ以外の誰かに自分の抱いている希望や夢を打ち明けたくなった。それは全く詩的な感情だったが、エディスに自分の気持ちを伝えたかった。十六年の人生をエディスの前にさらけ出して、家族写真の中に写った自分を見てくれる彼女の横に座っていたかった。複葉機の操縦席に座って嬉しそうにしている幼い頃の写真に目を輝かせる彼女の様子を見たかった。「この写真は、ぼくが三歳のときだったんだ。だけど飛行機は、ぼくの初めての恋人だったんだ」といって「初めて」を強調するつもりだった。そんなエディスと一緒にいたかった。

あのときの夏をこがすような恋の炎の最中にも、昔ハーブと一緒にやった金儲けのことが頭に残っていて、その夢がふたたび大きくなっていた。今回は模型飛行機のときとはちがって、供給する用意と無尽蔵の需要とがあった。パーサイパニー湖畔にある料理店で夕食をするお客たちはトウモロコシの料理を好んだので、店ではトウモロコシの仕入れが追いつかないほどだった。そのため店の主人は、地元の生産農家とは別に密売のトウモロコシが手に入ればもっと利益を上げることができると考えていたので、ボブとハーブは月明かりの下で畑からトウモロコシを密かに盗んで麻の袋に詰めて店の主人はそれを一本につき一セントで買い取った。

ボブは、ほかの少年たちのように、ひと儲けすることには熱心だったが、盗むつもりは毛頭なかった。敏捷で手際がよかったが、トウモロコシの茎から実を摘むたびに心がうずいた。そのとき思ったのは、畑を耕し植えつけをし肥料を蒔いて一生懸命に働いている農家の人たちのことで、その姿は自分の父親の姿と重なった。そして何年か前にした盗みのことを思い出した。それは、人工皮革のケースに収められたエメラルドグリーンと金色の見事な万年筆をポケットに忍ばせたことで、あの怯えに満ちた日のことが今でもありありとよみがえってきた。一瞬のうちに万年筆を手の中に隠した行為は自分でも驚くほど自然になされた。しかし、店から往来に出て行くとき、自分のうしろめたい様子に誰か気づいているのではないかという気がした。

家に帰ると、欲しくてたまらなかったはずの万年筆が苦痛の種になってきた。どうしたものだろうか？　翌日、学校では授業が容赦なく過ぎて、終業のベルが鳴った。デパートの重たいガラスのドアを開けて入るとき、ドアがいつも以上に重く感じられた。息を弾ませながらお客たちの中に紛れこみ、店員たちが忙しく立ちまわって自分に注意を向けなくなったのを見はからって、震える手でポケットから万年筆を取り出し、陳列ケースの上にそっと戻した。

＊＊＊

伯父のビルが五月一日の労働祝日祭に寄宿舎を閉じることになり、ひとつの出来事が終わりを告げようとしていた。ボブとエディスは、あとの約束もせずに別れを告げた。エディスは心が定まらない様子で、涙が頬を伝った。エディスは、自分の肩にまわしたボブの腕をひいて湖畔の砂浜へ誘った。

「ここは、わたしにとって忘れられないところよ」そう言って長いキスをしたあと、道路の方へ駆けて行った。それから途中で一度だけ振りかえって、笑いながら手を振った。

パーサイパニー湖畔で過ごしたボブたちは帰り支度をはじめた。これから三人が帰る家は、ジョージが数日前に見つけた魚屋の上にある家具付きの部屋だった。請負契約をした大工仕事の少ない収入では、部屋の賃料を払ったら、あとはわずかばかりのお金しか残らなかった。

住まいは狭くて暗かった。表も裏も窓らしいものがないため、狭い部屋の中はいつも薄暗く陰気だった。キッチンを除くと部屋は建物の奥まった場所にあったので、どの部屋にも生命が感じられなかった。アンの使うキッチンは、隣の建物と手を伸ばせば届くような向かいのキッチンの窓とのあいだを通る通気道に面していた。ボブは狭苦しい寝室に妹のドリスと一緒に寝ることになった。いつも両親から不満を口にするなと言われていたが、模型飛行機、スケート、本、カップ、野球のミットなどがドリスの人形、人形の家、パズルなどと一緒に詰めこまれた。

時には地元の映画館でひと晩を楽しむため、家族中で小銭を貯めた。当時の映画館は客集めのため観客に無料で安物の食器類を配っていたので、アンは映画館を出るとき、映画を観て涙で濡れたハンカチに食器類を大切に包んで持ち帰った。

毎週金曜日になると、アンは毒をもって毒を制する時間を迎えることになった。キッチンで魚を揚げる匂いが、ヒラメ、ニシン、アンチョビー、ヤリイカ、タコ、ウナギなどの生臭い匂いを一時でも消してくれたからだ。この悪臭は、階下の魚屋の臭気が床板をとおして上がってくる匂いと、路地に捨てられた残飯とから発生したものだった。

＊＊＊

ルーズベルト大統領は国民に対して忍耐することを訴えた。一九三六年一月十八日、ニュージャージー州ニューアークの緊急州議会でルーズベルトは「わたしたちがこの不況から抜け出すため、今は無駄と思われる公金を使うならば、これから数年もすれば、アメリカ国民の生活を豊かにする言葉として心に刻まれることでしょう」と述べた。

アンの辛抱強いやりくりが実を結んで、一家は今までの住まいから五ブロックほど向こうにあった三階建てのレンガ造りの小ぎれいなアパートに移ることができた。そこは脇道に面していたので、トロリーバスの絶えまない騒音や地面をとどろかせる地下鉄の騒音は聞こえてこなかった。それに、最寄りの駅にも便利で、ボブは毎日、地下鉄に乗って工業高校へ通った。

一家の住まいは、その区域にあったアパート群のはずれにあって、そこから賑やかなノストランド通りに沿って一列に立ち並んだ商店街が眺められた。正午になると、通りの角にある簡易食堂やドラッグストアは両側に立ち並ぶ建物から出てきた常連客でごった返した。その通りにある一軒の洋服屋が往来のドラッグストアと取引をしていた。

ドラッグストアの斜め向こうには、聖ジェローム教会の尖塔が灰色の空にそびえ立っていた。日曜日の静かな早朝には、この教会の鐘だけが、もの悲しく荘厳に鳴り響いた。教会の黄ばんだ壁には十字架の道行きの聖画像が長い年月を経て色褪せて掛かっていたが、その画は人々の心を厳粛な気持ちにさせた。

教会では晩のミサが済むと、大広間で神聖な勤めを終えた牧師と修道女たちがドラッグストアにやって来て、そこで働きはじめたボブがサービスしてくれる大盛りのアイスクリームを買い求めた。

ボブは牧師や修道女にサービスするときのように他人に対して気前がよかったので、国民の利益のために惜しみない資金を投じるルーズベルト大統領の政策が理解できた。一九三六年の大統領選挙演説では、指名候補だったアルフレッド・エマニュエル・スミスはルーズベルトのニューディール政策は浪費にすぎないと批判し、その政策を慈善事業とみなして「サンタクロースに銃口を向ける者はいない」と主張した。しかし、ボブはルーズベルトの方が正しいのだろうと思った。その証拠に牧師や修道女でも大盛りのアイスクリームを求めてくるようになったではないか。

店の主人は、ボブがお客たちにサービスをして喜ばせれば、あとは自由にさせてくれて、仕事が一段落したときには店のカウンターの奥にあったテーブルで宿題をすることを認めてくれた。

働き出してから二年目になると給料が時給一〇セントに倍増したので、ベッドの傍らに置いたマヨネーズの空き瓶の中身が五ドルに貯まったとき、中古の自転車を買った。それは雑役夫が乗っていた特別あつらえで、なくなった片方のペダルに角根ボルトを取り付けて乗った。出かけるときは、いつもスペアのボルト、ナット、小型のレンチをポケットに入れていた。錆だらけの自転車だったが、おかげで行動範囲がひろがり、仕事の能率も上がった。

ある日曜日の朝、店の主人から、品数をまちがって注文した商品があったので、一・六キロメートル先のもう一件の薬屋まで行って買い足してくるよう頼まれた。

「あと六箱だって？」不注意な注文をいつもするのに慣れていた薬屋の主人がたずねた。

「それだけ今日要るんだそうです」ボブはそう言って、受け取った箱を自転車のハンドルの上に積み上げ、落ちないように片手でしっかり支えた。日曜日の朝は交通量が多かったので、脇道を通り、自分のアパートの前の道を自転車を飛ばしていたとき、突然、目の前にミサを終えた中年の女性の一団が横切ろうとしたので、慌てて急ブレーキをかけた。

「ボビー……」ちょうどアパートの前にいた母のアンが息を呑んだ。足元に散乱した明るいブルーの箱を一団の女性たちが見たとき、アンの喘ぎはおさまらないままだった。方々に散乱した箱には「KOTEX」（生理用品）と大きな字が印刷してあって、一団の女性たちがボブを疑わしそうな目で見ていたからである。

配達の仕事をはじめるようになってから、新規のお客も増えたが、ありがたくない仕事も任されることになった。ただ、それは危なくなければの話だった。洋服屋で配達の仕事をはじめてからは、膝で上手に自転車の舵を切りながら縁石や曲がり角の縁に乗り上げないようバランスの取り方と運転技術を磨いた。その様子は、まるでウールのギャバジン・スーツを両腕に吊りさげた人間洋服掛けのように見えた。

土曜日の午後の配達が済むと、自転車は地面を走る飛行船に変身して、空の英雄たちの待っている滑走路をめざして自転車を走らせて行った。

＊＊＊

フロイド・ベネット飛行場はニューヨークの市営で、模型飛行機の店などよりずっと刺激的だった。飛行場はジャマイカ湾の海岸沿いにあって、滑走路には有名な飛行家たちが操縦する飛行機も離着陸していた。そして威勢のよい飛行家たちは自分たちのことをさておいて、五ドルを払った一般の人を飛行機に乗せて空へ飛び立った。

A・L・ウィリアムズ、ロスコー・ターナー、ジミー・ドーリットルなどの飛行家たちの操縦する十五分間の空の旅は、五ドルにしては申し分のないものだったが、ボブが五ドル貯めるには一年かかった。今は、お金を払って空を飛ぶことはできないが、いつの日か大空を飛ぶことのできる時が来るはずだ。だから飛行機に乗る機会がないことを残念には思わなかったし、自分を憐れむ気もしなかった。いつものように今できることに最善を尽くすだけだった。飛行場の片隅で自転車に寄りかかったり、ひんやりした草むらに手足を伸ばして寝ころび、空を飛ぶ飛行機の機影を目で追ったり、はるか彼方から聞こえてくるエンジン音に耳を澄ませたりして楽しんだ。また時には飛行家たちの命知らずの曲芸飛行を見る幸運に恵まれることもあった。

ある日曜日、ウィニー・メイ号と名づけられたロッキード・ベガを見ようと思って一六キロメートルの道を自転車で行った。ウィニー・メイ号は、ウィリー・ポストが搭乗して世界一周を成し遂げた飛行機だった。

格納庫の通用口からこわごわ中に入ると、今まで見たこともないよう光景に目を見はった。ウィニー・メイ号の姿はすばらしかった。機体の上で整備士が高い梯子を掛けてパーカー油圧装置の部品を油に汚れた手で点検していた。「使いものにならんな」整備士はボブに向かってそう言うと、部品を床に放り投げた。

ボブは、床に投げられたその部品を拾って整備士を見上げた。「ああ、いいよ。坊やにくれてやるよ」油で汚れた丸顔の整備士は気前よさそうに笑った。

凝固した牛乳のような雲が街に低く垂れこめていたその日の午後、イタロ・バルボ元帥の姿を見かけた。温厚なそのイタリア人は、勇敢にも双発のサヴォイア・マルケッティを操縦して世界一周を成し遂げたのだった。イタリアから飛び立ち、アフリカ、太平洋、南アメリカを横断して、それから北に向かって中央アメリカまで飛行し、湾内にいたほかの飛行船の歓迎を受けながら着陸した。錆びた自転車に乗って空への憧れを抱いていたボブは、バルボ元帥の操縦していたマルケッティの勇姿を記憶に留めた。

「たしかに一ドルだ」店の主人は、カウンターの上に置かれたひと握りの小銭を数え直してレジに記録した。ボブはユニベックス社のカメラを手の中に包みこむようにして店を飛び出した。

絞り、焦点距離、被写界深度などは本や雑誌を読んで独学することにした。一週間のうちに、浴室で現像処理をする（ドリスは困った様子だったが）ために必要な現像液、定着液、固定液などの薬品を買った。そしてカメラで撮った写真を現像して部屋の壁に掛けるつもりだった。寝室の壁に掛けるお気に入りの写真は、競技用水上機、フォート・トライモーター（三発機）、それに数年後には新しくなるB－17の初期モデルなどを考えていた。ジョージとアンは、空を飛ぶものには何にでも夢中になるボブを理解してくれたし、応援もしてくれた。ジョージはボブが三歳のときに飛行機を見せに連れて行ったこともあった。

＊＊＊

ボブは、屋根裏部屋の自室で暮らしながら、心はブルックリンの街の上をさまよっていた。下の通りでは人々やタクシーがおもちゃのように動きまわっていて、頭の上には灰色と茶色の石壁があった。ボブにとって空は、地面や塀が青白いもやのように消え去った場所ではなかったし、紫色の大きな丸屋根の上を揺らめく草原のように覆う場所でもなかった。

＊＊＊

一九三三年十二月五日、第十八修正案が熱狂的な歓声の中でついに廃案になったとき、ルーズベルト大統領は国民に呼びかけた。「わたくしは、今までの形であれ、新たに造られる形であれ、法律か何かによって酒場が復活することを政府として認めないことを切に願っています」

ニューヨークでは乾杯が始まり、ウイスキーが許可された。バー、パブ、酒場、ビアホール、ロビーが復活し、「新たな形」は登場しないまま賑わいが戻ってきた。アンの使うキッチンは酒場の裏に面していて、時折、一家が夕食にお客を招くと、ジョージは二五セント硬貨と「ビール缶」と名づけたブリキの箱をボブに渡して酒場の裏口へ行かせた。そしてビールを買い足すことを「ビール缶を持ち帰る」と呼んだ。

キッチンの窓のところには、洗濯したシャツやパンツをロープに吊して外に出し入れして干せるように滑車が取り付けてあって、ロープのもう一方の端は酒場の裏口に近い柱に結びつけられていたので、このロープを利用して酒場から配達サービスを受ける仕組みになっていたのだ。

ある晩、二十歳になる可愛い娘を連れたお客を夕食に招待したとき、冷えたビールがあとからあとから出てくるので、お客が驚いた。ボブは、お客の娘をキッチンへ連れて行き、「自動式」飲料運搬機の物干し用ロープを見せた。

「本当に単純なんだよ……あっという間に新鮮な物を運べるよう考案した力学装置なんだよ」言

葉を選びながらそう説明したあと、キッチンの窓を開けて、例の「ビール缶」に物を入れて、ロープに吊りさげて出し入れして見せた。「単純なんだよ」そうくりかえしながら、娘を煙に巻こうとした。

「そんなことないわ本当に……賢いことだわ」娘が感心して言った。

＊＊＊

大恐慌によって、アメリカの国民は知恵を出して物を工夫するようになった。ほとんどの人が諺に反して、瓜のつるにナスビを実らせた。

ボブも瓜のつるを探していたが、瓜のつるがどこにあるのか見当がつかなかった。瓜のつるは、昨夜の夕食の残飯でいっぱいになった台所のゴミ入れや、野生生物がうようよする積み上げられた材木などに見つかるかもしれなかったし、回収される瓶や金属片、凧や模型飛行機用の軽量木材、ひも類、コレクションで集めた消印のある封筒、それにポピュラー・メカニクス、サンデー・イブニング・ポスト、リバティーの面白そうな記事が瓜のつるになるかもしれなかった。中でも関心があったのは、飛行機の挿絵、写真、記事などで、航空力学にかんするものはすべて集めて整理し、持ち帰った。時には飛行機にかんする記事が面白くて、その場で読みたくなる物もあった。

探し物に熱中した結果、思いがけない廃棄物が見つかった。以前、自宅で鉱石ラジオの少し湿った図面を目にしたことがあった。それは家で初めて買った、上部にダイヤルの付いたゼニス社のラジオで、父の椅子に次いで家では自慢の宝だった。フィバー・マギーとモリーの三十分番組を家族中で楽しもうと思ったが、イヤホンを耳に付けて雑音を辛抱しながらダイヤルを調節しなければならなかったので、一人ずつしか聴くことができなかった。

ボブが鉱石を一個買ってきて、小さな木片と一緒に鉱石の一ヶ所とコイル状に巻いた銅製針電極の線をつないでラジオのスイッチを入れると、なぜか妙になつかしい歌声が聞こえてきた。歌が終わると、ニュージャージー局のアナウンサーが今の歌はエディス・シェーノによるものですと言った。ボブは催眠術にかかったような気分になった。ラジオを修理して最初に選局した放送局が、不思議なことに、パーサイパニー湖の夏のロマンスを呼び覚ましてくれたのだ。その夜はひと晩中、夢見るよう気持ちだった。

＊＊＊

ラジオを使った広報活動は、ルーズベルト大統領も活用していた。ルーズベルトは、社会的経済的にさまざまな背景を持つアメリカ国民に向けて、一方的な方法ではあったが、ラジオの「炉辺談話」をとおして打ちとけた雰囲気で語りかけたので、国民たちは、ふたたび繁栄が訪れることを期待しながら居間や車の中で大統領の炉辺談話に熱心に耳を傾けた。

しかし、一九三七年一月二十日の二期目の大統領就任演説では、国民は繁栄の兆候を聴くことはなかった。そのかわり、誰もがよく知っている「わたくしは、国内の三分の一が家が貧しく、衣類も乏しく、栄養不足であることをよく知っています」という言葉を述べただけだった。それでも、公約としてかかげた政策に対する世論調査によると、ルーズベルトを再選させて二期目の大統領として反対勢力を排除することを期待する声が強かった。

六月には、メジャーリーグのピッツバーグ・パイレーツが三十七歳の古参のウエイト・ホイト投手を手放し、ホイトはブルックリン・ドジャーズに移籍した。誰もが驚いたことに、移籍したホイトは、その年のシーズンでメジャーリーグの全投手の十四番目にランクされ、二十二回のシーズンのうち七回のワールドシリーズに出場したのだ。

その年は、ウエイト・ホイト投手のような思いがけないヒーローはスポーツ界だけではなかった。スペンサー・トレイシーが『我は海の子』でアカデミー主演男優賞を受賞し、デラウェア出身のジョン・フィリップス・マーカンドは、数々の軽妙な風刺小説によって豊かなニューイングランドの人々の暮らしを描き、『故ジョージ・アプリー君』がピューリッツァー賞を受賞した。

十月には、ルーズベルト大統領がシカゴでの演説で、人々の耳にはなじみの文句になっていた「戦争は伝染病です」と語った。その言葉はわかりきったことであって、戦争とは増大する癌のように邪悪なものが罪のない人たちを蝕むものだった。

ちょうどその頃、舞台と映画では同じ主題に関心が集まっていた。それは若者の美徳と失われた純真さを取り上げ作品だった。ブルックリンの作曲家アーロン・コープランドは『ビリー・ザ・キッド』を作曲してバレエ音楽に新たな生命を吹きこみ、スペンサー・トレイシーは『少年の町』で説得力のある演技をした。またケーリー・グラントは映画『赤ちゃん教育』で、さまざまな問題を提起した。シャルル・ボワイエ、ベイジル・ラスボーン、クローデット・コルベールらは「ハリウッド・ホテル」というラジオ番組に出演した。

ルーズベルトは一九三八年四月十四日の炉辺談話で選挙の争点となった問題を取り上げ、国民に向けて「将来にわたって健全な経済のためだけでなく健全な民主主義を保つためには、職を失った人々を雇用するため政府が決断する必要があるのです」と語って、雇用の重要性を訴えた。政府は、雇用を創出するための政策を掲げ、アメリカ賃金労働局の主張にもとづき、時間あたり時給二五セントの最低賃金と最大週四十四時間の労働条件を保証するため、公正労働基準法の可決を議会に求めた。

アメリカ労働総同盟は、アメリカ賃金労働局内の基幹産業で組織される労働者を支持する少数派を先導したとして、労働組合の指導者だったジョン・L・ルイスを罷免した。一九三八年、アメリカ賃金労働局は産業別組合委員会を解散したが、罷免されたルイスは産業別組合会議に名称を変更して組合を再編し、それによって強固な集票の基礎を固めた。一方、軍事と国民生活の両方を変革しようとする産業界と政府とのあいだに風変わりな共生関係が生じることになって、一九三八年の科学技術面における革新的な発明として、丈夫で軽く熱可塑性の合成物質ナイロンが発明された。

「後退」という新語が「不況」という強い表現を和らげるために、政治の辞書に載った。ただそれは、フーバー前大統領が「恐慌」という名詞が恐怖をイメージするため「不況」という名詞にかえたのと同じことだった。ルーズベルト医師は、慢性病の「経済」が「後退」のために病んでいると診断したわけで、それは「不況」に比べて治りそうな印象を人々に与えたという次第だ。ルーズベルトは経済の健康を取り戻し大型増税をせずに一九三九年度の予算を計上するために、「ちょっとした手練」を処方したのだ。

暖かなカリブ海で、ルーズベルトは友人やスポークスマンのロバート・H・ジャクソンと釣りを楽しみながら、釣り糸を青い海に投げ入れて、「わが国は大不況なんかには陥ってはいないんだ」とジャクソンに向けて、もっともらしく言った。しかし、ルーズベルトのそんな希望的観測にもかかわらず、ニューヨーク・タイムズの第4四半期の景気指標は一九二九年度の急落に続く十三ヶ月間よりも大きく落ちこんでいて、痛みの強くなった神経を和らげるために強壮剤を注射する必要があった。

その注射薬は、南カリフォルニアに対して酸素と水素からなる水として投与された。何十億リットルもの水が砂漠と山々のあいだを五万三〇〇〇キロメートルも通って流れ、コロラド川を利用するために三万三〇〇〇人の技術者、電気技師、溶接工、機械工、削岩夫、鉄鋼労働者、クレーン操縦者、廃物処理業者などが雇用されたのだ。そして世界最長の水路整備計画は、ジョージ・ロバート・キャロンが二十歳の誕生日を迎える前に完成することになった。

＊＊＊

三万三〇〇〇人もの人たちが広大なコロラド川の水力を利用するために働いていた頃、工業高校生だったボブは最終学年の課程を仕上げるため勉強に励んでいた。学校では、狭い割れ目に入りこんで薄暗い明かりの下で溶接ができる腕を持つ唯一の生徒だったので、独りで何時間でも作業に取り組んだ。そして狭い場所で動きまわるために培われた体力と精神力が、のちに重宝されることになろうとは、そのときは思ってもいなかった。

ブルックリン工業高校のクラスメートたちは一月の卒業予定に向けて準備をしていたが、ボブは一月に卒業できそうになかった。あまり勉強していなかった歴史の試験に受からなかったため、卒業が危ぶまれていたのだ。ニューヨークでは学期は六月ではなく一月に終了したので、ボブだけ六月の卒業に向けて補習の時間が設けられた。歴史に興味がなかったのは、過去よりも現在や将来に関心があったからではなく、原因はもっと単純なことだった。歴史の中で一部の人間や出来事にしか関心がなかっただけなのだ。

飛行機の歴史と有名な飛行家の伝記は、むしろ好きだった。オハイオ州コロンブス出身で第一次世界大戦のときに二六機の敵機を撃墜した大空のエース、エドワード・ベーノン・リッケンバッカーにかんするものは貪るようにして読んだ。ボブが最終学年の追加試験に取り組んでいた頃、リッケンバッカーはイースタン航空の社長に就任した。一九二七年五月二十一日、二十五歳のチャールズ・オーガスタス・リンドバーグがスピリッツ・オブ・セントルイス号でニューヨーク―パリ間を飛行して世界中を驚かせたとき、ボブはまだ八歳にもなっていなかった。妻のアン・スペンサー・モロー・リンドバーグは、夫婦で飛行した体験をもとに『聞け！　風が』という本を出版した。ヒューストン出身のハワード・ヒューズは数々の飛行記録を持っていたが、ヒューズ・エアクラフト社の中枢として忙しくしていた。

六月に延期された卒業によって、都合のよいこともあった。陸上競技の季節が近づいていたことと高等代数学の特別講義を受ける時間が取れたことだ。小遣い銭をかせぐため、学生食堂の清掃をしてテーブルに椅子を重ねる仕事をしたり、歴史と代数の講義の合間には、構造設計科の教師に誘われて事務室で学生が担当する受付係の手伝いをしたり電話の応対などをして、講義と課外作業のため朝から晩まで動きまわった。

帰宅して床に就く前の少しのあいだ、サタデー・イブニング・ポストの記事を読みながら「暗い河」の無骨でハンサムな主人公アランと自分を重ね合わせたりした。アランと官能的なナイアとの友情が、いつか霧の深いタヒチ島で恋として実る物語だった。学期が終わる頃には九回ものシリーズも六回まで進み、船が座礁して沈没する前におこなわれた神聖な婚礼の場面でふたりは結ばれた。そこはテトマタンギという無人島の真珠色をした砂浜で、睦み合ったふたりが澄みきった真昼と太平洋のように果てしなくひろがる南国の夜の中で、新たな喜びを見出すのだった。

映画館のように大きな講堂で、ガールフレンドのエドナ・サンダースは、キャップとガウン姿のボブに目を注いでいた。エドナは、ボブが卒業証書を受け取ると、立ち上がって惜しみない拍手を送りながら、ふたりが青春時代を過ごした、ぎこちなくも楽しく苦しかった四年間をふりかえっていた。

学校での思い出は卒業証書と年報に書き留められた。アン・ウェストリック・キャロンは、年報の二段目の終わりの一一ページに息子の写真を見つけた。そして、息子を初めて見るように写真を感慨深そうに眺めた。いつの間に少年からこんなに大人になったのだろう？　幼かった顔が、いつの間に彫刻のような口元や薄茶色の輝く瞳に立派な眉をした顔立ちになったのだろう？　写真の横には誰が書き加えたのか知らないが、十八年前に生をうけた一人の人間の集大成のように謎めいた文句が記されてあった。


大空の飛行士！

ジョージ・R・キャロン、ニューヨーク市ブルックリン区二十九番街東五五二。構造科課程、陸上部、改良されたT、クロスカントリー、海軍の分隊、事務室の受付係の分隊、測量チームの分隊長、模型クラブ、上級生のための宝石委員、数学と技術の免許取得。将来の目標はカーチス・ライト航空研究所。

4. 巣立ち

「ボブのために車を見つけてやったよ」ジョージ・キャロンの友人が、自分の知り合いが車を譲ってくれるそうだと言ってきた。「二〇〇ドルで譲るそうだ」エビ茶のロードスターは五〇台しか生産されなかったし、ジョージはその車が新車同様だとわかった。スポーティな外観は時代の先端を行っていたし、のちにMG社で復活した車だ。側面の日覆いとランブルシートに付けられたガーネットが人目をひいた。

ジョージの給料は次第に増えて、二十九番街に今よりずっと快適な住まいを借りることができた。それでも初めの頃は家賃を払ったら手元にわずかの現金しか残らなかったので、余裕のない数年のあいだのボブの卒業記念のプレゼントには、よそからの頂き物で間に合わされた。ボブはお金を貯めて安い中古車を買うつもりだったが、そのロードスターはすばらしかったので、思いきって買うことにした。

ジョージは、今の仕事に不吉な予感を感じていた。今まで景気のよかった建築ブームは、予期に反して建築請負人、大工、配管工、電気工たちの待遇を改善させなかった。その年の初めに、専門家たちは、今の政策は住宅建築だけでなく建築製造業全般に対して不十分であり、自動車産業を後押ししなかったため経済成長が頭打ちになっていると論評していた。たしかに、自動車業界は関連する製造業と幅広い市場に利益を提供していた。コラムニスト編集者の花籠から芽を出したものが「住宅建築組合」と名づけられた小さな苗木だった。この組合は、車の買い手と同じく住宅の買い手も優遇する仕組みを目的としていた。

ジョージは、建築業界の予測のできない変動を乗りきろうと考えて、思いきってマンハッタンのムーレイ街に陳列と展示を請け負う店を開業した。新規に事業を始めるにはリスクをともなう時期だったが、市場調査をしてみた結果、大手企業が商品を宣伝する目的で陳列展示に熱を入れていることを知った。どの企業もマーケッティング、とくに商品を陳列展示して販売を促進するために多くの経費をあてていたので、ジョージはこれに着目したのだ。目標が決まったので、早速、六人の従業員を雇い、息子のボブも働き手に加えた。ただ、組合に加入できないボブの仕事は限られた内容だった。

ジョージは、コンピュータ企業の草分けとして最近頭角をあらわしてきたインターナショナル・ビジネス・マシーン（ＩＢＭ）の請負入札に参加した。創業者のＴ・Ｊ・ワトソンは完璧主義者で、商品の品質と完璧さを消費者に宣伝するには陳列展示の方法が重要だと考えていた。ジョージの店もワトソンと同じように完璧主義のもとに陳列展示をおこなったので、ＩＢＭはジョージの店と契約することになり、店の得意先になった。ＩＢＭでの仕事は、マディソン通りの支店と五十七番街の本社で商品の陳列展示をおこなうことになった。さらに追加契約として、特別イベントと数週間ごとに陳列展示を変更する休日向けの飾りを作ることになった。アンは、陳列展示を見ようとIBMの前に通行人が集まってくるのが自慢だった。

IBMの店先を通りがかった人たちは、展示してある商品に引きつけられて立ち止まって見入り、不思議な合成写真の中に何か新たな発見をするようだった。一方、アメリカンドリームを象徴する出来事として思いがけなかったのは、一九三八年にエンリコ・フェルミがノーベル物理学賞を受賞したことだった。当時三十七歳のエンリコ・フェルミは、イタリアにもユダヤ人排斥がひろがってきたため、愛妻で親友でもあったラウラと二人の子供たちと一緒にニューヨークへ逃れた。イタリアの片田舎の出身だったフェルミにとって、新世界のアメリカは新たな出発点として特別な意味を持つものだった。

＊＊＊

日本においては、人生の途中で新たなことをはじめたり物事を改めたりすることは考えられないことだった。この国には階級、家族、年齢、性別、職業によって「定められた」身分の伝統があり、それは今も続いていた。このような伝統は、その人の祖先、両親、とりわけ天皇を中心に定められたものだった。人生とは個人の幸福を追求することではなく、天皇の慈愛に対しては「忠」によって報い、両親に対しては「孝」を尽くすこととされた。この考えに背く者は、日本の社会では面目を失い恥ずべき人間と見なされた。そのため、兵士が捕虜になることさえ天皇への忠誠に背く行為とされていた。

西欧諸国の不況は地理的、思想的な隔たりを越えて、野火のように日本にもひろがってきて、「忠・孝」という責務は、ますます重要になってきた。ボブが父の店で仕事の手伝いをしていた頃、日本は中国全土の肥沃で人口の多い地域と沿岸部のほとんどを占領下に置いていた。

著作家のウィリアム・ダラントは、一九三八年六月のポスト紙に「憎しみの賛歌は歌わない」という辛辣な記事を載せて、日本の悲劇について述べた。

日本は、中国から借りた多くの物に改良を加え、美術工芸や生活面での美徳という点で、今や中国を凌駕しているが、一方で、師でもあり母ともいえる中国を痛めつけ奴隷にしているのである。そもそも日本の軍国主義は西洋から学んだものなのだ。それまでの日本は、国内で農耕をし自給自足をしていたのに、一八五三年にわたしたちが日本に対して港を開き交易を迫ったのだ。そして今や「人をのろわば穴二つ」という諺のとおりになった。中国は、繊細で優美な文化を持つ日本が、自分の領土を次々と侵犯して恨みを晴らそうとしている出来事を目のあたりにしている。もしもわたしたちの国がそういう目に遭えば、自分の子供たちが国のために命を賭けることはやむを得ないが、お互いが歴史的な視野に立って理解し合い、好意を持って事態を回避することができるのであれば、子供たちが戦争で命を落とすことには納得できないのである。

ちょうど同じ頃、ジャーナリストのエドガー・スノーは、中国における日本の領土拡張政策が複雑な問題をはらんでいることをアメリカ国民に理解させせようとしていた。「日はまた沈む」の中でスノーは「日本の征服者たちは中国の近代産業の四分の三をすでに破壊し奪取し、中国の対外貿易は半減し、領土の六五万平方キロメートル以上を侵略し、占領地は首都を含む九つの省にまでひろがっている。しかし、残虐な行為が長引けば長引くほど最後には好ましくない結果になるのは、ひとつの逆説である。日本が全アジアを統一して白人を排除し、ついには世界を制覇しようとしていることは、もはや疑いないことなのだ」と述べている。

世界の各地で、日本軍とドイツ軍による戦争の脅威が迫っていた。ドイツがオーストリアを併合したとき、国際連盟はなす術もなく見守るだけだった。ヒットラーがラインランドを占領したとき、ハンガリーの物理学者レオ・シラードは身の危険を感じて研究室を抜け出し、同僚のエンリコ・フェルミと同じようにニューヨークへ逃れた。かつてシラードは科学者たちが互いに自由な意見交換をすることを支持していたが、ヒットラーの知りたがっている情報が今や、たやすく手の届くところにあることを恐れた。「自分がこんな風に考えるのには理由があるんだ」シラードは同僚たちに自分の不安がまちがっていないことを訴えた。「今まさにヒットラーは原子爆弾を造っているかもしれないんだ」

＊＊＊

アメリカ政府の顧問団は景気回復の対策について協議を重ねていた。サタデー・イブニング・ポストをはじめとする主要雑誌を通じて、民主党のレイモンド・モーリーは、「賢い月賦購入をすると、それをきっかけに経済が活性化して多くの雇用を生み出すことができるのです。そうすればわたしたちの夢は実現するのです」と断言した。消費者は買い物をし、政府は時間を買うというわけだった。

ボブにとって父の店を手伝うことは一時のことだったし、ニューヨークのカーチス・ライト航空研究所で学ぶことは先送りしなければならなかったから、気持ちを入れ替えて、数日おきに工業高校の就職相談室に顔を出した。

年があらたまってまもなく、工業高校から連絡があり、マンハッタン中心部の七番通りに近い二十三番街の会社で採用面接を受けることになった。その会社はユニバーサル・フィクスチャーという生活関連の金属製棚やロッカーを製造する会社で、ボブは製図と組立の経験があったので、すぐに採用された。社長のアン・ブレイディーは、付加給付なしの週給一二ドル五〇セントの条件を提案し、勤務状況次第で数ヶ月後に二ドル五〇セント増額すると言った。

会社はちょうどホステス・カップケーキと大型の契約を結んだばかりだった。ボブの仕事は、ラガーディア空港からほど近いクイーンズ区にあるニューヨーク万国博の会場にロッカーを設置するという内容だった。ボブは費用の見積計算をし、数量分の部品を調達するための注文書を作成し、ロッカーの配置具合を企画した。

万国博の会場でカップケーキのグラマーなホステスたちが、いつものようにリハーサルをしているあいだ、ボブは誰もいないロッカールームで仕事をした。ある日の午後、ホステスたちが思いがけず早めに戻ってきて、そこで仕事をしているボブには目もくれず露出度の高い衣装を平気で脱ぎ捨て、シャワーを浴びて普段着に着替えると、衝立の向こうでボーイフレンドについておしゃべりを始めた。仕事をしていたボブは、その光景に戸惑いながらも、まんざらではない気がした。それからまもなく万国博での仕事が完了して、会社は約束の賃金を支払ってくれ、そのまま会社に留まって仕事をしたが、このたびの仕事で社長のブレイディーは少し判断を誤ったようだ。ホステスたちのすてきな光景を目にするという付加給付がボブに付いいたからだ。

昼の食事は袋入りのサンドイッチと自動販売機を利用したが、週に二回は気晴らしのため会社の向かいにある小さなイタリア料理店で食事をした。その店には「親父さん」が厨房で料理を作り、親父さんの黒い髪をした娘が給仕をしていた。この店をひいきにしていたのは、美しい娘がいたのと料理が旨かったのと半々だった。親父さんは二五セントで大盛りサービスをしてくれたが、ボブがスパゲッティを一口大の長さに切って食べるのを見て、顔をしかめた。

親父さんは、ぎこちない歩き方でボブの席まで来ると、エプロンにソースの付いた太っ腹をテーブルに突き出した。

「お若いの、」オリーブオイルを塗ったような汗ばんだ顔をして親父さんが言った。「なんで俺の作ったパスタを、そんな風に切るんだ？　そんな食べ方って、あるもんか。パスタはフォークに巻いて食べるもんなんだ」

「親父さん、ごめん。ぼくはアイルランド人なんだ。ぼくたちは、こんな風にして食べるんだ」

「へええ」親父さんは溜息をつくと、頭を振りながら厨房へ引っこんだ。

＊＊＊

アッパー・マンハッタン七番街にある建物の二階にある部屋で、物理学者のフリーダ・マイトナーは夫のレオ・フリッシュハウアーとお茶を飲んでいた。フリーダは姉のリーゼのことをひどく案じていた。リーゼは、ドイツで三十二年間も暮らしていたのに、ユダヤ人だったため市民権を得ることができずにいて、姉に危険が迫っていると感じていたからだ。

ヒットラーのユダヤ人排斥法によって地位と身の危険にさらされた一九三八年当時の多くの科学者たちのように、カイザー・ウイルヘルム研究所の前主任で物理学者だったリーゼ・マイトナーも国外逃亡を計画していた。六十歳になってもオーストリア人よりもパリジャンのように見られたので、まんまとオランダ国境を越えてストックホルムに無事逃亡することができた。そこでスウェーデン科学アカデミーに加わり、ほかの物理学者たちと原子の謎を解明するため討論を重ねた。そしてイギリスにいた甥のオットー・フリッシュから届いた手紙の内容をもとにして独創的な計算式を立て、原子が分裂可能であることを証明したのだ。

それからわずか数年後、フリッシュは、伯母のフリーダから数千キロメートル離れたアメリカに移住し、ニューメキシコ州サンタフェからほど近い辺鄙な研究所でリーゼの独創的な方程式を黒板に書き記していた。

オットー・フリッシュが驚くべき発見をした一九三九年、アメリカ北東部は例年どおりの冬を迎えていた。フリッシュが同僚のルドルフ・パイエルスと二人で、臨界量に達する値と核連鎖反応が持続するために必要な放射性物質の量を求めるのに熱中していたとき、わが目を疑った。そしてもう一度、今までの計算をやり直してみた。しかし、どこにも誤りはなかった。結果の数値は同じだった。不審そうな顔をしているパイエルスに、フリッシュが走り書きしたメモを差し出した。二人は初め、ウラン235が連鎖反応を起こすのに必要な量は、おそらく数トンになるだろうと予測していたが、計算した結果は予想外だった。ウラン235が核連鎖反応を起こすために必要な量は数トンではなく、わずか五、六〇〇グラムでいいのだ！　それは野球のボールよりも小さいほどの量だった。

しかし、それほど少量のウランが核連鎖反応を起こしたとき、どれほどの威力を示すものなのか？　もう一度フリッシュが計算をしてみた結果、核連鎖反応が完結する一瞬のあいだに、爆発の威力は地球の中心部のエネルギーよりも強大で温度は太陽の内部の熱に匹敵すると、フリッシュはパイエルスを見つめながら説明した。そして、計算がまちがっていなければ原子爆弾を造ることは可能だということを確かめ合った。

もちろん、入手が容易なウラン238から希少なウラン235を抽出するという重要な問題が残されていた。フリッシュとパイエルスは、この問題についても巨大な施設があれば「わずかな期間」おそらく数週間で必要な量のウラン235を抽出することができることを確かめた。

さらに二人は、自分たちがこのような結果を出したということは、ヒットラーの科学者たちもきっと同じ発想をするだろうと考えた。こうしてフリッシュとパイエルスが思った以上に早く結果を出したため、レオ・シラードがドイツの核開発に危惧を抱いていたことを単なる妄想と決めつけることができなくなった。原子爆弾の製造は、どちらの陣営でも、今この瞬間にでも可能だったので、この兵器を使って攻撃するか、それとも防衛のために使用するかは、核兵器を開発した国がそれをどのように評価するか、またどの国が開発するかにかかっていた。

原子爆弾が造れる可能性を見出したフリッシュとパイエルスは、オーストラリアの物理学者マーク・オリファントに自分たちの研究結果と原子爆弾についての考えを説明した。オリファントは「特殊爆弾」に対する唯一の防御手段は双方が保有することだろうと述べた。それは、数年後に始まった核兵器拡散の芽生えを意味していた。またオリファントは、ドイツはウラン235の濃縮過程で必要な重水を製造する世界で唯一の施設があるノルウェーに近く、ベルギーとコンゴのウラン鉱石の埋蔵地からウランを入手することも可能だったので、二人の危惧している点についても同意見だった。あとは原子爆弾を製造するために必要なものは原子を分裂させるためのサイクロトロンの製造だけだった。そして、フランスに侵攻したヒットラーは、フランスが保有していたサイクロトロンを手に入れる寸前だった。

サイクロトロンを保有していたのはアメリカとフランスだけではなかった。日本の物理学者、仁科芳雄は、東京の理化学研究所でサイクロトロンを組み立てていた。仁科は、アメリカのバークレー研究所で学んだ助手と一緒に、二五〇トンの巨大な磁石を使った直径一五二センチのサイクロトロンを自分で考案して稼働をはじめていた。皮肉なことに、そのサイクロトロンの基本設計図は仁科がバークレーで指導を受けた恩師、アーネスト・ローレンスから提供されたものだった。

レオ・シラードは、今までは科学者たちが自由に情報交換する有用性を主張していたが、それを早くもひるがえしていた。シラードは、一九三九年三月二日にカナダの物理学者ウォルター・ジンとおこなった実験で、ウランを核分裂させて原子爆弾が造れることを確かめると、直ちに世界中にいる同僚たちに実験結果を公表しないよう約束して欲しいと訴え、その結果、実験にかんする論文の公表を自発的に差し控えてくれたことに安堵した。

＊＊＊

一九三九年の春は、チェコスロバキアでは再生も復興もない季節になった。ヒットラーは、この小国を絶望という冬で凍らせてしまった。そしてチェコスロバキアのウラン鉱山はヒットラーの手に渡った。

シラードは、家庭生活の束縛や義務を嫌ってホテルの一室で自由な雰囲気を好む人間だったので、この年の七月頃まではニューヨークで放浪者のような暮らしをしていた。そんなシラードに幸いだったのは、友人でハンガリー人の物理学者ユージン・ウィグナーが、気むずかしいシラードのことを苦にせずにロングアイランドのペコニックに車で連れて行ってくれたことだった。ペコニックのオールド・グローブ・ロードにあるウィグナーの友人の別荘で休暇を過ごしていた六十歳の男性は、二人が協力を求めていたアルベルト・アインシュタインだった。

ぼさぼさ頭をした平和主義者のアインシュタインは、申し出に快く同意した。シラードとウィグナーは、ヒットラーがベルギー領コンゴにある豊富なウラン鉱床に目を付けていることを危惧していて、その重大さをアメリカに訴えるため、手紙を送ったらどうかと考えたが、一体誰に宛てて送ればよいのか？　できれば最高の地位にいる人が目をとおしてくれれば申し分なかった。そしてルーズベルト大統領なら、原子爆弾の製造がすでに可能な段階にあり、ヒットラーがドイツの科学技術を結集していることを理解してくれるにちがいないと考えた。

シラードは、アインシュタインの親書を大統領に手渡してくれる相手にチャールズ・リンドバーグを希望していたが、リンドバーグはシラードからの再三の要請に応じようとしなかった。リンドバーグは、自分は政治的に中立な立場にあると伝えてきたので、シラードはウィグナーの当初の意見にしたがって、全国復興庁長官で経済学者のアレクサンダー・ザックスに依頼することにした。リーマン・コーポレーション副社長のザックスはルーズベルトの古くからの友人でもあったので、できるだけ早く大統領が都合のよいときに親書を手渡すと約束してくれた。

「拝啓」で始まるアインシュタインの一九三九年八月二日の親書には「E・フェルミとL・シラードの最近の研究によりますと、近い将来ウラン元素を利用して全く新しい有力なエネルギー源を生み出すことができるとのことです。この状況は貴国としても注目すべきことであり、できれば早急な行動を取る必要があることは明らかであります。わたくしは、貴殿が次のような事実に耳を傾けていただければと願う次第です。それは、このエネルギーを利用して非常に強力な新型爆弾が製造されるかもしれないということです」と書かれてあった。

ザックスが大統領と面会できる日を待っているあいだにヒットラーの戦車部隊がポーランド国境を越えて侵攻し、二日後の九月三日にはイギリスとフランスがドイツに宣戦布告をした。アメリカでも、その週のうちにルーズベルトがドイツ軍の侵攻に対して国家緊急事態宣言を発令し、大統領令による武器貸与法にもとづいてイギリスを支援することになった。

そのあいだにもアインシュタインの書簡は、まだザックスの手元にあった。十月十一日になってようやく、ザックスはルーズベルトと面会できる時間が取れた。大統領官邸の二階にある書斎で実現した面会は短時間で、後日の朝食をともにする約束だけで終わったが、とにかくザックスはアインシュタインの親書を手渡すことができた。ルーズベルトは親書に目をとおして、すぐにその重大性を理解した。「君たちが望んでいることは、ナチスドイツが先に新型爆弾でわたしたちを攻撃しないよう取り計らってくれということなのだね」ルーズベルトが言った。

＊＊＊

ルーズベルトは、ザックスの求めに応じてウラン委員会を創設し、新型爆弾の製造を目的とした核開発計画について討議させることにした。それから数日後、委員会の三人のメンバーがシラード、ウィグナー、エドワード・テラーと面会し、ウラン委員会は核開発の費用に二〇〇〇ドルという微々たる費用を出すことに同意した。委員会のメンバーたちは、大統領が開発を命じた新型爆弾などというものは科学上の夢物語のようなものだと半ば疑っていたが、シラードが核兵器の開発を進めるためには総額二〇億ドルが必要だったのだ。

わずかばかりの費用を投資して研究と開発を進めても何も生み出すことなどできなかったので、学術面でも委員会の調査研究の面でも、開発計画はたちまち行き詰まってしまった。一方のルーズベルト大統領は泥沼化していたヨーロッパの戦況に頭がいっぱいで、核開発の問題をこまかく考える余裕がなかった。

シラードの依頼によって、一九四〇年三月七日にアインシュタインは、ふたたびルーズベルトに宛てて「ドイツはウランへの関心を強めています」と記した親書を送ったが、回答がなかったので、それから七週間後に、原子力エネルギーの実用化を研究する組織を立ち上げるようあらためて訴えた。この組織は、それから二年後にマンハッタン計画として発足することになり、シラードもこの計画に加わることになったのである。

5．設計の仕事

ボブが工業高校の本館へつづく階段を一段飛ばしで駆け上がり、就職斡旋室へ入ると、そこで待っていた予備役のフランク・ラビスタ大佐が職人のような手を差し出しながら、椅子を引いて座った。「W・L・マクソンが製図のできる若い者を探しているんだ。マクソンには市内でもっとも有能な人間を紹介すると伝えたんだ」ラビスタは前置きもなく切り出して、ボブの背中を叩いた。「午前八時に主任技術者のマクラーレンの採用面接を受けるんだ」

ユニバーサル・フィクスチャーは、これまでボブを優遇してくれていたので、不満はなかった。給与は取り立てていうほどではなかったが、失業することを考えれば、ありがたいことだった。それに付加給付があったし、万国博会場で三ヶ月仕事をしたことで企画と陳列の腕は十分に認められていた。しかし、今でも製図をする仕事に就きたかったし、経済的にも独立して父の店でパートタイムで働かなくてもよくなるように思っていたところだった。

マクソン社はマンハッタン三十四番街のかなり古い建物だった。L字型のレンガ造りの会社は市内の一ブロック全体を占めていて、十五階建て（十三階だけはなかったが）だった。「マックと呼んでくれ。皆がそう呼んでくれているんだ」ピート・マクラーレンはそう言うと、フロントにある机でボブに面接した。肉づきのよい手を熱っぽく上下に振って握手しながら、愛想がよく、顔立ちもよかった。背丈はボブと同じくらいで、片方の脚が短いせいか、少しびっこをひいた。まだ採用されるかどうかわからなかったのに、すぐにでも仕事がしたかった。

「週給二五ドルでどうだ?」

ボブは驚きを隠せなかった。今の給料より一〇ドルも高かったからだ!

「いつから来られる?」

「ユニバーサルの方には一週間の退職予告を申し出ておきたいです」

＊＊＊

プロジェクトエンジニアのジャック・ボーンは、すぐにボブのことを気に入った。それはボブも同じだった。身長が一七七センチの締まった体をしていて、ウエーブのかかった豊かな髪は、すでに灰色がかっていて、現代風に片側に分け目を入れていたから、どんな女性たちの目にも留まる姿だったが、ボブはとびきり顔立ちのよい人だと思った。

「ジャックは、とってもいい人だよ」職場の仲間たちが打ち明けてくれた。「あの人は相手に冗談を言って、からかったりするところがあるけど、仕事では相手をごまかしたり、期待はずれのことをする人じゃないよ」

ボブもジャックに対していい加減な仕事をするつもりはなかったし、付き合いやすい人間だということがわかったので、どんなことでも質問した。「何でも聞いてくれて嬉しいよ」ボーンはそう言った。

はじめの数週間は、青写真の複製器の点検、印刷物の整理、それにマクソンの使い走りなどをさせられた。社長のマクソンは煙草好きで、ポールモールをいつも切らさなかったのだ。

ジャックは日に何度もボブが仕事をしている机のところに来ては、製図の出来ばえに目をとおした。「すごいじゃないか、ボブ。上出来だぞ。大したもんだ」

まもなくジャックは、シーコート・コンピュータから依頼された大砲の発射制御装置の仕事をボブに与えた。その装置を取り付ける四〇センチ砲は、最大射程距離四〇キロメートルで重さ一一〇キロの砲弾を発射し、起伏の多いアメリカの東西の沿岸部にある軍港を守るため沿岸砲兵隊の砲台に設置されることになった。敵の艦船を遠距離から射程に収めるため、一・八メートル×一・八メートル幅九〇センチのコンピュータが砲台の内部に装備され、それを操作するには六人が担当した。曲線上のチャートにデータをプロットするには、手動でクランクをまわしながら装置を動かす必要があり、チャートの上をポインターが動くにしたがって、標的に対する方位角や射角などの弾道データが砲弾の発射装置と連動する仕組みになっていた。大砲の複雑な発射制御装置は、発射時の内部温度、外気の温度、地球の自転、照準の緯度なども計算できるようになっていた。

これらのデータが収集されると、多くの射表（射撃表）を何枚かのグラフにして作成し、足幅ほどの巻紙上にデータが電気的に変換されるようグラフが順次並べられ、巻紙にデータの位置を決めてインクをつけた尖筆で穴を開け、穴を開けた箇所を曲線定規を使って滑らかにした。こうして作られたチャートの原図は、湿気でにじまない特殊な布に正確に写し取られた。

時には、測定した結果が正しかったかどうかを確かめるため、実際に砲弾が発射された場所に行ってみた。その機会にジャックは、発射制御装置の構造や射程を決めて砲弾が発射されるまでの仕組みについて説明してくれた。また、昼食を抜いて熟練工が旋盤を使うのを見学したり、時には職人に実地で教えてもらいながらドリルプレスを動かしたりした。自分が設計した機械の部品が実際にどのように働いているかを目で確かめることは、よりよい部品を作るために最もよい方法だった。

＊＊＊

高校時代のガールフレンドだったエドナ・サンダースとは、お互いに別れようという気はなかった。ふたりがそのつもりになったときに別れるのがいいのだと、エドナは映画のシーンのように言った。

仕事と勉強以外に、ほとんど時間がなかった。ブルックリン工芸大学に登録して、月曜日から木曜日までの夜間は機械工学、物理学、組立ての講義に出席した。担当教官は、たった八年

(!)で学位が取れると言った。

父親のジョージは、ボブが自室で使う製図台を作るのを手伝ってやった。マクソン社で仕事をしてから講義を受けて帰宅すると、部屋に閉じこもったきりで、両親は朝まで会うことはなかった。

大抵の場合、教室で講義を受けるより仕事のときの方が学ぶものが多い気がした。職場では先輩の技術者たちが、いろいろな課題を与えて質問をしたり相談に乗ってくれて、工業高校で学んだ技能をさらに伸ばすことができた。ボブは電気の理論についてもよく知っていると話していたので、ジャックから電気回路図を作る仕事も与えられた。

時が経つにつれて、ジャックとは友人になった。ただそのために職場での上下関係までなくなることはなかった。ジャックは妻と娘たちを連れてリンブルックにあるボブと両親の新居を訪ねた。ジャックは、いつもボブに心を開いてくれた。ジャックが舶来の高価な水槽を買ったとき、ボブがちょうどクレジットで買ったばかりのドイツ製のドリナという35ミリカメラを持ってくるよう頼んだ。ジャックは、そのカメラで素人写真を撮ってもらおうと気楽に思っていたので、まさかボブが三脚をセットして照度を調整したりするとは思いもしなかった。

「そんなこと、どこで学んだんだ?」ジャックが驚いてたずねた。

「本からです」

「備えあれば憂いなし」アインシュタインとシラードの書簡を大統領へ届けたザックスが、そうくり返したのは、ボブが二十歳の誕生日を迎える三週間ほど前のことだった。ルーズベルトは、ヒットラーは核兵器を開発するためには手段を選ばないだろうと思っていたが、大統領として自分にできることに限界を感じていた。目先のことで手いっぱいだったのだ。アメリカはまだ不況から回復しつつある途中だったし、国内の洪水と干ばつ被害への対策も重くのしかかっていた。

国民は、ジョン・スタインベックの感性豊かな小説『怒りの葡萄』を読んで、ダストボウル（砂嵐）に見舞われた農民たちが故郷を捨て、移動労働者として南西部で働くことになった悲惨な状況を知って心を痛めた。スタインベックは、この作品で農民たちへの深い同情と洞察力に満ちた描写によって、一九三九年にピューリッツァー賞を受賞した。

ルーズベルトは、国内の最悪の事態が過ぎたことを自分と国民に納得させようとした。たしかに国民の中には、そう感じる人はいたが、最悪の事態はまだ訪れていないと感じる人もいた。

ジョージ・キャロンの場合は、最悪の事態になりつつある人たちの一人だったが、商品の陳列展示を請け負う店をはじめたことが幸いして、週に六から七日仕事をすれば利益を上げることができるまでになっていた。そして、一家は今までの暮らしの中で初めて、立派なカエデとオークの並木がつづくリンブルックの閑静な通りに持ち家を購入することができた。その家は十年前に建

＊＊＊

てられた二階建ての住宅で、寝室が三室あり、化粧漆喰の白い造りの二階の床は茶色のこけら板で仕上げてあった。通りに面した屋根窓からは屋根裏部屋に明るい日差しが射しこんだ。ジョージは入居すると、すぐに家の前に造られた広いポーチに虫除け用の金網をし、ポーチから通りの歩道までの地面は素足で歩けるほど草をきれいに刈りこんだ。

ジョージは銀行とローン契約を結び、ついに夢が現実となった。二十年経って、やっとアンの夢を叶えてやることができたのだ。

＊＊＊

ボブは、とにかく大空を飛びたい一心だった。視力が悪かったのでパイロットになる夢は絶たれたから、将来についてはもっと現実的なことを考えなければならなかった。仕事を終えてから夜間の大学に通うのは賢明な方針のように思われたが、授業料が高かった。ブルックリン工業高校では卒業生に無料で航空工学の資格が取れる課程を開いてラビスタ大佐が教えていることを知ったので、ブルックリン工芸大学を辞めて、週四日あるその夜間課程を受講することにした。

マクソン社では終日働いていたが、夜間課程で学ぶ時間は、あっという間に過ぎた。講義では飛行理論を学び、実習ではラビスタ大佐が、陸軍航空隊から無理やりに寄付させて部品交換をしやすくした高翼の偵察飛行機を分解したり組み立てたりした。

夜間課程で学ぶようになってから、今まで自分が大切にしていたものを見なおすことにした。愛車のロードスターはボタンで留める風防がニューヨークの天候には弱かったので、手放すことにした。

かわりに二年ものの中古のフォードを購入して、試運転してみた。鮮やかな黒の車体は天井部分が白で、ランブルシートも付いていて快調だった。巻き上げ式の窓を風が柔らかな音を立てたが、車外は氷のように冷たい風が吹き荒れていた。

一九四〇年二月のある寒い午後のこと、主任技術者のマクラーレンが、ボブと工業高校時代で一緒だったゴードン・アンダーソンの二人を事務所に呼んだ。

「こんなことは、したくないんだが、」マクラーレンは足元を見ながら言った。「君たちのどちらかを辞めさせることになった。シーコート社の事業も済んだので、君たち二人を働かせる必要がなくなったんだ。ただ、二人とも優秀だから、わたしが君たちのどちらかを選ぶことはできないんだ」

マクラーレンは自分が責任を取りたくなかったのだ。どちらが辞めるかはボブとゴードンが決めることになった。

「始めよう」そう言って、ゴードンが五セント硬貨を手のひらに伏せた。

「表」

「裏」

敗者となったボブは一週間の解雇手当を受け取り、今後のことを考えなければならなかったが、今はまだ何もわからなかった。

「ちょうどよいときに来てくれた」ラビスタ大佐が言った。「リパブリック・アビエーションの主任監査役が工業高校出身者を探しているんだ」

ボブは、その会社を知っていた。ロングアイランドのファーミングデイルだから、自宅から一六キロメートルもないところだった。マクソン社へ通勤していたときはイーストリバーの下を通り、ペン・ステーションが終着駅になるロングアイランド鉄道を利用していたが、リパブリック社はマクソン社よりもっと近い場所にあった。

「ビル・エバートに面会するんだ」

「ぼくに何を期待しているんでしょうか？」

「行けばわかるさ」

ボブは、面接日の朝の交通状況をみくびっていた。制限時速五六キロの南パークウエイ道路は東方面に向かう通勤の車で混雑していたのだ。面接の時間が迫っていたので、アクセルを踏みこんで車のあいだを猛スピードで追い越し、淡い茶色のセダンを追い抜いたとき、覆面パトカーだったセダンは赤色灯を点けてサイレンを鳴らした。

これから会社で面接があるからと訴えたが、警官は容赦してくれなかった。スピード違反切符と二〇ドルの罰金を払うことになったが、どうにか面接の予定時刻までには会社へ着くことができた。

「終日勤務で働かないか？　職場の様子もよくわかるし」ビル・エバートが提案した。面接の結果、採用が決まったので、サンドイッチとミルクを買って、暖かな日差しのあたる会社の建物の裏に行き、そこで休憩を取っていた従業員たちと一緒になった。従業員たちは雑談をしながら、横に座って聞いているボブのことには関心がなさそうだった。陽気なひとりの従業員がみんなを前にして「会社に来る途中で、いかしたコンバーチブルを運転する生意気そうな奴が四番車線でスピード違反で捕まっていたぜ。スピード違反するなんて、まぬけな野郎さ」と話していた。

ボブが咳払いをしながら口を開いた。「自己紹介します。ぼくが、そのまぬけな野郎です」

＊＊＊

レパブリック・アビエーションは、ロシア人の航空技術者だったイゴール・シコルスキーが設立した会社で、個人で立ち上げてから戦闘機の製造をするまでの大企業に成長していた。会社ではスウェーデン空軍がＰ－35の改良型として発注してきたＰ－43戦闘機を製造して輸出しており、アメリカ陸軍も主に国外の戦地で運用していたため、国内では数機を目にするだけだった。しかし残念なことに、この戦闘機はドイツのメッサーシュミットＭｅ１０９の敵ではなかった。

レパブリック社での仕事は、スイッチ、ブラケット、鋳造品、継電器、電気系統の電磁探傷検査などの点検を担当した。電磁探傷検査は、鉄のヤスリくずが浮遊している油に磁気を帯びた部品を浸けて、鉄くずが吸着した欠陥箇所を探すものだった。時には飛行機の組立ラインで部品の検査をしたり、昼休みには、完成まぢかの飛行機の操縦席に入りこんで、パイロットの気分を味わったりした。

職場で手あたり次第に精密点検をしていた頃のこと、ビル・エバートが点検部の仕事場にやって来ては歯厚マイクロメータを固く締め過ぎるので、ほかの者たちはジョーバーを使って目盛りの調整をやり直すのにひどく時間を取られていた。

ボブは、エバートのやり方を数日のあいだ注意深く観察してから、マサチューセッツにあるスターレット社に別あつらえのマイクロメータを注文した。仲間たちはボブが注文した特注品を冷やかし、エバートは、お決まりのいやがらせをはじめた。

「なんだ、これは?」エバートがスターレット社のマイクロメータを放り投げて怒鳴った。

「シンプル摩擦マイクロメータです」ボブが説明した。「締めすぎにならないので、目盛りの調整が不要になります」

エバートは、ぶつぶつ言いながら特注のマイクロメータをボブの道具箱に投げこむと、足を踏みならして出て行った。

＊＊＊

一九四〇年五月になると、ヒットラーはデンマークへの圧力を強め、オランダとベルギーへ戦車部隊を侵攻させた。シラードの危惧していたことが現実のものになってきた。ベルギー領コンゴのウランは、ヒットラーの手の届くところに来ていたのだ。シラードとアインシュタインは、あらためてアメリカ政府に事の重大さを訴えるため手を打たなければならなかった。

ルーズベルトも、ウラン委員会を創設して核開発については考えていたが、科学者たちから見ると、現状は情けないほどお粗末な内容でしかなかった。パリが陥落した日、ルーズベルトはようやく、科学研究開発局に対して核開発をさらに進めるよう指示した。

大統領がすでに手いっぱいの仕事を抱えていたことに加えて、共和党のウェンデル・レビス・ウィルキーが、ルーズベルトの再選に対抗して大統領選挙へ出馬を表明するという思いがけないことが起きた。それまでウィルキーはルーズベルトの外交政策を支持し、共和党支持者に対してもニューディール政策を争点にすることは慎重に控えていたが、一方ではルーズベルトが先例のない三期目の大統領に当選することはないだろうと予想していた。

しかし、メディアとウィルキーはルーズベルトの「炉辺談話」を甘く見ていた。ルーズベルトは勝算があると思っていた。一九四〇年十月三十日、ルーズベルトはボストンでの選挙演説で聴衆の心を摑んで感動させるような公約をした。「こうしてわたくしは兵士たちの父や母である皆さんに話しかけながら、今ひとつ約束を致します。このことは以前にもお話ししたことですが、何度でも言います。それは、いかなる外国との戦争にも皆さんの息子たちを戦地へ送り出すようなことは決してしないということです」

＊＊＊

国民は、国内のことにだけ関心を向けていたかった。ウィスコンシン州ケノーシャ出身の脚本家で俳優のオーソン・ウェルズは『市民ケーン』という不朽の名作映画を製作した。また映画『フィラデルフィア物語』に出演したケーリー・グラントの演技に女性たちは魅了された。

映画と現実のどちらにおいても、戦争のことよりも愛にかんすることに関心が集まっていた。一九四一年六月、マクソン社の技術者の結婚式に招待されたボブは、そこでジャック・ボーンとばったり出会った。

「レパブリックはどうだい？」

「とてもいいですよ、ジャック。だけどマクソン社で製図台に向かっていた頃の方がよかったです」

「じゃあ、どうして一週間の退職予告を出さないんだ？　戻ってきてもいいんだぞ」

ボブは、多くの招待客の中からマクソン社のみんなが自分を見つけてくれたことが嬉しかった。夜になってパーティーが済んだとき、ジャックはボブが断れないような提案をした。「週給五ドル増やすから戻ってこないか?」

潮時だと思った。威勢のいいビル・エバートは仕事に意欲のあるボブが辞めるのを残念がった。

その頃、マクソン社はシーコート・コンピュータと新規契約をめぐってもめていたが、ジャックはマクソン社に戻ったボブのために新しい計画を用意していて、ブリュースター社の海軍攻撃機の機体下部に取り付ける銃座の設計をする仕事を与えた。

マクソン社の技術者たちは、建物の階全部を占める広い部屋の中に四つ横並びにした製図台に座り、机ごとに取り付けた反射板付きの白熱灯の下で設計図を描いた。何時間か経つと、腰の高さにある明かり取りから日が射しこんできて、床に影を落とした。

建物の北には大きな食肉包装工場があり、そこから微風に乗って腐敗した肉の臭いが部屋に入りこんできて、衣服や鼻孔に浸みこみ、吐き気を催すほどだった。悪臭に我慢ができなくなって窓を閉めると、臭いの残った部屋の中は換気ができないため窒息しそうだった。

会社の屋上に小さな部屋を増築して、そこでは追加採用したプロジェクトエンジニアに遠隔射撃装置を装備する攻撃機の設計をさせていた。ジャックは、その設計に人手が余分に必要なときには、決まってボブを手伝いに行かせて、「いい経験になるぞ」と言った。

たしかに、いい経験になった。機体の組み立てには精密な設計図が求められたし、計測はすべて飛行機の重心にもとづいて計算しなければならなかった。ほとんどの飛行機は左右対称なので、側方部分の重さがわずかに変化しても飛行性能に影響はなかったが、前後方向へ重心が移動すると、重大な問題を生じた。飛行機は、万一コントロールを失っても翼に生じる揚力の中心点から前方の狭い範囲の外側に重心が移動すれば、何とか安定性が保たれた。その法則を頭に入れて、燃料タンクや爆弾懸吊架をはじめとする、あらゆる装備は重心を念頭に配置しなければならなかったので、自分の受け持った装備の位置によって重心が危うい方向に移動しないよう確かめながら、ほかの技術者たちと仕事をした。

ボブは新たに吸収した知識と発想を生かして、操縦室の制御盤と四基の一二・七ミリ機銃を装着する銃座の俯仰装置の設計に取り組んでいた。この機銃はヨーロッパ戦線で連合軍に広く使用されていて、本来は地上や半無限軌道車のために開発されたものだった。

ある土曜日のこと、ボブと主任技術者のマックだけが社内に残っていた。その日早く、会社専属の写真家が病気で出社できないと連絡してきたが、マックは完成した銃座の写真を出荷される前に撮っておきたかった。

「もっと高い位置からだ。コクピットに入って、装備の様子が見えるように写真を撮るんだ」

マックが注文を付けた。

作業台に上がって、銃座へ身を乗り出して写真を撮ってから下へ降りようとしたとき、誰かが拭き取るのを忘れた油で靴がすべり、バランスを失った。左手にカメラをしっかり掴んでいたので、よろけた拍子にステンレス製の油缶の細長い先端が右の手首のあたりに深く刺さった。

短剣のような筒先を慎重に腕から引き抜いて、ぱっくり開いた傷口を白いハンカチで押さえた。

マックは動転して、急いでボブを隣の建物にある会社の医務室へ連れて行った。「大丈夫だ、死にはせんよ」医者は傷の処置をしながら冗談めかすように言って、太い動脈に刺さらなくて幸いだったと言い添えた。

＊＊＊

ドッティー・ガボールがブラインドデートに同意したのは、ただ兄のアーサーが自分を説得したからに過ぎなかったし、ボブが同意したのは、マクソン社の若い製図工のアーサーが妹のドッティーの写真を自分に見せてくれたという理由だけだった。ドッティーはクイーンズ区に住んでいて、五番街にあるデパートでモデルの仕事をしていてローレイン・リーズという名前でとおっていた。

ボブとドッティーが初めて出会ったとき、ふたりは顔を見合わせて笑いころげた。ボブは、スーツにネクタイのさっそうとした格好だったが、怪我をした右腕に吊り包帯をしていて、ドッティーの方も、形のよい足首にギプスをして松葉杖で顔を赤らめながらやって来たからだった。

アーサーが勧めてくれたとおり、ドッティーはすてきな女性だった。ところが、一方のアーサーはボブに妹のドッティーを紹介したくせに、いざ自分のデートの相手のことになると、ひどく不安そうになった。アーサーは、相手のアン・ライザックというハンガリー訛りの小柄で可愛いウエイトレスに「両面焼き半熟をふたつ」と注文するのがやっとで、それでも血圧が上がるほど緊張した。

「夕食と映画に誘ってやれよ」とボブが勧めた。アーサーはボブから何度言われても、口ごもったままだった。結局、アンとの初めてのデートは散々な結果（dead end）に終わった。アーサーの叔父は市の死体公示所で検視官の仕事をしていて、アーサーがデートをする日に緊急の検視をすることになっていた。そこでアーサーは、デートの夕食にチキンフライドステーキを食べるよりは叔父の仕事を見せる方が面白いと思いついた。チェリーパイを器用に切るアンにとって、自分のメニューに死体を切り刻む料理はなかった。アンは何も言わずに死体公示所から飛び出して行き、アーサーは呆気にとられて立ちすくんだままだった。

ゴードン・アンダーソンは、オートバイのうしろに女の子を乗せて自分の腰にまわされた両腕の感触を楽しむのが好きだった。マクソン社に勤めていたゴードンは、工業高校からの親友だったボブがマクソン社に戻ると知って喜んだ。ふたりは都合をつけては、一緒に会社の最上階で昼食をともにした。十四階の眺めのいい場所からは、数ブロック向こうにあるハドソン川のドックに停泊しているクイーンメリー号とノルマンディー号が見えた。ノルマンディー号は兵員輸送用に改装されることになって、造船所の作業員たちが忙しそうに働いていた。一九四二年二月十日、マクソン社の従業員たちは最上階に立ちすくんだまま、ノルマンディー号の巨大な船体が氷に閉ざされたバースの中で左舷を下に横倒しになり、蒸気の立ちのぼる船体に消防艇が放水している光景を茫然と眺めていた。前の夜、浸水によって四五度に傾いたノルマンディー号は、そのあと横転して火災が発生していたのだ。

＊＊＊

ジョージはロングアイランド湾のすぐ近くに夏向きの別荘を建てた。ジョージとアンにとって、アメリカンドリームは現実になったばかりか、文字どおりカラー映画のシーンのように目の前の光景としてあらわれた。一家は、暇を見つけては、この別荘で安らぎのひとときを過ごした。家族と招待客たちは、白く塗られたアディロンダックの椅子でくつろぎながら、暮れゆくダウン・イーストの中に身を置いて、月明かりに照らされたロングアイランド湾の穏やかな水面に見とれた。

ボブはランブルシート付きのしゃれた黒のフォードを手放して、一九四〇年製のシボレー・コンバーチブルに買いかえた。フォードを運転してダブルデートをしていたある夜、ランブルシートに座った女の子たちが寒さに震えていたことがあったからで、シボレーの後部にはランブルシートはなかったから、車内は快適で暖かかった。

独創的なコマーシャルソングには説得力があった。「あなたも最高のシボレーに」。この自動車メーカーは、車を宣伝するには性能よりも現在の苦境を忘れたいと願う国民に夢を売ることが効果的だと見とおしていた。とはいえ、数えきれないほどの苦難は、まだ国民に訪れてはいなかった。

戦時の需要に応えるため、シボレー社では、装甲車、九〇ミリ砲と砲弾、それに輸送機、戦闘機、爆撃機に搭載するワット・アンド・ホイットニー社のエンジン部品の生産にも取り組んでいた。

アメリカ中の製造業界が生産を増やし、生産ラインを増設し、戦争に必要な製品を増産した。ドイツがイギリスをはげしく攻撃していた頃、ベル・システムはオマハからサクラメントまで九六五キロメートルにおよぶ大規模な電話線とケーブルの敷設工事をおこなって大陸を横断する通信網を造り上げ、これによって軍事上の長距離電話連絡、テレタイプ、写真電送、無線通信が可能になり、四億二〇〇〇万ドルに見合う効果を生み出した。新たに政府と国民という、ふたつの主人に仕えたベル・システムは、企業も国家防衛の努力をしていることを国民に示すことが宣伝活動の一環だということをよく知っていた。

毎週月曜日の夜になると、ラジオが受信できる地域の人たちは、ＮＢＣのレッドネットワークが流す「テレフォンアワー」に耳を傾けた。ステージや映画の有名人たちの声がラジオを通じて居間に流れると、一緒に歌いながら泣いたり笑ったり、あやしげな台本のセリフをまねて台無しにしたり、スリラー劇を怖がって聴いたりした。ジーン・ロックハート、シモーヌ・シモン、エドワード・アーノルドらは映画『悪魔の金』によって観客にさまざまな問題を提起し、ゲーリー・クーパーとバーバラ・スタンウィックは映画『教授と美女』で観客を熱狂させ、アルフレッド・ヒッチコックはケーリー・グラントとジョーン・フォンテインの出演する超大作『断崖』を監督・製作した。

＊＊＊

イギリスの優秀な若いパイロットたちが訓練のため数多くアメリカに送られたとき、所持品の中に「指針のための覚書」という青色の小さな本を携行した。この本は、両国の文化のちがいについてコミカルな筆致で有益なことが書かれてあり、「このたびの戦争はもとより、今後においても我々の運命はアメリカと密接な関係のもとにある」という点を巧みに強調しながらも、アメリカを旅行するときに両国の言語が似ているから誤解を生じることはないとか、両国の国民と国家は事実上は同じだと考えるのは正しくないことを教えていた。たとえば、アメリカの歴史を学んだ人なら知っているとおり、同じアメリカでも最南部地方は全く別の国に来たような気になるものだ。その地方は言語や風習はもとより、食べ物でさえもが昔のイギリスはもちろん現在のイギリスとも全くちがう世界なのであり、そこを訪れた人はイギリスとアメリカとの大きなちがいを実感するのだった。

両国は軍事技術の面で情報交換をするとともに、知的財産も共有していた。物理学者たちはアメリカ国内にとどまらず大西洋を越えて討論を重ねたり協力し合ったりしながら、同時に、得られた知見は公開しないことも申し合わせていた。中でも核分裂の研究に没頭している物理学者たちは、核分裂反応が早く進むのと遅く進むのと、どちらが有利か、あるいはウラン235とウラン238のどちらが効果的かについて熱心に研究を重ねていた。

日本軍がインドシナ北部に侵攻したとき、アメリカは日本に対して表立った行動を取らなかった。アメリカとしては、このたびの日本軍の侵攻は軍事行動を起こさなければならないほど国益を損ねるものでないと判断していて、爆撃機の編隊をヒマラヤ山脈を越えて日本まで飛行させるような多国間協定など考えていなかったし、ましてや日本を徹底的に破壊するほどの爆弾を製造する秘密計画なども念頭になかった。

小国ながら強国の日本も、原子爆弾が世界制覇の野望を遂げるために有効であることはわかっていて、一九四一年四月、日本陸軍は核兵器の開発を命じた。日本は「日出ずる国の剣」によって勝利に輝かなければならないのだった。

この年の九月六日、日本軍の指導者たちは天皇の臨席のもと密かに会合を持ち、西洋民主主義国家に対する日本の今後の方針について協議した。とはいえ、作成された原案以上の結論に達することはなかった。この日も軍部の指導者たちは、いつもながら天皇からの助言や意見を求める考えは毛頭なかった。天皇も、そのことを承知していて、戦争遂行の正当性を述べた原案を受け取る前に、席上で明治天皇の御製を朗詠した。

よもの海　みなはらからと　思ふ世に　など波風の　たちさわぐらむ
（四方を海に囲まれた国にいて、わたしは世界の人たちと共にありたいと願っている。それなのに、わたしたちのあいだでは、どうして波風が立ち騒ぐのだろうか）

詠み終えると、天皇は歌の書かれた巻物を漆塗りの机の上に丁重に置いた。それから、硬い表情をしている一同に向けて、御製は明治天皇の平和への想いを伝えるものだと言った。「この御心を不朽のものとすることが、わたしの願いである」

木戸幸一も天皇と同じ想いを抱いていた。しかし、自分が軍部の方針に逆らう反体制的な考えを公にすれば命を危うくすることになりかねなかった。憲兵隊は、政府の方針に批判的な人たちに対するように木戸に対しても監視を怠らなかったので、木戸は、いつか自分も密かに憲兵隊に連行されて拷問にかけられるのではないだろうかと思っていた。木戸は天皇の想いをよく理解していたから、奴隷のような暮らしを送るよりは自由に生きることを望んでいたし、日本の国が衰退するよりは繁栄の夜明けを迎えることを願っていた。

さらに木戸は、日本の繁栄を謳った大東亜共栄圏構想を盲信している政治家があまりに多いと考えていた。日本が自国の秩序を他国に押しつけても、他国からすれば望んでもいない相手から求婚されるようなものだった。「先見の明がない国だ」と日本政府は周辺国に不満を述べた。「東アジアの国々が自国の統治権を捨てて連帯すれば（大東亜）、政治的、社会的、経済的に発展を遂げる強大な地域（共栄圏）が誕生するのだ」と日本は主張していたが、日本に「併合」された国の人たちは、大東亜共栄圏と呼ばれる壮大で輝かしい夢の実現ではなく、単に日本に支配されたと考えていた。

日本の影響のおよぶ地域では、お飾りの天皇よりも老練な政治家たちの方が強い影響力を持っていた。事実、天皇の役目は政府の政策に黙ってめくら判を押すくらいしかなかった。平和交渉を進めるには、天皇よりも、もっと強い政治的影響力を行使できる人たちが求められていた。

＊＊＊

「国防生産は順調に進んでいます」バシック・キャスター社は、消費者になじみの家庭用キャスターを軍用品に改造した組立ラインの模様を国民に伝えて、愛国心を高める宣伝をおこなった。

その頃、ドイツ軍の重戦車部隊はソビエト領内へ進撃し、科学者たちは、ふたたび警鐘を鳴らした。ドイツがヨーロッパ全土を事実上手中に収めた今、ヒットラーは負けることを知らないかのような勢いだった。アインシュタインが空前の威力を持つ兵器についてしたためた書簡はルーズベルトの方針を一層強めることになって、十月上旬、核兵器の研究開発を支援するための緊急時準備金と予備費の支出を命じた。そして新たに立ち上げられた核開発計画は、初めは「S－

1」と名づけられた。

＊＊＊

一九三九年、アメリカ太平洋艦隊司令官ジョセフ・リチャードソン海軍大将は、当時の作戦参謀だったウィリアム・リーヒ少将に向けて、真珠湾は奇襲攻撃に対して防備が手薄なので太平洋艦隊を別の場所に移動させるべきだと提案した。それに対してリーヒは異議を唱えたためリチャードソンは大統領に進言したが、ルーズベルトも、リチャードソンの不安は年老いた婦人のようだと一笑に付して艦隊の移動に同意しなかった。そのため、太平洋艦隊は今までどおり真珠湾に駐留することになった。

二年後の十二月七日日曜日の朝、リチャードソンの危惧していたことが悲惨な結果として的中した。日本は、アメリカに対して宣戦布告をしないまま「将来、恥辱として刻まれるであろう日」を断行した。この日、三六〇機の日本軍艦載機が戦艦オクラホマ、カリフォルニア、ネバダ、ウエストバージニアなどをはじめアメリカ艦隊の誇りだった戦艦アリゾナを撃沈し、戦艦、巡洋艦、駆逐艦の各三隻に損害を与えた。そして、地上にあった二〇〇機の飛行機が破壊され、二四〇〇人のアメリカ兵が死亡した。

ボブがロングアイランドにある両親の別荘に着く頃には、寒くて霧がかかっていた。お気に入りのロッキングチェアを別荘から持ち帰るため、シボレーのコンバーチブルをのんびりと運転していて、カーラジオから流れるポピュラー音楽を聴きながら幌をかぶせようとしていたとき、突然、音楽が緊急放送のため中断した。「何てことだ」ボブは独りでささやくように呟いた。「これは本当のことなんだ」

御前会議で、裕仁天皇は軍部の指導者たちが立案した真珠湾攻撃に反対し、あらためて明治天皇の御製を朗詠した。

よもの海　みなはらからと　思ふ世に　など波風の　たちさわぐらむ

しかし、天皇が戦争について一体何を知っていたというのだろうか？　真珠湾攻撃から二週間後、日本軍は、さらに思いのままの行動を取って、グアム島とウェーク島を占領していった。

＊＊＊

日本の真珠湾攻撃に対して、アメリカ連邦議会は直ちに日本へ宣戦布告を公式に発表したが、ヨーロッパでの戦争が拡大していることもあって、国民の生活には、わずかな変化をおよぼしたに過ぎなかった。すでに消費者たちは、いろいろな品物が手に入らなかったり不足することに気づいていた。プレストン社は消費者向けの見開き広告で、不凍液は前線で運用されている戦車や航空機のエンジンに必要なので国外へ出荷されていると説明した。

政府が戦争遂行のため挙国一致で臨むよう訴えたことから、戦時体制の気運は産業界のさまざまな生産部門で高まっていった。「今は防衛、そのあとで家に帰ろう」B・F・グッドリッチは、政府は自社のコロシールの登録商標の付いた製品を優先的に扱うことになったと、全面広告を載せて説明した。グッドリッチ社の生産するシャワーカーテンやテーブルクロスに使う防水生地は、飛行機や軍艦の絶縁ケーブルには最適だったのだ。国防のために選定されたほかの多くの企業のように、グッドリッチ社も生産力を何倍にも増やしたが、それでも戦時需要に応じるには手いっぱいの状況だった。

企業にとって、自社で生産している内容を消費者に伝えることは有力な宣伝活動になったし、企業の多くは戦争遂行のために不可欠な存在でもあった。グッドイヤー社が出した豪華なカラー広告は、消費者に忍耐することを訴えた。グッドイヤー社は、新品タイヤを買おうとして在庫がないと言われたお客に向けて、ゴムが不足しているのではなく軍事用の需要が過多になっているためだと説明し、ゴムは政府が非常備蓄している多くの軍需物資のひとつだと伝えた。そして従業員たちは、阻塞気球、爆撃機の翼、セルフシーリングの燃料タンク、ガスマスク、戦車の転輪などの保護材を生産するため二十四時間態勢で働いた。

当グッドイヤー社は国民の生活を豊かにするために商品を生産しているのであり、今の暮らしを保とうとするならば、国家が必要としている品物の増産に励まなければならないのです。これはわたしたちが決めることではありません。しかし、政府が是非とも必要とする品物（わが国が大切にしているすべての物）を提供できるよう支援するか、それとも無駄にしてしまうのかという決断を迫られたとき、選択の余地はないのです。国家が必要とする品物を提供することに比べれば、ほかに大切なものはないのであります。

国民が愛するすべての物を守るため、通りの角にあるサンドイッチ店から大企業に至るまで、ひとつの旗印の下で立ち上がった。ある風変わりな宣伝広告の内容を見ると、電力会社が「ジョニーに銃を持たせる」と述べて電力会社も銃の製造に一役買っていると訴える一方で、タイヤメーカーのUSラバー社は消費者に向けて「アメリカという自由のトーチから燃え立つ炎の下で、しかも一億もの通りの眩しい明かりの下で、子供たちは、まだ自由に寝起きをし、安心して遊ぶことができるほど電力には余裕があるのです」と伝えた。

一九四一年の夏、国内では何百万トンもの鉄と金属スクラップの不足に直面していた。オハイオ州ミドルタウンのアームコ製鋼は、地域全体を隈なくまわって、屋根裏、地下室、車庫、廃物まぢかの鉄道車両の中にまで入りこんで、廃材から金属を回収した。子供たちは壊れたオモチャをかき集め、母親たちはフライパンを供出した。床屋は店の古い椅子を供出するためトラックに積みこんだ。アームコ製鋼は、その後、金属の回収地域をケンタッキー州アシュランドとペンシルベニア州バトラーまでひろげた。その年の暮れには、政府もアームコ製鋼の活動を手本にして国家的規模で金属の回収活動をおこない、その結果、集まった五〇万トンもの金属類を使って、トラック、戦車、銃砲、武器弾薬、その他多くの軍需物資を生産することができた。

生産管理局でも国防に不可欠な七種類の金属を国内外から集めた。マンガンは軍事上もっとも必要とされる金属で、鋼鉄一トンを生産するために五・六キロのマンガンが必要だった。軟質合金のスズはベアリングに使われ、飛行機のプロペラにも必要だった。タングステンは白熱灯のフィラメントだけでなく特殊鋼にも使われた。アンチモンは蓄電池に使われたり、榴散弾を飛散しやすくするために使われた。ニッケルとクロームは電気メッキの工程に不可欠だったし、クロームはステンレスを作るために必要だった。水銀は計器類に広く使われ、爆弾の起爆装置にも重要だった。

国民生活には銅とニッケルが欠かせなかったので、人々の暮らしに影響が出はじめていた。そのため一九四二年には軍需用金属類の欠乏に対応して緊急貨幣鋳造法が成立し、合衆国造幣局は、亜鉛でコーティングした「金属まがい」の一セント硬貨と、銀で造った五セント硬貨を鋳造することになった。

一九四一年の年末まで、国内では喜ばしい出来事はほとんどなかった。この年は、ドロシア・ラングが一九三六年に撮った「移民の母」の写真のように、絶望に満ちた顔を象徴するような一年だった。ニュージャージー州ホーボーケン出身のドロシアは、当時の不況時代に困窮する多くの人たちの印象的な肖像写真を発表して、アメリカの田舎の悲惨な状況を生々しく表現した。一九四一年に出版された「誇り高き人々をたたえよう」では、ウォーカー・エバンスの感性豊かなドキュメンタリー写真とジェームス・エイジーの感情のこもった語り口が、南部の農民たちの苦しい生活を伝えた。報道写真家のマーガレット・バーク・ホワイトの撮った写真は「タイム」「ライフ」「フォーチュン」に掲載されて、読者に強烈な印象を与えた。

＊＊＊

敗北という言葉は、まだアメリカ人の辞書にはなかった。一九四一年のワールドシリーズでブルックリン・ドジャーズがニューヨーク・ヤンキースに敗れたとき、ボブは、シリーズの結果はともあれ国内経済のため自分にも何かできるはずだと思って、アメリカの田舎でシンボルとされるトウモロコシの穂軸で作った安物のパイプと、プリンスアルバート社の煙草を恐る恐る買ってみた。都会の人間には似合わない買い物だったが、こんな物でも気持ちの慰めになると思った。それからまもなく、思いきって四ドルを払い、ケイウッディーのブライアー・パイプを買った。

ルーズベルトは、その後、何ら思いきった政策をかかげないままチャーチルとの親交を深めていて、六十歳を迎えた一九四二年一月三十日にチャーチルから届いた誕生祝いの挨拶状に応えて、次のような電報を送った。「あなたとの十年間は楽しいです」この文句は、すてきな歌のタイトルにもなりそうだったが、その頃、バターン半島のフィリピン人とアメリカ兵たちが歌うことはなかった。彼らは命の危機に瀕していた。四月九日、フィリピンのバターンが日本軍の攻撃で陥落し、三万六〇〇〇人のアメリカ軍将兵が捕虜となって収容所まで悲惨な死の行進を強いられ、その内の数千人は収容所へたどりつくことはなかった。

ボブは高校生の頃、歴史とは不確かな過去の出来事を不確かに伝えるものでしかないと考えていて、国家や権力の消長などはどうでもいいことで、そんなことを考えることさえ煩わしかった。それが今や、戦争という歴史上の形となって目の前にあらわれてきた。数十万人の若者が志願や召集によってはるか彼方の戦場で戦うため、家庭という安全な居場所から去って行った。実際の戦闘はニュース映画などで観るよりはるかに悲惨だった。マクソン社へ通う列車の中で新聞に目をとおしながら、その年の春から夏にかけて太平洋の島々でくりひろげられた戦闘の記録を丁寧に読んでいた。

その中で興味をひいた記事は、四月十八日に四十六歳のジミー・ドーリットル少佐が率いる一六機のB－25爆撃機が空母ホーネットから発進して、東京や横浜をはじめとする日本各地を空爆したという内容だった。

新聞の見出しを飾る大規模な戦闘の内容については、仕事中には同僚たちと、家では夕食のときに家族と語り合った。五月四日から八日にわたった珊瑚海海戦では、アメリカの空母レキシントンが沈没し、一五隻の日本軍艦船が沈没損傷した。六月上旬の三日間にわたったミッドウェー海戦では、日本海軍は壊滅的打撃をこうむった。はげしい戦闘の結果、日本側では四隻の主力空母、三隻の巡洋艦、三隻の駆逐艦が沈没し、二七五機の艦載機が撃墜され、四八〇〇人の将兵が戦死し、アメリカ側では三〇七人の将兵が戦死した。八月七日、ソロモン諸島のガダルカナル島とツラギ島にアメリカ海兵隊が上陸し、島の争奪をめぐって六ヶ月にわたる戦闘がくりひろげられた。

この年の八月は国内も外地も焼けつくような暑さだった。その頃、ドイツからイギリスに帰化したクラウス・フックスという無名の科学者が、アメリカの核兵器開発に身を投じながらモスクワに機密情報を流していた。風刺漫画家のビリー・デベックは「ヒービジービズ（びくびくするような不安）」という造語を生み出した。アプトン・シンクレアは自身の十一作中の三作目の小説『竜の歯』でピューリッツァー賞を受賞し、主人公レニーバッドの名を一躍有名にさせた。アーロン・コープランドの楽曲によるバレエ『ロデオ』がニューヨークで開演され、作曲家で作詞家のアーヴィング・バーリンは『感謝するものは十分手に入れた』という歌で、自分たちはまだ恵まれていることを国民に訴えた。

国内の人たちは多くのことに感謝していた。蒸し暑い日には涼を求めて安らげることに対し、戦地からの手紙を受け取ることができることに対し、残業手当をもらってバンガローやコンバーチブルを買うことができることに対し、野球の試合は士気を高めるためにも各地のファンのためにも開かれねばならないというルーズベルトの言葉に対し、人々はありがたいと感じていた。

ボブも、あらゆるものに感謝していた。ただ、会社の仕事で地上砲塔の欠陥をすべて洗い出したのに、なぜか仕事に集中できなかった。夏の暑さが原因ではなく、何かが心の中にわだかまっていた。軍需産業で銃砲の設計に携わっていたため徴兵が猶予されていたが、それは自分の望んでいたことではなかった。

一九四二年九月の労働祝日のあと、出社したボブは上司のところへ行って気分が悪いと伝えて早退したあと、ロウアー・マンハッタンのホワイトホール・ストリートにある陸軍航空軍司令部の階段を上がりながら、もう二度と会社に戻ることはないだろうと思った。気持ちが高ぶって、体中が電気刺激を受けてピリピリするようだった。

＊＊＊

コロンビア、バークレー、プリンストン、ハーバード各大学の物理学者たちは、一刻も早く大統領の理解を得ようと考えて、核開発にかんするさまざまな疑問点について具体的な答えを探っていた。

日本海軍は、理化学研究所の仁科芳雄に対して原子爆弾を一刻も早く完成するよう強く求めていた。一九四二年七月十八日、海軍は原子爆弾の威力を研究するために設立された調査委員会の責任者に仁科博士を任命した。しかし調査委員会は、現在の知識と原料入手の問題を考えると、原子爆弾を完成するには十年以上かかると報告した。これを受けて海軍は委員会に対して、真珠湾攻撃からちょうど一年になる十二月七日、遅くとも二年以内に完成させるよう委員会にあらためて強く求めた。

ワシントンの陸軍省は正念場を迎えていた。陸軍長官のヘンリー・スティムソンは原子爆弾製造計画の責任者に任命されたため、ルーズベルト大統領に核開発計画について助言をする立場に立たされた。手落ちがあればスティムソンの責任になったが、とにかく今必要なことは、どんな犠牲を払ってでも原子爆弾を完成することのできる有能な人材をそろえることだった。

6．マンハッタン計画

「無駄でも何でも、とにかく急げ」はレズリー・グローヴス少将のモットーだった。毎朝、二十一番通りバージニア・アヴェニューにある陸軍省の五一二一号室の執務室へ入ると、グローヴスは、頭を前へ突き出した亀の絵に向き合った。絵の下には短い言葉が記されている。「亀を見ろ！首を出している時だけ前へ進むんだ」

スティムソン陸軍長官にとってグローヴスは、行き詰まっていた核兵器開発を勢いづかせるために探していた人物だったが、どこから見ても「げす野郎」だった。一九四二年九月十七日、スティムソンは、その胴まわりそっくりの厚かましい四十五歳のこの男に、以前にペンタゴンの建設に携わっていた時よりもはるかに重大な役目を命じた。それでもグローヴスは、スティムソンが自分を抜擢してくれたことで得意満面だった。陸軍士官学校では技能が得意で、フットボール選手だった「油まみれ」というニックネームも理由のないことではなかった。

一一三キロある巨漢のグローヴスは、反対する者をことごとく捻りつぶした。そして二十四時間たらずでウランを入手するという困難な役目を成し遂げた。

信じられないことに、ドラム缶二〇〇〇個ほどの一二五〇トンもあるウランが、スタテン島のなんの変哲もない倉庫に一九三九年から貯蔵されていた。ベルギーにある某企業のニューヨーク事務所で年配の責任者がその事情を説明した。ベルギーは、ドイツがウランを手にすることを恐れて密かにアメリカに運び出していたが、この二〇〇万ドルの価値のあるウランをどう扱ったらよいのか今まで誰もわからなかったそうだ。それをグローヴスは四五〇グラムあたり一ドル六〇セントで買い取ったのだ。

これは手はじめで、グローヴスは、それからも相手を強引に納得させる手段を取っていった。デラウェア州ウィルミントンにあるデュポン本社で、グローヴスは初めに社長と親しくなって相手の心を摑み、穏やかで理路整然とした話で約束を取り付けたあと、おもむろに、口先ではなく行動で示すよう迫った。グローヴスにかぎっていうと、協力するということは資金を提供してくれることを意味していた。企業が国家へ忠誠を尽くすということは「大盤振る舞いをする」ことで、グローヴスのやり口はデュポン社の経営者さえも手玉に取るものだった。

グローヴスは、人々が購入する住まいを選ぶのにかける時間より短いあいだに、テネシー州オークリッジにウラン電磁分離施設を建設するため、五億四四〇〇万ドルを投入することを直ちに承認した。この施設は「Y－12」という暗号名で、イーストマン・コダック社の子会社テネシー・イーストマンによって運用されることになり、四万五〇〇〇人の労働者を雇うことになった。まもなくM・W・ケロッグ社の子会社ケレックス・コーポレーションは、ウラン235を濃縮するためのガス拡散施設の計画段階に入った。この施設は、世界最大でもっとも複雑な設備を持つ工場になる予定だった。そして、今ひとつの施設はワシントン州のハンフォードに建設予定だった。

グローヴスが鞭を振るうと、虎たちは燃えさかる輪の中を飛び越えた。そしてスティムソンとルーズベルト大統領の求めにだけ応じてブルドーザーのような勢いで動きまわり、官僚たちのお役所仕事には目もくれなかった。ウランを濃縮する電磁濃縮法に銀が必要と知ると、まっ先に財務省から資金を調達することを考えた。

チョコレートが大好物で恰幅のよいグローヴスは、誰の手も借りずに広大な秘密帝国の建設を指揮した。そして、この帝国は一〇万人以上の労働者と技術者を雇って、国内十九州とカナダに合計三十七の施設を造り上げるまでになった。

グローヴスが指揮を執るマンハッタン計画は、あまりに壮大で、ニューヨーク・タイムズの経験豊富な科学記者ウィリアム・L・ローレンスでさえ、この計画について取材するよう依頼されたときには、考えがおよばなかった。

もしもリップ・ヴァン・ウィンクルが世紀の変わり目に眠りに就いてから、目が覚めて、現代の飛行機、ラジオ、テレビ、レーダーなどを目にしたとしても、ウラン238をプルトニウムに変換する巨大な施設をわたしが初めて訪れた時ほどには驚かなかっただろう。

この工程で使用される巨大な電磁石は、数百立方メートルの広さを占めていて、その規模はローレンスをさえもたじろがせるほどだった。「これほど巨大な磁石に匹敵するものは、戦争前には考えもつかなかった」とローレンスは記したが、それでも彼が目にした磁石は、まだほんの一部でしかなかったのだ。

＊＊＊

一九四二年の初め、シカゴ大学は核連鎖反応に深い関心を寄せていた。この原理の詳細はコロンビア大学の合意にもとづいて取得したもので、これ以降の研究は、シカゴ大学物理学科教授でノーベル賞受賞者のアーサー・H・コンプトンの指導のもと、機密保持のため「冶金研究所」と名づけられた施設で続けられることになった。

グローヴスが冶金研究所に集める有能な人材としてシラードを指名したとき、シラードは、グローヴスのようなエゴイストと一緒に仕事をする者はいないだろうと思い、グローヴスも、メサイアコンプレックスを持った夢想家のシラードのことをエゴイストと思っていた。グローヴスは、冶金研究所のアカデミックな雰囲気の中で、自分のやり方に異をとなえる科学者がいないか注意深く観察した。こんなときのグローヴスは陸軍士官学校を四番で卒業しただけあって、頭脳にかけても、ひけを取らなかった。科学者たちがどんな経歴の持ち主であろうと「インテリ」は恐れるに足りなかった。事実、カリスマ的な存在の物理学者アーネスト・O・ローレンスでさえ、グローヴスにとっては取っつきやすい人物に思われた。

ローレンスの最近の研究成果は、ウラン元素から希少な同位元素ウラン235を分離するカルトロンの開発だった。カルトロンは、真空タンクの中でウラン元素を加速させる装置で、タンク内部の強力な磁場を原子が通過するとき、原子は円軌道を描き、その結果、ウラン238より質量の軽いウラン235が分離されて容器に集められるという仕組みだった。

グローヴスは、背が高く少年のような容貌のひとりの科学者からバークレーにある研究施設を視察するよう求められたので、興味を抱きながら応じた。

施設内にあるローレンスの研究所に案内され、丸天井から吊りさげられた巨大なサイクロトロンの磁石を目にしたとき、巨漢のグローヴスでさえ青ざめるほどだった。壮大な計画を抱いているグローヴスも、一瞬、言葉を失って立ちすくんだ。

「原子爆弾に使用するにはウラン235の純度をどれくらい高めなければならないのかね？」グローヴスが視察の目的に立ち戻って質問した。

「オッペンハイマーが、その質問に答えてくれるはずです」ローレンスが即座に言った。

オッピー（オッペンハイマーの愛称）は、コックが腹の減ったキャンパーたちをテーブルにつかせるのと同じくらい簡単に、臨界量と核連鎖反応との関係に取り組んでいる七人の理論物理学者を暑い夏のあいだにカリフォルニア大学バークレー校に呼び集めた。構内は緑と花にあふれ、勉強熱心な学生のほかは響きわたる廊下を歩く者はいなかったが、オッピーは呼び集めた物理学者たちをルコンテホールの二つの部屋に招き入れた。窓は金属のメッシュで遮蔽されていた。物理学者の中でエドワード・テラー以外の者はウランの研究という点で同じ考えだったが、テラーだけは別の考えを持っていて、ウランを使った原子爆弾がかんしゃく玉ほどに思えるほどの「特大の」水素爆弾を造りたかった。テラーは、どんな卵でも孵化させようと思えばできたが、今のところはオッピーの巣の中ではウラン235という卵を温めるしかなかった。

グローヴスは、オッペンハイマーという人物のことを思い出した。以前、物理学者たちの人物調査書の中からオッペンハイマーにかんする内容に目をとおしたことがあった。ユダヤ人。頭脳明晰。左がかった人物。たしかに若い頃はマルクス主義に熱を上げて共産党に入党したことがあった。グローヴスは、彼が特殊な生い立ちのもとで過激な共産主義に傾倒するようになったことを知っていた。オッペンハイマーは、ひとりの科学者としてグローヴスの前に自分をさらけ出したが、人物調査書には生身の人間の姿はもちろん、感情の起伏に激しい人物だということも書かれていなかった。さらに、一度学んだことは決して忘れなかったが必ずしも過去の失敗から学ぶことのない人間だとか、物事の細部に非常に拘るという強い欲求があり、怠惰を嫌悪する人物だということなども調査書からは知ることができなかった。グローヴスは、人物調査書に書かれていない、このような彼の性癖を自分の目で確かめた。オッペンハイマーがグローヴスのさまざまな質問に対して即座に、しかも簡潔に説明したとき、グローヴスはオッペンハイマーの非凡な才能を見抜いた。ＦＢＩが疑っていることなんか、くそ食らえだ。オッペンハイマーは俺の相棒なんだ。

グローヴスは、新たに命名したマンハッタン計画に「誰」を加えるかについては、オッピーを見つけ出した。「何か」については、すでにウランを原料にすることが決まっていたし、科学者たちが原子爆弾を製造できるかどうかということはグローヴス自身にもわかっていた。あとは「いつ」と「どこで」だった。「どのようにして」はオッピー次第だった。サンスクリット語を楽々と独学できるほどのオッピーだから、原子爆弾を完成させることも困難ではないはずだ。グローヴスは、核実験をおこなう場所は、まだ考えていなかった。オッピーは、十一月の感謝祭の少し前にグローヴスをニューメキシコ山脈の辺鄙な台地に案内した。「ここです」

そこはサンタフェの北東にあるロスアラモス農場学校で、一九二二年の夏に、青白い顔のオッペンハイマー少年が心身を鍛えるため父に連れてこられた場所だった。ひょろ長い少年は、木材とレンガで造られた国防義勇軍スタイルの建物と質素なフラーロッジで過ごすことになった。杜松（ねず）や高く伸びたポンデローサとピニョンの茂る荒野からは熱水泉が湧き出ていて、水蒸気が涼しい夜の空気の中に立ちのぼっていた。弱々しかった少年は、この場所で心も体もたくましくなった。あの頃、ここの山々はオッピーにとって心の救いだった。そして、この場所がもう一度、自分にとって救いになるかもしれなかった。

恰幅のいい横柄な少将と虚弱で移り気な科学者の二人は、奇妙な相棒同士だった。グローヴスはオッペンハイマーが人をひきつける才能を持っていることを知っていたので、核開発という未知の領域で技術的に最高の問題を研究するために、ほかの科学者たちが「笛吹き男」の役割を演じるオッペンハイマーに付き随ってくれると確信していた。

＊＊＊

偶然のことだったが、スティムソン陸軍長官が原子爆弾の開発責任者にグローヴス少将を任命した同じ日に、ジョージ・ロバート・キャロンは高い理想を抱いてロングアイランドのキャンプ・アプトンで軍隊生活をはじめることになった。

パイロットになりたいという夢を長年抱いていたボブは、入隊初日は正副二通あるいは三通になった多くの書類に記入をするのに大わらわだった。あまりに多くの書類にサインをしなければならなかったので、何か重大な最後の独立宣言をするため自分の権利を放棄するような気がした。その日の午後には認識番号12143134のジョージ・ロバート・キャロンが誕生した。頭の「1」は志願して入隊したことを表していた。

ガバナーズ島へ渡るフェリーの中でボブは、これからはじまるドラマでどんな役を演じることになるのだろうかと考えていた。自分は正しい決断をしたと思っていた。「戦争は敵を殺すためじゃなく平和を守るためにすることなんだ。どんな国だって、ほかの国を滅ぼす権利なんてないけれど、生きていくために必要な権利を守る義務はあるんだ」そう考えながら、少し苛立たしそうに深いため息をついた。「戦争とは何かなんて、自分にわかるわけがないじゃないか？　わかることといえば、戦争に行かずに家に居たままだったら、将来きっと自分の子供たちに合わせる顔がないということだ」

キャンプ・アプトンは、独立戦争のときに要塞があったところで、現在は陸軍の駐屯地と避難民の一時収容施設として使われていた。入隊する若者たちは、軍隊経験のないまま部隊の門をくぐり、入隊の手続きがすむと、そこから先は全く未知の世界が待っていた。そして姿形も心も新たな人間になって兵士として出発する。

ボブは、身体検査のため裸になって途切れることなく進んでくる入隊予定者を相手に、あれこれ詮索する白衣を着た見知らぬ男たちの噂を耳に挟んだ。

身体検査が済むと、その次に精神科医が「君は女の子が好きか?」と質問するらしい。

「もちろんです、軍医どの。ぼくの財布の中の写真をお見せしましょうか?」そう答えたら問題なさそうだった。

ボブを診察した医師は、視力を除けば心身とも軍務に適すると伝えた。マクソン社にいたとき左目の弱視を矯正するため眼鏡をかけていたので、入隊前になんとかしようと考えて、あれこれ調べた結果、視力回復訓練の本を買って、入隊するほぼ一年前から本に書かれているとおり、近い物を注視したあと遠くの物を見るという訓練を几帳面に続けた。その結果、正常には戻らなかったが、視力はかなり改善していた。

身体検査の翌朝、一家のジョージ、アン、ドリスは、新兵になったボブをマンハッタンの中心地にあるペン・ステーションまで車で送って行った。ほかの新兵と同じように、小さなスーツケースをひとつ持っているだけで、入隊して数日したら今まで着ていた私服もスーツケースと一緒に自宅に送り返すつもりだった。新兵の一団は、キャンプ・オプトンへ向かうロングアイランド鉄道の列車に乗りこみ、ボブはプラットホーム側の右側の席に座った。プラットホームには両親と妹が自分の方を見ていた。そのとき、うしろの座席から新兵たちが一斉に口笛を鳴らすのが聞こえたので、振り向いてみると、ライトブルーのスーツを着た妹のドリスに向かって口笛を鳴らしているのだった。ドリスは明るく笑いながら、彼らに手を振って応えた。

支給された身のまわり品は、どれもこわばっていて、肌にちくちくするものばかりだった。たとえば、荷札の付いたままの皺の寄った褐色の軍服。逆さにしても立つような硬い作業服。ごわごわの編み上げ靴。二枚重ねの厚手の毛織り毛布など。

くりかえし実施される知能テストと身体適性検査も、堅苦しいものだった。ある中尉が、おまえの検査の結果は高得点で、砲塔の設計をした経験もあることだし、兵器の専門学校に進めるだろうと請け負ってくれた。ボブも、兵器に関連する任務を命じられたら、いつでも従うつもりでいた。

新兵になると、予感していたとおり、無愛想な軍曹が新兵たちをしごきはじめた。十五時間ぶっとおしの炊事当番を何度かやらされたりすると、ごわごわする新しい軍靴のため、足のあちこちが痛くなった。

それからまもなく、その週のうちにケンタッキー州ルイビルにあるボウマンフィールドへの異動を命じられ、そこで一週間の基礎訓練を受けたあとサウスカロライナ州のフローレンスで兵員輸送機の部隊に配属されることになった。

サウスカロライナの森は、泥炭のため空気は湿り気を帯びていて、血に飢えた蚊とブユのうなり声に満ちていた。終日にわたる教練や障害物を越えて進む訓練が終わった兵士たちにとっては、帆布のテントの中の簡易ベッドは南洋の小島にあるハンモックのように心地よかった。スポーツ選手だった頃の思い出は遠い過去のことになったが、軍隊での訓練は気力を高めて活気が出たし、何事にも正確さを求める性格のボブには密集教練も楽しく感じられた。

「おまえの任務の配置場所は正しくはないんだが、残念だが、これが陸軍のやり方なんだ」兵器を扱う経験者が兵員輸送機の飛行中隊で何をすればいいのですかとボブが質問すると、中隊長はそう説明したが、そんな風に同情めかして言われても慰めにはならなかった。

部隊の近くにある病院に看護婦養成所があって、兵士たちにとっては心の安らぎになった。ボブと兵舎の仲間たちは、勤務交替が来るとポケットにお金を入れて、その病院で待ち合わせた。軍服姿はデートをするには大いに役立った。兵士と看護婦たちは、病院の敷地で一時間ほどのんびり過ごしたり、物資配給所へ行って非番の看護婦とコーヒーを飲みながら話をしたりした。

まもなく命令がくだって、インディアナポリスにある兵員輸送機の司令部に異動することになったので、一時間で雑嚢に身のまわり品を詰めた。今回は自分ひとりだけの異動で、到着すると駐機場の裏にあるテント兵舎をあてがわれた。テントの中には、寒さをしのぐために小さなダルマストーブがあって、ストーブに使う薪を集めなければならなかった。起床ラッパで起こされる必要はなかった。毎朝、すぐそばの駐機場でカーチスC－46輸送機のパイロットたちがエンジンを始動させたからだ。

外出許可証をもらって町に出るときだけ「アメリカ中西部にいて国のために役立つんだろうか？」という気持ちを一時でも忘れさせてくれた。兵士たちにとって、外出は女の子とデートすることを意味していた。ボブも明るい金髪の女の子と知り合って何度かデートを重ね、その子からハロウィーンのパーティーに招待されたが、この日は自分の誕生日でもあったので、ふたりでパーティーへ行く途中に電話ボックスへ立ち寄った。

「コレクトコールで電話をちょうだい。そしたら、みんなであなたの誕生日を祝うつもりよ」母がその週の初めに手紙をくれていたのだ。ボブが、狭い電話ボックスの中に座りこんで家族たちが熱心に尋ねる質問に返事をしているあいだ、膝の上に乗った女の子はマニキュアを塗った爪でボブの髪をまさぐりながら耳たぶを軽く嚙んだりして、電話ボックスの窓は熱気で曇った。

7. 入　隊

十一月も半ばというのに、テキサス州サン・アントニオはインディアナポリスに比べるとバハマのように暖かく感じられた。町の南西にあるケリー・フィールドは兵士たちが配属換えを待つ補充兵員の基地で、ここで兵士たちは自分の特技に応じて配属先を決められた。ボブは特技を生かそうと考えて、ある任務に就くのに必要な試験を受けることにし、試験までのあいだダンカン・フィールドで古いB－18爆撃機の部品を交換するための分解作業を手がけた。マクソン社以来、飛行機に触れるのは久しぶりだった。

この古い陸軍航空隊の基地からは、風変わりな飛行機が多く離発着していた。そのうちの何機かは一九三〇年代初頭のダグラス双発爆撃機B－18で、DC3の原型となる飛行機だった。B－18は、一九四二年頃には性能の低さから主力機にはならなかったので、次第に姿を消していった。ボブと同僚たちは、このB－18の計器盤や制御装置などを分解し部品を交換した。

その頃、ボーイング社は、B－17の製造と同時に四発のエンジンを搭載した世界最大の爆撃機B－15を開発していた。B－15は、機体内部に爆弾倉を備えたほかに機体とエンジンのあいだにも爆弾倉を備えた。ボブは、ダンカン・フィールドに近いケリー・フィールドにB－15の試作機が飛来してくると聞いて、ジープを飛ばして見に行った。ケリー・フィールドに着陸したばかりのB－15のところで地上作業員たちがエンジンを点検していたので、このめずらしい飛行機の内部を見ることを許可してもらった。

非番の日には、小ざっぱりとして行き届いた風情のあるサン・アントニオの町を歩きまわった。メキシコ国境からわずか二四〇キロメートルしかないこの町は、過去から現在に至るまで独特な文化の香りと美しさを醸し出していた。ピンク色のレンガ造りの教会、立葵とグラジオラスの咲き乱れる庭、歴史的な建造物などが、活気ある街の通りに趣を添えていた。サン・アントニオで感じる安らぎは、自分が育ったブルックリンでの安らぎとは全く異質なもので、それは民族のちがいというよりも歴史のちがいによるものだった。アラモ砦の戦いで活躍したサンタ・アナ、デイビイ・クロケット、ジム・ボウイたちの亡霊が今も彷徨っているかのように感じられる土地だった。

＊＊＊

所属する隊長は隊員の中に技術者がいることを知って、隊の標識を色付けで書くようボブに命じた。標識を書くことは別に嫌ではなかったが、刷毛、油性ペンキ、テレピン油、標識にする板などの器材が必要だった。

隊長は、もう一人の兵士と一緒に器材を買ってくるよう命じ、トマトレッドのオールズモビル・コンバーチブルのキーと器材を買うのに必要な金を渡しながら、二人の若者に自分の派手な車を預けて町に使いに行かせることに少し不安を感じていた。

サン・アントニオの画材店で欲しい器材はすべてそろったが、そのあと、二人は大事なことを忘れていたかのように表通りを運転しながら町を見物した。鮮やかな色のコンバーチブルに乗った軍服姿の二人が車の中から通りの現地人に手を振ると、人々も元気よく手を振ってくれた。

「えらく長くかかったな」隊に戻って車のキーを返すと、隊長が渋い顔をして言った。「何をしていたんだ？　女でも追いかけまわしていたのか？」

独身の男なんて、そんなことしか考えないのだろうか？

サン・アントニオは、あらゆる点でホットな町だった。隊の食堂で働くメキシコ人のコックたちは火の出るように辛い料理を作ったので、ブラットブッシュで育ったボブの口には合わなかった。胃が焼けつくように辛い料理が出た日には、酒保へ行ってサンドイッチと冷たいミルクの食事で済ませた。

炊事当番に当たったある日、メキシコ人のコックがチリソースの作り方を教えてくれることになった。初めに特大のストーブに火を点けなければならなかったので、言われたとおり、床に跪いてストーブの底面から火を点けようとしたとき、突然、充満していたガスに引火して顔の右側に炎が吹きつけ、額と頬と毛髪が焼け、眉と睫毛が燃えてなくなった。医務室で火傷の治療を受け、理髪部で焼け焦げた匂いのする髪を整えてもらった。とんでもない訓練になったが、おかげで炊事当番をはずしてもらうことになった。

一九四二年十二月二日の朝、ダンカン・フィールドの部隊でボブが訓練に励んでいた頃、寒さの厳しいシカゴでは、冶金研究所の科学者たちが原子炉で核連鎖反応の実験をはじめようとしていた。その装置は、五十七番街とエリス・アヴェニューの一画にあるシカゴ大学の古いスタッグフィールド野球場のスタンドの下にある、室内スカッシュ・コートに造られていた。グラファイトを積み上げて造られた装置は、重さが三五七トンあり、内部には濃縮ウランが封入されていた。

シカゴ時間の午前十時三十七分、フェルミ、シラード、コンプトン、ウィグナーをはじめとする四〇人あまりの物理学者たちが固唾を呑んで、原子炉内部で核連鎖反応を起こす実験を開始した。シカゴ市民たちは、核連鎖反応が暴走して吹きさらしのシカゴの街をミシガン湖まで吹き飛ばすことがないよう科学者たちが祈っていたことなど、知るよしもなかった。午後になってフェルミとシラードは反応を停止した。シカゴは何事も起きなかった。

冶金研究所で実験がおこなわれた日、国務省が道徳上重大な内容の声明を発表した。強制収容所で亡くなった二〇〇万人のユダヤ人を追悼し、今も危険にさらされている数百万人のユダヤ人のためにアメリカ政府は十二月二日を「ユダヤ人の嘆きの日」にすると伝えた。この発表を知って、世界中は悲しみに包まれた。

その頃、ボブは、教練、装備の点検、部隊の標識を書いたりしていては戦争に勝つことなどできないという想いで欲求不満が高じていた。ガールフレンドの家で大晦日の夜のパーティーをすることになって友人と一緒に招待されたときは喜んで受けたが、その日の午後、中隊事務室の一等軍曹が、自分は機械作業の適性検査と兵装の試験を受けるのでパーティーには行かずに夜を過ごすつもりだと言った。友だちが新年を迎えた頃、ボブも一等軍曹と一緒に試験問題に答案を書きこんでいた。試験が終わった頃には大晦日のバカ騒ぎが始まったが、その頃ボブは、コロラド州デンバーのローリー・フィールドにある兵装の専門学校へ入学するため乗車券を買っていた。

＊＊＊

今にもこわれそうなオンボロ列車は、人間を運ぶというより家畜運搬車のようだったし、乗り心地もひどかった。列車は呻き声のような音をさせて軋み、連結器は留め金がはずれるのではないかと思うほど捩れ合いながら走りつづけたあと、乗り継ぎ待ちのためテキサス州ダルハートに停車した。疲れきった乗客たちは、いったん下車して深夜営業のカフェに行き、脂のまわったハンバーガーと、ふやけたフライを食べて腹を満たすと、疲れた表情をしたまま列車に戻っていった。ボブは硬い籐の座席で体を伸ばそうとした。ダルハートを発車した列車は、けたたましい汽笛を鳴らしながらパッチワークのような農場や小さな町を疾走したり、ノロノロ運転をくりかえして進み、そのあいだひと晩中、体の向きを変えたり動かしたりした。

夜が明けた頃、列車は一時停車のためコロラド州トリニダードに着いた。ボブは、大地からいきなり盛り上がったような丘陵の風景を目にして元気を取り戻し、背中の痛みを忘れた。目に飛びこんできたトリニダードの風景は、雪をいただいた山々に柔らかな靄が流れ、山々は晴れわたるのをためらっているようだった。列車は、ふたたびよろめくようにして北へ向けて発車した。列車が進むにつれて、車窓からの眺めが今まで見たこともない風景に変わっていくのに感動した。そのため、暖房の効いた列車の中より駅のプラットホームで感じるすがしい冷気や、写真のように美しい山々や川の方が自分には好ましく感じられた。列車は日暮れになってまもなく、デンバーの駅にすべりこんだ。

ローリー・フィールドにある学生用の兵舎は粗末だったが、それまでずっと列車に乗っていたので、兵舎の消毒液の臭いや建物の外観は気にならなかった。おまけに、テントでなく建物の中で眠ることができたので、床に就くと夜明けまで死んだように眠りこんだ。朝食を済ませると元気が戻ってきたので、気分を引き締めて動力式銃座の専門学校へ提出するレポート作成の準備をはじめた。学校の課程は講義と実習が工場の日勤、休憩、夜勤のように組まれていて、六日間の講義と一日の休みがあり、その合間には密集教練と兵舎内の点検があった。

コロラドの冬には新しい発見があった。ニューヨークの気温三二度よりもデンバーの〇度の方が暖かく感じられることに驚いたし、町のどこへ行っても、西に向かって波立つような山々の様子を見ることができて、山々がいつも手招きをしているかのようだった。

将兵と学生が一緒に利用する食堂は体育館のような広さだった。食堂には整列して入り、料理を盛ったトレイを受け取ってから、全員がそろうまで自分の席のうしろで立っていなければならなかった。テーブルには腕の届く間隔に、塩、胡椒、ケチャップそれにタバスコなどの香辛料が置かれていた。

「これは何ですか？」小瓶を手にしてボブがたずねた。

真向かいの兵士がその様子を見て、青二才のまぬけな奴だと思った。

「ケチャップみたいなもんさ」

ボブは、そのケチャップみたいなものを自分の料理にたっぷりと振りかけ、ひと口食べて顔が真っ赤になったが、タバスコには何も責任はなかった。あまりの辛さに、子供がふざけたときのように口をあんぐりと開けたままにするしかなかった。自分でも情けない姿だと思ったが、今は食事をするどころではなかった。

席を立ってタバスコにまみれた残飯を捨てようとしたら、ひとりの少尉が呼び止めて、掲示板を黙って示した。「欲しいものは何でも取れ、だが取ったものはすべて食べろ」少尉は、席に戻ってトレイの料理をすべて食べるよう命じたのだ。

＊＊＊

動力式銃座の教習も、タバスコのようにホットで猛烈だった。週六日間の講義では、さまざまな飛行機に装備された、さまざまな銃座の整備を叩きこまれた。Ｂ－17の機体上部にはスペリー社製の銃座、Ｂ－24の機体の前部と尾部には半球型銃座と統合型銃座、それに、短命に終わったベンディックス社製の格納式銃座などがあった。教習は、組み立てと整備が主だったが、一二・七ミリ機銃の射撃訓練はなかった。ボブは、指導教官が教習のためにわざと不調の箇所を作っておいても、すぐにその箇所を見つけて修理した。

二ヶ月にわたる教習が終わる少し前、学生たちに対して、ある極秘計画の飛行機に装備する電子制御式遠隔操作銃座について受講できるための試験があり、数百人の受験生が集まった格納庫の試験場でボブも折りたたみ椅子に座って試験に没頭した。試験の結果、受講を許可された学生はボブを含め二八人だけだった。

合格した二八人は、えり抜きのグループと自認していたので、実習と講義には強迫的ともいえるほど熱心に取り組んだ。新しく製造されたＰ－51ムスタング戦闘機の遠隔操作銃座は、指導教官たちも構造について初耳の内容が多かったので、銃座システムにかんする知識は学生たちと変わらなかった。そのため三ヶ月半のあいだ、学生と指導教官たちは一緒になって、この銃座の概要と配線図について懸命に学んだ。また、このシステムは極秘計画の爆撃機にも装備されると聞かされていたので、とにかく休む時間などなかった。六日間の教習と一日の休みが終わっても今まで学んできた分量と同じくらいの時間がまだ欲しいくらいだった。

デンバーは、風景、匂い、音の豊かさには事欠かなかった。風に乗って、山々から松ヤニの新鮮な香りや、遠くの畜産場からは強烈な屎尿の臭いがしてきた。畜産場の臭いはマクソン社の部屋に入りこんできた悪臭を思い出させた。風の強い日には、空は澄みわたって、手入れの行き届いた多くの公園からはロッキー山脈や雪に覆われたエバンス山を遠くに眺めることができた。

ガールフレンドのジャッキー・フレッチャーは、映画やダンスの誘いにはいつも応じてくれた。ジャッキーはおおらかで快活な性格の反面、思いがけないことをした。まるで母親のような態度をして、ロルファックス通りにある両親が経営する洗濯店に軍服を持ってこさせたりした。「娘の友だちのためなんですから、なんでもないことよ」ジャッキーの母親は、持ってきた洗濯物を受け取りながら自分の息子のように世話をしてくれた。

何か変わったことによって生活に潤いがもたらされるのなら、新しい人たちと出会ったり、新しい場所を訪れてみたかった。ダンスに興じることも楽しかったが、それよりもロッキー山脈にひかれた。ある春の晴れた日に、レンタカーの店でフォードの新車を借りて、別のガールフレンドと一緒に四〇号線を西に向けてドライブした。古い金鉱跡を過ぎ、アイダホ・スプリングスを縫うように走る坂道をいくつか通って、エコー・レイク道路に入り、スコー・パスをめざしてどんどんのぼって行った。スコー・パスに着いたふたりは、まだ雪の残る草原で、さわやかな香りを吸いながら食事を楽しんだ。午後も遅くなり寒くなってきたので、名残惜しい気持ちで帰り支度をはじめたとき、ボブは車の燃料メーターがほとんど空を示しているのを見て慌てた。そのため、ベルゲン・パークまで戻る曲がりくねった下り道をエンジンを切ったまま惰力運転をし、カーブでは道をはずれないように何度もブレーキを踏みつづけ、数キロメートル走るごとに車を道路脇へ寄せて過熱したブレーキを冷ました。それから、どうにかベルゲン・パークにたどり着いて燃料を補給し、デンバーまで帰ることができた。

ところが、次のデートのときに先日のレンタカーの店に車を借りに行ったら、店長はけんか腰だった。「うちの店じゃあ新車のブレーキを焼き付かせるようなお客に貸すことはできませんよ」そう言い放ってから、ほかの店へ行ってくれと言われた。

やっと、ほかの店でレンタカーを借りて、その日のデートの相手は、前の日曜日にカソリック教会のボックス・ランチで知り合ったピアノ講師だった。この可愛い音楽家にどこへ行きたいかたずねたら、エステス・パークへ行きたいとすぐに返事があった。エステス・パークからベアー湖まで行ったとき、彼女は、松柏樹の木立の中を曲がりくねり樹木の途切れた遙か向こうの「四二〇〇」と呼ばれるロングス・ピーク山の方まで続いている小道を指さした。

「『四二〇〇』というのは、登山家たちが標高四二〇〇メートル以上の山を愛しい気持ちをこめてあらわす呼び名なのよ」彼女はそう説明してから「だから、あなたよりわたしの方が先にカズム湖へ行くことができるわ」と言うと、小道をどんどん進んで行った。

履いてきた軍靴は駆けるのには不向きだったが、足にはなじんでいたので、あとを追いかけて、すぐに追い抜いた。そして、曲がりくねって育ちの悪い木々には目もくれず、つづら折りの山道を駈け登り、彼女が追いついてくるのを待った。

「都会育ちの人が、こんなに速いなんて思わなかったわ」相手はやっと追いついて、大きな丸石の上に腰を下ろした。

ふたりは、それからは大きな丸石の点在した急斜面を一緒にゆっくりとカズム湖まで歩いて行った。ロングス・ピークの東壁に取り囲まれたようなカズム湖は、透明で紫水晶のような湖水をたたえていて、ふたりはしばらくのあいだ、ひとこともしゃべらずに湖のほとりに座っていた。まもなくするとマーモットが手を打ち鳴らすような仕草をして姿を見せ、ふたりの前や後ろを走りまわったり隠れたりしながら岩の割れ目から出たり入ったりした。好奇心旺盛なこの動物は、時には大胆にも近寄ってきて、筋雲の彼方に輝いていた太陽が山頂の向こうに消えるまで、ずっと寄り添っている二匹の不思議な動物を戸惑った様子でじっと見ていた。

デートを終えたボブが兵舎にこっそり戻ってくるのは、いつも就寝点呼がとっくに過ぎた時刻だった。戻ってきても、毛布にくるまって眠ることはめったにしなかった。冷えこみのきびしい夜でも、支給されたベッドカバーに体をくるんで眠るのが好きだった。兵舎の狭い寝台は、頭と足が互いちがいに並べてあって、幸いボブの寝台は頭が壁側の方だったから、ごまかすには都合がよかった。当直下士官が巡視にやって来る前に、友だちがベッドカバーを丸めて毛布の下に押しこんでおいてくれたが、当直下士官はこの企みに気づいても大目に見てくれた。カズム湖まで一六キロメートルかけて行ったデートの日も、寝台にボブの姿はなかった。

＊＊＊

教練を担当する少尉の顔は、まだ少年のようにあどけなかった。陸軍士官学校出の、この新しい指導教官は多くの分隊を受け持って意欲満々だったが、中でも勝手気ままな行動の多い二八人の兵装専門の分隊の連中は徹底的に仕込んでやろうと考えていた。いくつかの分隊が、いつものように訓練を始めた。「右向け右……進め！」「左向け左……進め！」縦横に交差しながら行進する様子を見ながら、少尉は満足そうだった。

この少尉は、分隊長を一日ごとに取りかえて号令訓練を学ばせようとした。ボブが分隊長をする番が来た。

「まわれ右……進め！」ボブが威厳に満ちた声で号令をかけた。すると一瞬、分隊の全員が申し合わせたように顔を見合わせ、それから突然、ウズラの群れが一斉に騒ぎ出したように列を乱して羽目をはずしたように笑いころげた。

「静まれぇえ！」ボブは、真面目くさった顔を崩すまいと我慢しながら大きく息を吸いこんで大声で命令した。騒いでいた分隊は静かになった。

「不真面目なことをしている時じゃないぞ」ボブが皮肉まじりに叱責した。「諸君は、戦争中だということを忘れたのか？」

少尉は、いかにも上官らしい態度をして全員を厳しい目で睨んだ。「その調子だ、キャロン伍長、上出来だぞ」少尉は無邪気そうな様子で言った。

ボブは分隊長としての腕前がすっかり身についたので、ほかの分隊が行進している訓練場のところまで、しばしば自分の分隊を行進させてから、教練の指導教官が背を向けた隙に右向け右の号令をかけて分隊を行進させ、訓練場の角を曲がった酒保の裏手まで進み、もう一度、右向け右の号令をかけて、全員がコカコーラやビールを買いに酒保へ入って行った。それから屋外教練が済む頃を見はからってから、分隊の全員を整列させ、ふたたび行進しながら訓練場まで戻って行った。これでボブの分隊は命令にはちゃんと従っていたというわけだった。

多くの分隊が陸軍婦人部隊のある敷地を行進するときに、制服の女性をからかう『常に忠実な』という、おなじみの歌を全員が大声で歌いながら行進した。その大きな歌声は兵舎中に響きわたるほどで、陸軍婦人部隊の司令官の耳にまで届いた。そのため、翌日にはすべての男の軍人たちに向けて、ローリー・フィールドでは婦人部隊の隊員への無礼な行為は禁ずるという命令がくだされた。

ボブは、自分の置かれた軍隊という世界に、いつも驚きを禁じ得なかった。軍隊という世界は、その中で特有な体験や、さまざまな人間たちが織りなす一冊の物語集のようだった。隊員の中に風変わりな男がいた。代々葬儀屋を営んで富を築いた家の出身で、ここの分隊に配属されてきた。隊員たちの多くが言うには、その男は精神的に問題があったのに、ここに入隊できたのは本人に能力があったからではなく家柄のおかげだとのことだった。軍隊生活では自分で何も決められないような人間だったが、オルガンの名演奏家だった。この男にとって「盛装」とは、舟形帽と立派な肩モールの軍服姿のことで、基地の外で着用することは許されていなかったが、非番の日にこっそりと持ち出して、それを身につけて市内の教会でオルガンの鍵盤に向かうのだった。

この男は盛装用の軍服を持参してMPの警備する門を通り過ぎるために、舟形帽にヒモを結びつけて股間にぶらさげ、盛装の軍服を隠すためにオーバーを着た滑稽な格好で、MPをまんまと欺いて門を通り過ぎた。非番の兵士たちをアウロラから町まで運ぶバスから無事に降りると、持ち出した盛装用の軍服姿に着替えて、あたかも神聖な場所へ向かう孔雀のように、誇らしそうに教会の方へ歩いて行った。

夜になると、それまでの儀式は終わりを告げた。基地の門ではMPが所持品検査と称して、町から戻ってきた兵士たちが靴下やブーツの中に隠しているウイスキーの残りを没収した。この男の場合も当然のことながら股間にぶらさげた帽子を発見され、MPは頭を振りながら、母親が学校へ行く子供に服を着せるときのようにボタンを掛けてやり、そのあとパンツの中に物を入れて歩くときのような格好で兵舎の方へよたよたと帰って行くうしろ姿を見送った。

＊＊＊

高地のデンバーでも冬を過ごすには快適だった。夏が近づくと、蒸し暑い東部に比べると、ここは涼しくて湿度も低い快適なところだとわかった。

ボブが基地の外で交際する相手というのは、もっぱら独身女性たちで、相手の女性たちも手頃な独身男性を探していた。

非番のある日、ジューンという女性と出会った。コロラド州グランドジャンクション出身の赤毛の可愛い子で、ほかの女の子と同じようにＹＷＣＡに住みこんで町で仕事をしていた。ある日、動物園に行ってピクニックを楽しんでから、そのあとシティー・パークをぶらついて過ごした。夕暮れが大きな樫の木に影を落とす頃、ふたりは博物館の西にある閑静な丘の斜面を見つけて、そこへ行ってみた。その場所に座っていると、自分たちがまるで影の中に溶けこむようだった。

それから数日して、ジャッキー・フレッチャーがどうしているだろうかと思って、久しぶりに電話をしてみた。ジャッキーはボブからの電話が嬉しかったようで、家族と一緒の夕食に誘い、いつものように洗濯物も持ってくるよう言った。ジャッキーの母親は感情を露わにする人だったし、父親はボブのことを娘を時々デートに誘ってくれる男性というよりも飲み友だちのように思っていて、時々ジャッキーがほかの誰かと出かけているときなどは、ボブの肩に腕をまわして隣の部屋に作ったバーのカウンターで一緒にビールを飲もうと誘った。

ところが、その週のうちにジャッキーに電話をして先日の夕食の礼を伝えたら、ジャッキーはひどく機嫌が悪かった。

「どうしたんだい？」ボブが当惑しながらたずねた。

「どうしたんだいですって？　わかっているはずよ！」ジャッキーが食ってかかった。「ママが、あなたの軍服の膝のところに付いた草の染みをわたしに見せたんだから」

　ジャッキーは、女性が男性のどんな部分に注意を向けているかということを教えてくれたわけで、ボブは、このことを人生の指針に付け加えた。幼い頃から毎日が新たな発見の連続だったし、几帳面な性格は新たな発見を見つけては、それを心に刻みつけていった。

＊＊＊

　複雑な銃座システムの問題点を長い日数をかけて調べ上げた結果、いろいろと貴重な情報を得ることができた。学生たちのメンバーは、飛行機に装備する動力式銃座を保守点検するための略図を作成する手伝いをした。その仕事は出来栄えがよかったので、教習が六月の第二週で終了したあと、部隊長は学生たちに教習員として残ってくれるよう依頼してきた。そのため、養成課程が予定よりも増えて、講習の内容が大幅に追加されることになった。

　半数の学生たちは残ることを申し出て、ボブを含めたほかの一四人は軍事補佐官として、カンザス州ウィチタにあるボーイング社と契約を結んだ。ボーイング社は、時間をかけて数機のＹＢ－29を製造していた。ボブがボーイング社の工場の中に入って初めてＢ－29を目にしたとき、今まで見たことのない巨大で美しい立派な飛行機だと思った。

たしかに巨大で、現在の技術水準を超えるほどの大きさだった。馬鹿でかい主翼は長さが四三メートル以上あって、Ｂ－17の主翼より一二メートル以上も長いため、蜘蛛の巣のような特製のトラスで支えられていた。表面積が五二六平方メートルある翼にかかる翼面荷重のため、着陸時の速度は考えられないほどの速さになったので、設計者たちは主翼の面積の六分の一にもなる巨大なフラップを取り付けて着陸時の速度を落とすようにした。

機体は軽量のアルミ合金で覆われ、風圧を減らすため機体表面のリベットは埋め込まれた。最新鋭の前輪式着陸装置は着陸時に飛行機の重心を前方に移動させ、尾輪式の飛行機のように着陸時に横風によって機体の向きが変わる不安定性を減らして、安定した着地ができるようにした。

機内は与圧されるため、搭乗員たちは重たい羊毛の飛行服や電気で暖める飛行用のつなぎ服を着用する必要がなかった。もっとも、与圧装置を備えた飛行機はＢ－29が初めてではなかった。与圧装置を初めて備えた飛行機はドイツのＪＵ86Ｒ爆撃機で、高度一万二〇〇〇メートルからイギリス本土を爆撃し、そのとき二・五平方センチあたり三・六キロの与圧をしていた。高度九〇〇〇メートルでは、ＪＵ86Ｒ爆撃機より大きいＢ－29でも機内は高度二〇〇〇メートルと同じくらい快適に保つことができた。

ボーイング社の設計者たちは、高高度で爆弾倉が開いたときに機内の気圧が急激に低下する問題を解決するため、機内を前部、中央部、尾部の三つの与圧室に分けた。そのため前部と中央部を行き来するときは直径七〇センチの筒状の通路を使い、尾部は前方二ヶ所の与圧室とはつながっていないため、中央部から伸びる直径一〇センチの管で酸素を尾部に送りこんだ。

携帯用酸素ボンベは、ブリスター（半球型風防）が破損したり被弾によって機内の気圧が低下したときの緊急時に備えて、機内の至るところに備えられた。

ヘンリー・「ハップ」・アーノルド少将は一九三九年に、アメリカの沿岸部をはるかに越えて目標に到達できるような長距離爆撃機の必要性を考えていた。そのため、主要な飛行機メーカーが「大陸を跨ぐような」巨大な爆撃機を設計するよう求められた。一九四〇年十月、ボーイング社はXB－29の二機の試作機の契約認可を受け、一九四二年九月二十一日、初めての試作機となるXB－29一号機がシアトルから離陸して七十五分の試験飛行をおこなった。搭載された四基のエンジンは、ライト社の星形十八気筒のR３３５０エンジンで、一基に二つの排気駆動スーパーチャージャーを備えていた。この試作機は、完全装備をすると機体重量が五二トンになるため、離陸時には九八〇メートルの滑走を必要とした。性能を最大限に引き出せば時速五五〇キロメートルの飛行速度が可能で、燃費のよい時速三五〇キロメートルの巡航速度では最大一〇トンの爆弾を搭載することができた。

装備される火器としては遠隔操作銃座を四ヶ所装備し、二ヶ所が機体前方上部、あとの二ヶ所が機体下部にカンガルーの子供が頭を出したように装備された。それぞれの銃座は、アルミ製で出っ張りの低い半球状に造られていて、一二・七ミリ機銃が装着された。あと尾部の銃座だけは二基の一二・七ミリ機関銃と一基の二〇ミリ機関砲が装着された。

最新のコンピュータ技術が軍需産業にも急速に取り入れられ、一九四一年後半にはゼネラル・エレクトリック・カンパニーが最先端の小型コンピュータを開発し、尾部銃座を除くすべての銃座をコンピュータで制御できるようになったので、尾部銃座の射撃手は尾部にある二基の機銃と一基の機関砲だけを操作すればよかった。一方、機首にいる爆撃手が機体前方の二ヶ所の銃座を操作することになり、これによって敵機から攻撃を受けたときも、一人の射撃手が複数の銃座を連動して操作することが可能になった。またすべての機銃には安全装置が付けられ、誤って機体を打ち抜く事故が起きないよう工夫されていた。

このように大胆な構造と性能にもかかわらず、B－29の試作機はエンジンから銃座に至るまでたび重なる不調に見舞われた。ボーイング社は、これらの問題を解決するため、民間から相談役と、陸軍航空軍から一四人の兵装の専門家を派遣してもらうことになったのだ。

ウィチタのボーイング社に派遣されたボブたちは、一般の整備士たちとは別に工場に近い二階建ての小さな木造の建物を宿舎にあてがわれた。ボーイング社が借り受けた仮宿舎には粗末なキッチンが付いていて、ボブたちは朝食が手っとり早くできるよう炊事道具を十分買いこんだ。昼は工場の食堂で済ませ、夜遅く宿舎に戻って、わずかな睡眠を取り、翌日は仕事に行くという日々が続いた。

ボブたちを工場へ送り届ける役目はハーベイ大佐の任務だった。大佐は将校用の車を一台あてがわれ、下士官兵たちは六輪トラックに乗せられて、施設内をあちこち移動した。ユーモアのある誰かが、兵装担当の中で一番小柄なボブをトラックの運転手に選んだので、飛行機の座席クッションをいくつか拝借してきて、それを運転席の背中に突っこみ、ハンドルに近寄ってペダルが足に届くようにしなければ運転できなかった。まもなくダブルクラッチをマスターしたので軍用の運転免許証を交付してもらったが、六輪トラックの運転は小型のコンバーチブルとは全く操作がちがった。このたびの派遣には、おまけが付いた。六輪トラックに乗って行き来するボブたちが、まもなく気づいたことは、フォート・ライリーから外出許可をもらってきた兵士たちは別にして、みすぼらしい兵隊用トラックに乗っていたのに、町に出ると、兵隊を乗せたトラックという理由から、しゃれたコンバーチブルと同じくらい若い女性たちの気をひくことができたのだ。

ボブたち派遣チームは、民間人が三交替で仕事をしているあいだも一週間に七日間仕事をして休む間もなく、故障箇所の点検修理、分解、補修、マニュアルの書き換えなどで懸命に働いた。

＊＊＊

ワシントン州シアトルにあるボーイング社の工場では、ＸＢ－29の試作機は四機だけ製造された。一機は、破損した翼の原因や機体の強度などを調べるため地上専用にされ、あとの三機は試験飛行のために使用された。

ＸＢ－29に装備された銃座の油圧式射撃装置はスペリー社が製造したもので、機体中央部から尾部銃座の射撃をすることができた。各銃座の射撃装置の制御盤は機体中央部に二個、前部に一個あって、射撃手はこの装置の前に座って、ファインダーを覗きながら遠隔操作で銃座を動かしながら機銃を発射できる仕組みになっていた。ふつうペリスコープだけでは標的との位置関係を把握できなかったので、爆撃手がブリスターと機首の両方にある小型の照準器の中にある十字線に標的を固定すると、二つの照準器と射撃用制御盤とが連動していて、ペリスコープを見ながらでも標的との位置関係を知ることができた。

ただ残念なことに、この射撃装置は、構造上はすぐれていたのに実用面では問題があった。装置内部の油圧部分から油が漏れ出し、装置のまわりを油断して歩くと、「ヤカンの上に尻餅をつく（滑って転倒する）」ことになった。

ポール・ティベッツ大佐は、XB-29の一号機をシアトルからフロリダのエグリン・フィールドにある性能試験場に運ぶ途中、ウィチタのボーイング社の工場にXB-29を操縦して立ち寄っていた。このときウィチタにいたボブはティベッツの姿を目にすることはなかったが、XB-29の機内はざっと目をとおして見た。奇妙なことに、機体尾部に機銃が装備されているのに射撃手の座る場所がなかった。尾部に装備された二基の一二・七ミリ機銃と一基の二〇ミリ機関砲も機体中央部にある遠隔射撃装置から発射される仕組みになっていたからだ。

XB-29とは別に製造された試作機のYB-29も、機体前部は与圧されて中央部に行くには爆弾倉の上にある長さ九メートルの通路を芋虫のように這って行くことになっていた。ただXB-

29とはちがって、尾部銃座には射撃手のために狭い隔室が造られていて、射撃手が尾部の隔室に行くには機体下部に固定されるカメラを納めた棚の上を這って通り、尾部の着陸装置の上にある「プットプット」と呼ばれる補助発電機の横を通り、弾薬を入れた二つの格納部の横を通って行かなければならなかった。尾部の隔室に入ると、プレキシグラスの風防の中央に照準器が取り付けてあり、その下方に機銃が突き出ていた。尾部の出入口は装甲板の円形ハッチになっていたが、隔室がいったん与圧されると気圧によってハッチは開かなくなるため、射撃手はそこに閉じこめられることになる。

＊＊＊

一九四三年六月中旬、ＹＢ－29の一号機がウィチタの工場から運び出され、試験飛行のため駐機場に待機した。兵装の担当者が三人ほど初飛行に搭乗することになり、二人はエンジンの状態を監視するため機体中央部の左右のブリスターに配置され、一人は補助発電機の作動状態を点検することになった。ブリスターに配置された二人はインターコムを使ってパイロットと航空機関士に着陸装置、補助翼、方向舵、昇降舵などの動きを逐一報告し、補助発電機を点検する一人はガソリン供給装置を作動させて、カーチス・ライト社のエンジンを始動させる電力が供給されるか点検することになった。四〇〇アンペアの発電機が毎分一万回転で動き出すと、すさまじい唸り声を上げた。

陸軍航空軍から派遣された一四人の兵装担当者たちは、初飛行に誰が搭乗するかをマッチ棒で選んだ。ボブは二回目の試験飛行のときに選ばれた。ボーイング社では、工場で働く二万八〇〇〇人の従業員に対して、工場から道路を隔てて向かいにあるウィチタの市営飛行場からYB－29の試作機が離陸するのを自由に見学させてくれた。

試作機が飛行場を離陸して車輪を格納すると、見学の従業員たちは、自分たちがボルトを締めハンダ付けをしリベットで固定した飛行機が上昇して行くのを心配そうに見つめた。そのとき突然、第三エンジンから煙が噴き出し、一同から悲痛な喘ぎ声が上がった。機長は、機体を水平に保ちながらゆっくりと旋回して飛行機を立て直した。無事に着陸してきた試作機が駐機場に向けて地上滑走しながら進んでいるあいだに、すでに地上作業員たちは動きまわっていた。煙の出た第三エンジンを調べてみると、原因はすぐにわかった。ヘッドカバーのガスケットが破損してマニホールドの上にオイルが漏れ出していたのだ。オイルが漏れ出すことで悪名の高いカーチス・ライト社のエンジンは「オイルが漏れていなかったら心配しろ」という皮肉な名言を生み出した。

作業員たちは、ひと晩中かけて破損したガスケットを交換した。試作機がふたたび飛行できるようになったとき、ボブは機体中央部の右側に配置させられて、フラップの状態をチェックしたり、気むずかしいエンジンを注意深く監視した。今回の試験飛行は低空飛行だったので機内を与圧する必要がなかったから機内のハッチは開いたままになっていて、自分の位置からハッチの向こうに尾部が見とおせた。尾部はエンジンに合わせて振動していて、誰かがロックするのを忘れた尾部の照準器が固定されずに前後に激しく揺れていた。

「照準器がこわれないようにロックしてくるよ」ボブは機体の左側でエンジンを監視していた同僚に声をかけた。「右側のエンジンも見ていてくれ」そう言ってヘッドホンをはずすと、尾部の方へ這って行った。尾部まで行って照準器をロックしたとき、そこから地上が見わたせた。尾部からの眺めが壮観だったので、隔室の小型の折りたたみシートに座って、今までに見たことのないような光景に我を忘れた。こんな光景は、ほかの誰も見たことはないだろう。

突然、着陸前に車輪が下りるゴトンという音がした。まもなくフラップが下がって、機首が上がり、尾部が鳴子に付けられた飾りのように震えだした。

ボブが慌ててヘッドホンを着けようと焦ったので「どうなってるんだ？」という呟き込んだ声がインターコムに流れた。

「そこにいるのは誰だ？」

「尾部にいるキャロン伍長です」

「尾部で何をやっているんだ？　そこから出るんだ、今すぐにだ！　我々はエンジンの性能試験をやっているんだぞ！」

8．超空の要塞Ｂ－29

Ｂ－29が完成すると、機長に予定された大佐たちは新しい機体をチェックして自分が操縦しやすいＢ－29を選んだ。操縦士を養成するためには二七週間、航空士は一五週間、射撃手は一二週間かかり、ほかの搭乗員が編制される前に自分の搭乗するＢ－29を十分使いこなせるようになっていなければならない。同じＢ－29の搭乗員に一緒に編制された者たちは、Ｂ－29の複雑な性能と微妙な調整もできるよう訓練を重ねた。Ｂ－29は長距離飛行が可能だったので、楽観的な見方をすれば、一機で二組の搭乗員たちを一緒に訓練することもできた。

搭乗員に選ばれるには素質があるかないかだったが、ある准将が同じＢ－29で訓練をする二人の航空機関士がどちらも若い下士官だと知って、この任務は士官にかぎるべきだと強く主張した。そのため、優秀なこの二人の航空機関士は直ちにカンザス州サライナにある第五八爆撃航空団司令部へ送られて士官に任命されたあと、ふたたびウィチタへ戻された。

試験飛行を何度もくりかえすと、有能な者とそうでない者とがはっきりしてくる。厳しい訓練をくぐり抜けてきた操縦士のほとんどは第一級の飛行機乗りたちだった。彼らの優秀な腕によって、すぐれた性能をもつＢ－29は最大限の能力を発揮できたのだ。

試験飛行のとき、ボブはエンジンの状態を監視するため機体中央部に配置させられた。どの銃座も、まだ作動できる状態ではなく、兵装担当者たちは地上で銃座の不調箇所を調べるのに大忙しだった。長さが何キロメートルにもなる配線が与圧室から与圧されていない区画まで張りめぐらされていて、配線は銃座まで延びていた。配線の接続は、すべてアンフェノール社で造られたコネクタが使用されていた。オスの配線コネクタには大文字か小文字のアルファベット（O、Q、Iを除くAからZまで）の記号が付けられ、メスの配線ソケットにはオスに対応する記号が付けられていた。「A」と記されたオスのピンは「A」と記されたメスのソケットに塡まることになり、「a」のオスなら「a」のメスに塡められた。

Ｂ－29の組立ラインで働く女性たちは、記号を色分けした配線の実物大模型や分厚いマニュアルを参照しながら、複雑な電気配線の接続と記号合わせという単調な仕事に何時間も取り組んでいた。時には大文字の「A」と小文字の「a」の接続箇所がまちがっていることがあった。そのため、銃座の機能が不調なとき兵装担当者は、大文字の「A」が小文字の「a」に接続されているのではないかという謎解きのような点検をしながら不調箇所を探すことになった。「E」が「F」に接続されていたり、「H」が「A」に接続されていたときなどは、銃座は超常現象に支配されたように動きを始め、機銃が荒々しく旋回したり上下に揺れ動いたりした。こうなると、兵装担当者たちは装置を何度も分解したり、取りまとめられた配線のハンダ付けをやり直したりした。また装備不良の検査と同じくらい重要なことが工場の現場にもあって、それは民間の労働者たちに部品を正しく取り付けるよう何度も指導しなければならないことだった。

飛行機が完成まぢかになると、地上作業員たちは飛行機を射撃場まで牽引して、銃座の射撃テストがおこなわれた。もし機銃が発射しないときは、大抵は配線「a」のところに「A」が接続されていた。

ある日のこと、機体上部の銃座に入りこんで作業をしていた民間人がいて、ほかの片づけが済むまで機銃には手を触れないよう命じられていた。ちょうどボブは、機体前方のハッチから外へ降りて、前方上部にある銃座の不調を調べようと機体のそばを歩いていた。そのとき、銃座の中でしびれを切らした民間人がいきなり機銃を発射したので、二連装機銃から発射された射撃音の衝撃でボブは機体に叩きつけられ、雷鳴のような連続音が脳天に響いた。翌日になって、やっと聴力が徐々に回復したが、回復不能の難聴にならなかったことは幸いだった。

一九四三年の夏のあいだに、B-29の専用基地になっていたカンザス州のプラット、グレート・ベンド、ウォーカー、それに司令部のあるサライナの四ヶ所に隊員たちを搭乗させてB-29が移送されることになった。ところでプラットとその近くにあるグレート・ベンドの基地とは、どちらも三つの滑走路、四つの飛行大隊のための四つの格納庫がエプロンに一列に並んでいて、はずれにある資材倉庫と兵舎までが同じ位置に建てられていた。

飛行中のエンジンを監視する任務に就いていたボブが搭乗するB-29が、移送先のプラットにちょうど着陸したときのことだった。プラットから八〇キロメートル北にグレート・ベンドがあって、基地の敷地に建てられた礼拝堂の場所が、わずかにちがっているほかは、二つの基地は一卵性双生児のように瓜ふたつだった。そのとき思いがけず、もう一機のＢ－29がプラットに降下してきたので、ボブたちは不審に思った。なぜこんなに早く二機めのＢ－29がプラットへ移送されてくるんだ？　と思っていると、着陸してきたＢ－29が地上滑走しながらこちらへ進んできて、ボブたちのＢ－29の隣に停止した。

「おまえたちは、ここで何をしているんだ？」隣に駐まったＢ－29の機体中央部のハッチからケネス・エイドネスが降りてきて、ボブに向かって言った。

「それは、こっちが訊きたいことだ。ここはプラットだぞ」

「いいや、ここはグレート・ベンドだ。俺たちは管制塔から着陸許可をもらったんだからな」ケネスは言い張った。

両者のやりとりは、まもなく収まった。隣のＢ－29の搭乗員たちは、顔を赤らめながらＢ－29はふたたび離陸し、予定どおりグレート・ベントへ向けて飛行して行った。それにしても、こんな出来事は罪のない災難のひとつでしかなかった。

プラットにある第五八爆撃航空団のサンダース大将が、移送されてきた新しいＢ－29を視察するため駐機場にやって来たので、ボブは、ほかの搭乗員と一緒に銃座を案内した。サンダース大将は、頭を反らせ顎を前へ突き出し、いかにも周囲を見くだすような態度だった。

サンダース大将は、ボブが銃座を操作しながら複数の銃座が連動して水平に旋回する様子を説明しているのを大儀そうに聞きながら、Ｂ－29の複雑な装備を担当者が熟知しているのを数分ほど観察して満足すると、威厳を保ったまま飛行機から降り立ち、気取った歩き方をしながら将校専用車へ戻って行った。

エンジンの担当者が日中に部品やプラグの交換作業をしたので、銃座の不調を点検修理する時間は夜にまわされた。夜になると、B－29の巨大な機体は持ち上げられて、四つのジャッキで支えられることになっていて、その作業には、各主翼の下に二人、機首と尾部にそれぞれ一人が担当した。兵装担当者たちは、台座にジャッキを挟み込んで機体をまっすぐ水平に保つよう慎重に固定した。

こうして支柱で支えられたB－29の機内で、ある日、ボブが射撃装置の前で民間人を相手に、銃座を水平に旋回させるために銃座の回転部分をどのように調整するかを説明していた。

そのとき突然、横穴のようになっている機体中央部に何かがはじけるような大きな音が響いた。そして、また音がした。

「なんてことだ、ジャッキが台座からはずれそうになっているんだ。五〇万ドルの飛行機が日の目を見ることなく、格納庫のすぐそこで薄い金属片のように捩れながら燃え上がっているんだ」

そのとき、また金属性のパンパン、バリバリという砕けるような音が聞こえた。「こわれた飛行機を弁償するのに、ぼくの給料をどれだけ貯金すればいいいんだ？」

パンパン。ピシピシ。バリバリ。ボブは慌ててハッチを開けて外へ飛び出した。ジャッキは台座に載ったままだ。飛行機も傾いていない。ボブを胸をなでおろした。それから巨大な格納庫の中で照明に照らされている機体を調べてみて、奇妙な音の原因がわかった。カンザスの大きなカブトムシが格納庫の中をそこかしこ群れ飛んでいて、初めは数匹だと思ったが、よく見ると何百匹ものカブトムシが格納庫の天井に取り付けられた大きな照明に向かって飛んで行っては、照明の熱で焼け焦げて落下していて、侵入してきた敵機のように、カブトムシたちが死骸となってＢ－29のアルミの機体の上に対空砲火のように降り注いでいたのだ。

＊＊＊

その年の八月下旬にウィチタのボーイング社での仕事が終わったので、カンザス州グレート・ベンドに異動する命令を受けた。一四人の兵装担当者たちは、わずかばかりの身のまわり品を大急ぎで整理して六輪トラックの荷台に積みこんだ。運転をするボブと前のシートに座っている仲間に中西部の暑さで熱せられた風が吹きつけ、一方、覆いをしたトラックの後部にいる者たちは、一六〇キロメートルの移動のあいだ汗みどろになりながら、排気ガスと道路から立ちのぼるほこりを吸い込んだ。

グレート・ベンドに到着すると、第四四四爆撃航空群第六七六大隊のＢ－29の搭乗員に配属され、搭乗員たちは直ちに任務にとりかかった。試験飛行の多くは、もっとも必要とされる操縦士の能力を調べるために費やされ、地上では兵装担当の隊員たちが銃座の不調を修理した。

消灯後、ボブは寝台に横になったまま、搭乗時の身体検査と一緒におこなわれる視力検査をいつから受けていないだろうかと思っていた。基地の外で飛行機の不調を点検修理する仕事に長く携わっていたので、そのあいだは視力検査を受けなくてもよかったから、今までは視力が問題になることはなかった。そのため、視力検査が不合格となって搭乗任務を許可されなくなる対策を立てていなかった。本に書いてあるとおり毎日のように視力回復訓練を続けて視力はかなり改善していたので、弱視だった右目の視力は20／30まで回復していると思っていた。

ウィチタにいるときには度の入ったサングラスを買って、大抵はそれを着けて搭乗した。そのおかげで上空からカンザスの町並みがはっきり見えて、町の細かい地形までがなじみ深いものに感じられるようになった。たとえば、水泳プールと市役所との位置関係や揚穀倉庫と教会との位置関係などは頭に入っていたし、航法士でも地上の目標を手がかりとしていたほどだ。とはいえ、眼鏡をかけなければ視力は十分とはいえず、そのことは視力検査を受ければ、はっきりすることだった。

いよいよ視力検査の日が決まったとき、自分でも驚くほど大胆な行動を取った。検査前日の夜、航空医官の医務室に忍びこんだのだ。そして、部屋に置いてあった視力表の前に立って、記号がだんだん小さくなって識別できない箇所も正答できるよう何度もくり返し記号を見て覚えこんだ。検査は合格か不合格のどちらかで、再検査の機会は与えられなかった。大空への夢を捨てないかぎり、地上勤務はありえなかった。

こうして無事に視力検査に合格したボブは四週間後、ジョージア州マリエッタにある第五八爆撃航空団で「Ｂ－29の性能試験を促進するための二週間の暫定任務」に就く命令を受けた。アトランタに近い場所での任務ということもあって、あたりの風景は好ましいものだった。南部についてはほとんど知らなかったが、しゃれたレストランや立派な庭園に豪華な邸宅、それになんといっても魅力的な美人が多くいることを知った。

マリエッタの郊外にあるロッキード社の組立工場からも、完成したばかりのＢ－29が何機も試験飛行のため各基地に移送されることになっていた。マリエッタに配属されたボブは、Ｂ－29を移送した基地で自分は機体の点検や不調を修理する任務に就かされるだろうと思っていたので、補給係の将校から裏地が贅沢な羊皮の飛行服やパラシュートなどの飛行用具を支給されたときは意外な気がした。じつは、このたびの任務に変更があって、Ｂ－29の性能試験を促進するため至急フロリダのエグリン空軍基地の航空群に配属されることになり、着任したらポール・Ｗ・ティベッツ大佐に報告することになったのだ。

ボブは、エグリン基地へ向かうため搭乗する飛行機が、きしみ音のする骸骨のようなＤＣ－２輸送機だったので少し不安だった。ＤＣ－２輸送機は、のど袋に食べ物を呑みこんだペリカンのように大儀そうに飛行した。

「ティベッツ大佐ですか？　あそこに駐機しているＸＢ－29から降り立った人がそうです」少年のような志願兵がそう言って、飛行機から少し離れたところに立っているベージュの軍服姿を指さした。

その姿が次第にこちらに近づいてきて、袖をまくり上げ襟のボタンをはずした中背の逞しいカーキ色の制服を着た将校の姿がボブの前に立った。

「ティベッツ大佐、ただ今ジョージ・ロバート・キャロン伍長が着任しました」

ティベッツは、新任のボブの方をまっすぐ向いて敬礼を返し、それからすぐに手を差し出した。青色の瞳が輝いていた。「よく来たな」ティベッツが言った。

＊＊＊

十六年前、ポール・ウォーフィールド・ティベッツ少年は、飛行中の複葉機のコクピットに乗りこんで、手に持っている長細い投下物を爆撃手になったつもりで目標に向けて慎重に、ひとつ又ひとつ投げ落とした。小さい傘の付いたこの投下物は、プロペラの風圧のため、上空で方々へ散らばっていった。ティベッツ少年は、マイアミの地上をめがけてキャンディーバーのベビー・ルースを投下していたのだった。このとき十三歳の少年は興奮のあまり体が震えるようだった。そしていつかパイロットになろうと心に決めた。

ティベッツが医科大学を辞める決心をしたとき、父親は落胆したが、アイオワの農家出身だった母親のエノラ・ゲイ・ティベッツは理解を示してくれた。大空を飛びたい心は生まれつきのものだった。エノラ・ゲイは、マイアミで息子を初めて飛行機に乗せたとき、息子が大空へ憧れを抱いていることがわかった。息子を失うことは怖くなかった。たとえ陸軍航空軍に入隊したとしても、必ず自分の元へ戻ってくると信じていた。「身だしなみをちゃんとして、いつも真実を話すのよ」母親は、いつも息子のポールにそう教えた。「あなたなら、きっと大丈夫よ」

ティベッツは自分の夢を叶えた。イギリスでＢ－17爆撃機を操縦してヒットラーの占領しているヨーロッパを初めて昼間爆撃したときも、北アフリカ戦線に赴いたときも、操縦席のティベッツの傍にはいつも、落ち着いた自信と粘り強さを持った母親のエノラ・ゲイが一緒にいた。

ティベッツはＢ－17を巧みに操縦した。エグリン基地の駐機場に並んでいるＸＢ－29と同じように空の要塞と呼ばれたＢ－17も、塗装が乾かないほど大急ぎで製造されていた。Ｂ－17は、重爆撃機として製造されたわけではなかったが、「攻撃型戦略兵器」と称される役割を担わされた。ただ、実戦のときには護衛戦闘機が必要だったし、飛行中に嵐に遭遇すると安定性に欠ける弱点があった。そのため多くのパイロットたちはＢ－17はすでに色あせたバラだと考えていた。

ティベッツは、Ｂ－17の優秀なパイロットだった経験からＢ－29の長所と短所に注意深い目を注いでいて、今までのどんな飛行機よりも高高度を高速で長距離飛行できることを確かめたかった。Ｂ－29の斬新ともいえる性能は、あたかもクリスマスの欲しい物リストのように、さまざまな新機能を備えていた。高性能の遠隔機銃射撃装置。空気圧を利用した一秒で開き三秒で閉じる爆弾倉の扉。与圧される機内。とてつもない量の爆弾搭載能力。前輪式着陸装置。しかし、このような技術開発には巨額の費用がかかっていた。また、急角度で機体を傾けたり急な操縦操作をすると、失速する恐れがあった。それに低高度では順調に飛行できても、対流圏の希薄な空気の中では操縦が難しかった。このことは飛行機を単機で飛行させなければならない結果となり、B－17のように堅固な編隊飛行を組むことができないことを意味した。これを性能上の欠陥と考えるべきなのか？　たしかに戦闘場面で孤立することは撃墜される危険性が高まることになった。

味方の飛行機と共同歩調が取れないB－29の特性が、実際に敵戦闘機の餌食になるのかどうか、ティベッツは確かめてみようとした。その試みとして、捕獲した日本軍のゼロ戦、ドイツ軍のフォッケウルフとメッサーシュミット、それにリパブリック社のP－47サンダーボルトなどとB－29を対決させてみた。結果は、一見すると重くて動きの鈍いB－29だったが、低高度ではこれらの戦闘機を出し抜いたし、高度九七〇〇メートル以上になると、ほかの戦闘機や対空砲火は届かなかった。

この思いきった試験飛行をやり遂げたティベッツの行動を見て、ボブは今までの自信を打ち砕かれたような気がした。ティベッツは自分の行為を自慢するような人間ではなかった。新入りのボブを搭乗員のチーフと航空機関士に紹介するとき、すでにエグリンの航空群に配属されていた整備士たちと四人の兵装担当者のときと同じように、気さくで温かい笑顔を絶やさず、誠実な態度だった。四人の兵装担当者たちは、ボブがいたカンザスのB－29の基地からボブよりも先に配属されていて、ローリー・フィールドで一緒に厳しい訓練を受けてきたし、ボーイング社でも一緒に働いた仲間たちだった。

エグリンに配属された仲間たちは、基地のはずれにある木造のアパートで寝起きすることになった。基地内の別の場所には陸軍婦人部隊と整備兵站部に雇用された民間の女性たちが個別の兵舎に宿泊していて、陸軍婦人部隊の分遣隊の長くて白い羽目板造りの建物が南北に走る滑走路に平行して建てられていた。勤務交替の時間になると、基地にいる女性たちの人波が飛行場のそばにある歩道に群がって、着陸してくる飛行機を見ようと待ち構えていた。

二十六歳のロバート・Ａ・ルイス大尉がエグリンに移送されてきたＹＢ－29を操縦して着陸しようとしていたとき、ちょうど女性たちが午後の勤務交替のときだった。この日、ボブはエンジンの状態を監視するいつもの機体中央部でなく、爆撃手が座る機首の先端に配置されていたので、操縦席の計器盤を叩いて、操縦しているルイスに地上に群がっている女性たちのことを知らせた。空を見上げている一群の女性たちの顔は、ちょうど岸辺に打ち寄せて砕け散った白波のように見えた。ボブから知らされたルイスは、眼下のその様子を見て少年のような笑顔になり、翼を少し左右に振りながら地上の女性たちに合図を送り、着陸する前には手を振ったので、着陸するときに機体が傾いて、左の車輪が先に着地したあと、重量五〇トンのＢ－29は左右の車輪を何度もバウンドさせたあと、ようやく機体が水平になって止まった。ルイスは女性たちに夢中になっていて、着陸時のことまで考えていなかったのだ。

ルイスにとっては、自分の操縦技術を認めてもらうことと女性の歓心を買うことは、どちらも、なしに済ませることができないものだった。この二つは、いつも別々に手に入れたが、どちらも十分に満たされていた。ルイスは、いったん操縦席に座ると並はずれた直感力を示して判断を誤ることはめったになかったし、高度九〇〇〇メートルでも高い集中力を保っていた。ただ、飛行機が地上に近づいてくると、徐々に関心が女性の方へ移っていった。ティベッツは、ルイスが時折見せる向こう見ずな操縦で搭乗員たちを危険にさらすのではないかと危惧していた。搭乗員たちの安全を第一に考えていたなら危険な操縦はできないはずだった。たしかに、飛行機の性能と自分の能力については十分に心得ていて、どのような操縦操作もこなす自信を持ってはいたが、搭乗員はかけがえのない存在なのだ。

ある日、メキシコ湾上空でB－29の試験飛行をするとき、チャールズ・リンドバーグがルイスに操縦を依頼して同乗したことは、ルイスにとって夢が実現したような気持ちだった。リンドバーグは、ルイスの操縦するB－29がどのような飛行性能を見せるのか、じっくりと観察した。リンドバーグは、あらゆる飛行機の性能について並はずれた直感力を持っていて、このときの試験飛行でルイスが何気なくおこなう急旋回に注意を与えた。

「もっと対気速度を上げてから急降下した方がいいですよ。そうしないと失速します」リンドバーグはそう注意して、軽率に乱暴な操作をして機体の制御や安定性を無視した操縦をすると、B－29は制御不能になって、きりもみ状態に陥る可能性があると指摘した。

試験飛行が終わり、基地へ戻ってボブが機体のハッチを開けて降りていると、搭乗員のチーフが、今日の試験飛行のときに機体前部にお客を一人乗せていたと言った。

「そうですか、一体誰です？」

「チャールズ・リンドバーグさ」

少年の頃から崇拝していた人と同じ飛行機に乗っていたのだ。前もって知っていればよかったと思った。ただ、ボブは知らなかったことでくよくよする人間ではなかった。

そのかわりティベッツが指揮する試験飛行の搭乗員として新たに増員されたパイロット、整備士、兵装担当者たちの一人に選ばれた。それからは連日のように飛行訓練が続き、時には日に三度も搭乗して燃料の補給と弾薬の積みこみのため一時着陸するだけで、搭乗員全員は夜半まで飛行機の中で任務に励んだ。

ティベッツはボブに、ＹＢ－29に装備されたゼネラル・エレクトリック社の電子制御射撃装置の性能を調べるよう命じた。ティベッツは、ＹＢ－29については外科医が胆嚢を知っているように熟知していたが、ＸＢ－29に装備されたスペリー社の油圧式遠隔射撃装置についてはほとんど知らなかったし、ＸＢ－29の装置はスペリー社の技術担当者のほかは誰も知らなかった。

ＸＢ－29の装置について初めて打ち合わせをしたとき、スペリー社の技術担当者はマニュアルを持参して駐機場のところで待っていた。ボブは以前、ティベッツがウィチタへＸＢ－29を送り届けた日に、その射撃装置にすばやく目をとおしていたので、複数の銃座が機体前部の航法士のデスクの近くにある装置を使って射撃されることを思い出した。射撃手は、サドルに座って上下動するペリスコープの調整ハンドルを回しながら十字線の中央に標的を捉えたら、標的となった敵戦闘機の形状と特徴から相手の機種を識別してコンピュータに敵機の翼幅を入力すると、対気速度、高度、距離が自動的に計算され、機銃の射撃方向が決められた。もしも射撃手が敵機を正面に捉えることができれば敵機の翼幅を割り出すことは比較的簡単だったが、動きまわる敵機を正面に捉えることは少なかった。そのため射撃手は頭の中ですばやく三角法を計算して角度の変化を修正してから、コンピュータに入力する必要があった。

機体中央部では、もう一人の射撃手が別のペリスコープを覗いて、そこから機体上部二ヶ所または下部二ヶ所の銃座の射撃を連動して操作できたので、機体前部と中央部の射撃手は、ひとつの銃座を共同して操作することができた。さらに、標的との位置関係を正確に知るため、機首にいる爆撃手と中央部のブリスターにいる二人の射撃手が照準器を使って標的を探し、視野にいったん標的が捉えられたら、計器盤の前にいる操作者も同じ視野に標的を捉えて追尾することができた。ただ、この装置にはペリスコープに死角があるという大きな欠陥があった。

XB－29の尾部銃座は機体中央部の射撃手が操作したが、ひとつ問題があった。もしも敵機が尾部の死角になる位置から接近してきたら、中央部のブリスターにいる射撃手には敵機の姿が見えないことだった。

とはいえ、この遠隔射撃装置でいったん捕捉された敵機は、高性能の二連装一二・七ミリ機銃の餌食になった。この機銃は毎分七〇〇発の弾丸を発射することができ、弾丸は保弾帯から前方の発射位置に送られながら連射できた。ボブがのちに経験したことだが、不幸なことにＸＢ－29の尾部に装備されたスウェーデン製の二〇ミリ機関砲は危険な上、しばしば故障した。また、この機関砲の遊底は砲身の外にある掛け金で固定されていたが、遊底が砲身を前方に動くと直ちに弾丸が発射される仕組みになっていた。

ある日の試験飛行のとき、この二〇ミリ機関砲が故障して発射できなくなった。試験飛行から戻って機関砲の修理を始める前、ボブはスペリー社の技術担当者に、二〇ミリ機関砲に実弾が装塡されているので気をつけて銃座に入って点検するよう伝えた。スペリー社の担当者は、自分はこの機関砲の専門だと言うので、ボブはそれ以上は言わずに機体から降りた。

二〇ミリ機関砲弾が装塡されたＸＢ－29の後方には、Ｂ－17が駐機していて、翼の上に作業員が二人、三・六メートルほど離れて立って給油ホースを扱っていた。Ｂ－17の向こうには双尾翼のＢ－25が駐機していて、そのはるか向こうのエプロンのはずれには小屋が一軒あった。

機関砲に実弾を装塡しているときは砲口を上向きにしておく決まりになっているのに、スペリー社の担当者は、それをしないまま気楽に銃座の中へ入りこんだ。そのとき服の袖が射撃装置に触れて掛け金がはずれ、突然、砲弾が発射された。

Ｂ－17に燃料を給油していた二人の作業員は、砲声に驚いて翼の上に伏せ、砲声を聞いたほかの者も全員が身を伏せた。騒ぎが鎮まると、ボブは今発射された機関砲の砲口に砲腔視線用の器具を挿入して、どの方向に砲弾が発射されたか確かめた。それから直角ファインダーを覗いて十字線がB－17の翼の上にいた二人の作業員の真ん中を示していたのに驚いた。発射された砲弾は二人のあいだをわずかにかすめ、その向こうに駐機していたB－25の垂直尾翼を貫通するところだった。奇跡的なことに、そこから遙か向こうにある小屋の前にいた整備士に砲弾は命中していなかった。ボブはジープに飛び乗って小屋のところまで行き、まだ恐怖で震えている整備士のすぐ近くの地面に突き刺さった砲弾を見つけた。

隊員たちは、この危機一髪の出来事を「駐機場ミッション」と名づけた。

＊＊＊

試作段階のXB－29とYB－29とのあいだには、銃座の兵装よりもっと大きなちがいがあった。XB－29のエンジンは三枚羽根のプロペラとして設計されたが、YB－29のエンジンはセルフスタータの四枚羽根プロペラだった。ボブはXB－29のエンジンを始動させるのが嫌いだった。XB－29は、エンジンを始動するときスタータの外側で重たいクランクをまわす必要があり、おまけにその場所はプロペラの数十センチうしろにある排気管のすぐ前で、カートの電源装置につなぐ必要まであった。さらに不測の事態に備えて、始動するときは整備士たちが消火器をもって待機した。

機体に近い方のエンジンは、小柄なボブが足を踏ん張って重たいクランクをまわすには問題なかった。クランクを嵌めてまわすと、突然エンジンが始動して、プロペラが毎秒八〇〇から一〇〇〇回転に高まり、それに抗議するかのように排気管から黒い煙が噴き出した。

一方、機体の外側にあるエンジンは内側より高い位置に付いていたので、エンジンを始動させるためには、爪先立ってよろめきながらスタータに体を押しつけるようにしてクランクをまわさなければならず、緊張と恐怖感で、めまいがしそうになり、体のバランスを失って、そのまま巨大なプロペラの羽根に頭を巻きこまれるのではないかという気がした。

ＹＢ－29は、ＸＢ－29よりエンジンのレスポンスがよく頼もしかったが、ターボチャージャー、銃座、その他の装備などに手に負えない不調が見つかった。搭乗員たちは、夜な夜な格納庫に忍びこんでは飛行機に故障の種を植えつけるグレムリン（小悪魔）を忌々しく思った。ただボブは、不調が自分の技能の範囲内であれば、どちらの試作機についても修理することは苦にならなかった。その一例として、複数の銃座にある照準を連動させるシステムについて兵装担当者たちが額を寄せ合っていたとき、ボブが連動装置の設計図面と操作手順を作成したので、このシステムのこまかな調整はまもなく解決することができた。そのほかの不調としては、制御盤の真空管がこわれていたり、射撃装置の配線に誤りが見つかったりした。配線は、アンフェノール社のプラグのところまで辿って調べてみると、メスのコネクタを広げすぎてオスのピンとの接続が緩いことがよくあった。ただこんな故障は、滑稽なトラブルでしかなかった。

多くの場合、翌朝から予定される試験飛行のためには夜を徹して修理をしなければならなかった。試作段階の二機を試験飛行するのは、さまざまな目的があったからだ。試験飛行に搭乗する操縦士と副操縦士たちは前もって模擬操縦と地上演習をする時間を与えられていて、そのあいだにエンジンと兵装の状態も点検され、必要な調整がおこなわれた。

試験飛行の多くはメキシコ湾の広々とした海域でおこなわれた。ある晴れた午後、ティベッツは、鏡のような海の上を白いコウノトリのように苦もなく海面すれすれに操縦したので、きらめく水面に映るB－29の影が機体とほとんど同じ大きさに見えた。尾部にいたボブがインターコムからティベッツに呼びかけた。

「大佐、愉快です。水の中に足を垂らしてみたいです」

「それじゃあ足を外へ出して見ろ。ちょっと速度を上げてやるから」

＊＊＊

ティベッツは、操縦を誤って飛行機を制御不能にすることは決してなかったし、腹を立てることもめったになかった。ただひとつ例外があった。エル・ウィーラーとボブの二人が、YB－29に給油をするため左翼にウィーラー、右翼にボブが上がっていた。ボブは給油ホースに自動索をつないで燃料の揮発ガスに引火しないようにしてから燃料を満タンにした。このYB－29をティベッツが波の穏やかなメキシコ湾の上空を操縦していたとき、ボブはエンジンの状態を監視する配置に就いていた。そのときエンジンに何か異変があることに気づき、目を凝らせると、半円形の赤い燃料キャップが翼から飛び出している。

「ティベッツ大佐、左翼エンジンの燃料キャップがはずれそうになって揺れています」操縦しているティベッツを呼び出した。

「よく見てみろ」

と突然、燃料キャップがはずれて長さ三〇センチの鎖の先端にぶらさがり、翼に激しく当たりだした。

「大佐、燃料が噴き出しています」

試験飛行中にターボエンジンの排気管から火炎が出るトラブルにいつも悩まされていたティベッツの判断は速かった。

「基地へ戻る」とだけ言って、管制塔へ連絡した。

滑走路に着陸してきたＢ－29に消防自動車、緊急車両、救急車が殺到した。

「キャロン軍曹、なんてことをしてくれたんだ！　おまえのせいで俺たち全員がお陀仏になるところだったんだぞ。二度と燃料キャップを閉め忘れるんじゃないぞ」駐機場に戻ると、ティベッツは怒りを爆発させた。

「大佐、」ウィーラーが口を挟んだ。「それはボブのせいじゃありません。あの翼の側に給油していたのは、ぼくなんです」

ティベッツは、しばらく二人を睨みつけてから、何も言わずに立ち去って行った。

＊＊＊

メキシコ湾の広々とした海域は、射撃手が遠隔射撃装置を試してみるのによい場所だった。射撃手たちは吹き流しの標的に色を付けた弾丸を発射して命中する記録を競い合った。いつも高得点を出す大柄な射撃手がいたが、あまりにも体が大きかったので実戦では搭乗することができず、地上任務にまわされた。

丈の低い流線型のブリスターの中では、機銃を連続発射するとすぐに過熱するため、装塡された弾丸が熱のため自然発火して手あたり次第に弾丸を発射することがあった。自然発射は思いがけず人を殺傷する危険があった。機銃の過熱を防ぐためには、連射の時間を短めにし、数秒間ほど間隔をあけて射撃する必要があった。それに連射を長時間続けると、銃身が破裂することもあった。

あるテストパイロットが、標的に射撃することを子供の遊びのように考えて、爆撃手の持ち場で射撃をしていたボブに自分にもやらせてくれと頼んだ。射撃は数秒間休みながらおこなうよう説明したが、「大丈夫さ」とパイロットは返事をしたまま、忠告を無視して機銃の発射ボタンを押すことに熱中した。そして標的の吹きさらしを射撃し終わると、操縦席に戻った。

機銃の自動格納装置は、射撃を終えると上部銃座では自動的に銃身が下がり、下部銃座では銃身が上がって機体の後方に旋回して格納される仕組みになっていた。この日、テストパイロットが射撃を終えて上部銃座の銃身が格納するため旋回して第一エンジンの方向に向いたとき、過熱していた二連装機銃の弾丸が自然発射して、一発が回転しているプロペラのあいだを通過したが、運良くプロペラは損傷しなかった。

「当たらずにすんだようだな」テストパイロットはそう言って、飛行機は何事もなく着陸した。「おい、主翼に弾痕を付けたな」地上作業員が驚いた様子をしてエンジン近くの主翼の前縁に空いた穴を指さした。自然発射した弾丸は主翼の桁にめりこんでいた。結局、その飛行機は地上試験のために使われることになったが、くだんのパイロットは、そのまま飛行任務をつづけた。

それから程なくして、大きな話題となる出来事があった。カンザスの基地に所属する将校がＢ－29に搭乗したとき、射撃の腕前を試したくて機銃が故障するまで盲めっぽうに射撃を続けた。そして、過熱した機銃が機体後方に旋回して格納されるとき、突然、自然発射が起きて数発の弾丸が尾翼の垂直安定板を貫通し、尾部にいた射撃手の頭部を撃ち抜いたのだ。

この事故は軍に衝撃を与え、安全対策のため直ちに組立工場で改良が施された。この改良は、垂直安定板の下に四五度の角度で装甲板を取り付けることによって、弾丸が尾部の射撃手に命中しないように工夫された。

新しく製造された飛行機の問題点を洗い出すためには試行錯誤が欠かせなかった。高高度を飛行していたとき、機体中央部にある射撃手用のブリスターが吹き飛び、ブリスターの中で安全ベルトをせずにいた搭乗員が機外へ放り出される事故があった。この不運な搭乗員は、落下傘が開くのに十分な高度に達するまで自然落下するほどの沈着冷静さがあったのに、機外へ放り出されたとき空気の薄い高高度では落下傘が全く役に立たなかったのだ。この事故があってから、改良施設と工場では固定するボルトの数を倍にしてブリスターが吹き飛ばないように対策を立てた。

地上作業員と搭乗員のあいだには、お決まりのジョークがあった。XB－29は、試験飛行から戻ってきたとき四つのエンジンが正常に作動していることはめったになかった。いつもオイルが噴き出すライト社のサイクロンエンジンは、くりかえし点検修理をしなければならなかったので、このエンジンを分解修理するときは、兵装担当者たちもエンジン担当者と一緒になって作業をした。おまけに、エンジンを清掃するときはエンジン前部にある金属製カバーを取りはずして、退屈な油まみれの仕事もしなければならなかった。

旧知のフランク・ラビスタがライト社の工場でレシプロエンジンの点検をする仕事に就いたのを知っても、ボブは驚かなかった。それに、時間が足りない中でエンジンを大急ぎで点検するよう会社から指示されたフランクが不満を抱いていることを聞いても、さして驚かなかった。ライト社は、軍から不可能な期限の契約を結ばされて、契約の期限までにエンジンを搬出して実戦に間に合わせなければならなかったので、作業員や技術者たちに無理を強いていたのだった。

XB－29の「ミッキーマウス」とからかわれた射撃装置の油圧部分からは相変わらずオイル漏

れがしていて、ボーイング社で経験したときのように、機内の床はスケートリンクのようになって足を滑らせた。おまけに、設計どおりに機能しない不可解な射撃手用のペリスコープがあった。これらの不調をすべて改善するため、隊員たちは辛抱強く仕事を続けなければならなかった。

＊＊＊

一九四三年十一月、ＸＢ－29に装備されたスペリー社のコンピュータが故障した。スペリー社の技術担当者は自分だけでは修理できないと言うので、コンピュータをロングアイランドの工場へ運ばなければならなかった。故障したコンピュータを空輸するため初期のＢ－26双発爆撃機を一機借り受けたが、極端に主翼の短いこの爆撃機はスクラップまぢかのような代物だった。おまけに、試験飛行の頃から墜落することが多かったので「未亡人製造機」と揶揄されていた。皮肉なことに、この「未亡人製造機」の着陸時の特性がＢ－29のそれと似ていたため、Ｂ－29のパイロットたちはＢ－26を使って操縦経験を積んでいた。

借り受けたＢ－26を操縦することになったルイスは、両親がニュージャージー州に住んでいて、副操縦士と尾部射撃手の二人もニューヨークの出身だったので、コンピュータを空輸することは家族と再会できる口実になった。なお空輸のときにはスペリー社の技術担当者も同乗することになった。

ルイス機長が「未亡人製造機」のB－26をロングアイランドのミッチェル・フィールドにゆっくりと着陸させた頃には日は暮れていて、彼方にはニューヨークの灯が王冠の宝石のようにきらめいていた。

スペリー社の技術担当者は今晩中にコンピュータを修理するよう工場に手配をし、ボブは自宅から八キロメートルもない公衆電話から両親に電話をかけた。まもなくジョージが息子のボブを迎えに来て、一緒だったルイスをリンブルック駅まで送り届け、翌朝ルイスが列車で駅まで戻ってきたとき、ボブと両親がルイスと落ち合うことになった。それからフロリダへ帰る飛行機には、たまたま休暇で帰省していた若い水兵が同乗することになった。

「大尉、ぼくの家の上空をできるだけ低空で飛んでくれませんか？」ボブがルイスに頼んだ。気前のよいルイスは自分流にB－26を操縦して、キャロン家の裏庭で両親が手を振っている上空を旋回飛行し、翼を振ってから上昇して行った。

一緒に同乗していた水兵は、悪天候には慣れていたが、晩秋のこの日に南へ向かう飛行機が遭遇した乱気流は想像を絶していた。「パラシュートを着けておけ」激しく揺れ動く機体の中でルイスが二人の方を振り向いて言った。ボブは、水兵にパラシュートを着けて飛行機から飛び降りて引き綱を引くタイミングを教えてやった。ルイスは、暴風雨の中を巧みに操縦しながら、アラバマ州バーミンガムに向かい、そこにある飛行場で燃料補給のため着陸許可を要請した。時速二七〇キロの着陸速度を保ちながら、ふたつの小山に挟まれて余裕のない短い滑走路に無事着陸して、懸命に飛んできたＢ－26は役目を果たした。

「操縦を替わりましょうか？」ルイスと同じ飛行時間のある副操縦士が言った。

「君に任せるよ」さすがに疲れ切った様子のルイスは両手を挙げて返事をした。

＊＊＊

兵装担当者とスペリー社の技術担当者の努力によって修理が終わったコンピュータが、ふたたびＸＢ－29に取り付けられた。そして今度はうまく作動したが、結局このコンピュータは大して役に立たなかった。

機銃の弾薬は「３」の字型になった弾帯に装着されていて、弾丸が一発発射されると、空の薬莢が機銃の側面から飛び出した。上部銃座から発射された弾丸の薬莢は、細い筒を通って飛行機の内部にある与圧されていない箱の中へ落ちるようになっていて、機体下部と尾部の銃座から発射された空の薬莢は樋状の筒から機外へ捨てられるようになっていた。ところが上部銃座から薬莢を箱に落とす筒の途中で薬莢が詰まって機銃を発射できなくなることがあった。そのため上部銃座のこの仕組みは、実戦では役に立たなかった。

この仕組みの改良にはボブも頭を悩ませた。何枚も図面を描いては兵站部まで持って行った。

「やってみるんだ」ティベッツはそう言って、ボブを板金業者のところへ行かせて、新しく樋状の筒を作らせた。試行錯誤を重ねた結果、ようやく薬莢が詰まる問題が解決したので、改良した設計図を大急ぎで工場へ持って行った。

＊＊＊

メキシコ湾の上空でボブが右側のブリスターから機外を見わたしていたとき、ヴォート社のガル翼戦闘機コルセアが一機、接近してくるのが見えた。

「大佐、四時の方角にＦ４Ｕ戦闘機が一機います。こちらを警戒しているようです」

「目を離すな」ティベッツが言った。

「我々のことがわからないようで、確かめようとして接近してきます」

「接近しすぎて、こちらのプロペラの逆流に巻き込まれたら、相手がまずいぞ」

「もうかなり接近しています」

「よしボブ、コースを変えるぞ」

「大丈夫です大佐、気をつけて見ていますから」

この日の試験飛行はエンジンの性能を点検するのが目的だったので、機銃には弾薬を装塡していなかったが、ボブは下部銃座の二連装機銃を動かして、接近してくるコルセアに照準を合わせた。こうすると相手のパイロットは、銃座の一二・七ミリ機銃が自分の方に向けられているのがわかるはずだ。戦闘機はすぐに急旋回して飛び去った。

「行ってしまいました、大佐」

「何をやったんだ、ボブ？　怖がらせて追っ払ったのか？」

「まあそんなところです」

＊＊＊

隊員たちは昼夜を分かたず仕事に励んでいたが、給与は、いつも二、三ヶ月遅れで支払われた。もっとも、給与をもらっても使う時間も場所もなかった。

フロリダ州ペンサコーラは、エグリンから西へ八〇キロメートルのところにある街なので、非番の日に数時間で行って帰るには遠すぎたが、南へちょうど数キロメートルにあるニースビルという小さな漁師町とヴァルパレーゾには、古風で趣のある雑貨店や大衆酒場が何軒かあった。ボブがこれらの町にひかれたのは、どちらもチョクタハッチー湾と海浜が眺められる場所にあったためで、湾に面した浜辺には、水泳や散策を楽しんだり、日常生活から逃避して孤独や静けさを求める人たちが訪れていた。

ガールフレンドのワニータ・ルイーズは、ニューヨーク出身のボブと知り合って、孤独を求めて浜辺を訪れる人たちとはちがって、ふたりで一緒に五番街を歩きまわったり華やかなマンハッタンを思い描くことに幸せを感じていた。アラバマ州で生まれたワニータは、漁師だった兄と一緒にニースビルに移り住んでいた。ボブは、基地の中でワニータとダンスをしない日は、エグリンからニースビルまでバスに乗ってワニータに会いに行き、ふたりでポーチに座って何時間も抱き合ったまま彼女の果てしない質問の相手をした。ボブがニューヨークでの暮らしを誇張して話すと、ワニータはタイムズ・スクエアの雰囲気に酔いしれたようになって、訳もなく爪先で地面を蹴って、ボブは、そんなワニータを強く抱きしめた。

＊＊＊

「キャロン軍曹です、お呼びでしょうか?」

「基地の中では、その子に何もしなかった、と……で名前はというと……ワニータ・ルイーズか……何か、しでかしたのか?」ティベッツは、手にした書類に目をとおしながら強い口調で問いただした。

「何もしていません。その子とは何度かダンスに行っただけですし、あとは一緒にお兄さんの家に行ったくらいです。いつもブランコで過ごしていただけです……」

「相手の職場の上司がカンカンに怒っているんだ。近頃は仕事を何日もほったらかしにするし、妊娠でもしたんじゃないかと思っているようだぞ」

「そんなことは絶対ありません、大佐。妊娠したのなら、それはぼくじゃなくて……」

「わかったよ、ボブ。まあ気をつけることだな」

それから何度めかの日曜日が過ぎたあと、ワニータは海浜のはずれで南部の本格的な魚フライを作るからと言ってボブを誘った。ふたりは、ワニータの兄が運転するオンボロのピックアップの荷台に乗って、舗装のしていない道路を何キロメートルも揺られて行った。トラックは右に左に揺れながら窪みをよけて進み、荷台のふたりも左右に揺られた。不意に車は、雑草の生い茂った路肩に乗り入れて一八メートルほどあと戻りした。道の途中では、車の通ることなどにはお構いなしに雄牛と雌牛が平気な様子で交尾をしていた。ワニータは、トラックが丘を越えて目の前に視界がひらけたとき、その牧歌的な風景に興奮して嬉しそうだった。

＊＊＊

チャーチル、蔣介石、ルーズベルトの三人がカイロを訪れた場所は、砂だらけの息苦しいエジプトの道路からは、はるか遠い宮殿のようなところだった。一九四三年十二月一日、三者が会談してカイロ宣言に署名したとき、三人は差し迫った別の問題についても話し合った。その要点は、中国本土にＢ－29の基地を造る計画だった。

Ｂ－29のエンジンと銃座は徹底的に改良をくりかえされた。改良施設では、グリルの上でひっくり返されるバーガーのように、何度も飛行機に手が加えられていたが、なかなかミディアムやウェルダンには仕上がらなかった。隊員たちはエグリン基地と改良施設のあいだを何度も行き来してはマニュアルの書き換え、ガスケットの点検、潤滑油の注入、弱い箇所へのボルトの追加などをくりかえしおこなった。

隊員たちは、これほど大変な作業をティベッツが知っていることを疑わなかったし、ティベッツも、隊員たちの努力に何とか報いてやろうと骨を折っていた。ボブは軍曹から曹長に昇級し、給与は月額九六ドルに増えて、五割増しの飛行手当も付くことになった。それに、改良施設へ行き来すると、わずかだったが飛行機でほかの基地に移動して宿泊するときの日当七ドルが支払われたし、そのときは北まで回り道の飛行をして、アトランタで一、二泊することも許された。

クリスマス休暇の数日前、ティベッツは隊員たちを駐機場に集めて「我々は全員、B－29に乗りこんでクリスマスはアトランタで過ごすことにする」と伝えた。ボブは、以前アトランタへ週末に行ったとき出会った若い女性に手紙を書いて、彼女の家族に会えるのを楽しみにしていると伝えた。

第五八爆撃航空団の司令官K・B・ウォルフ大将は、ティベッツのこの計画を知って腹を立てた。「ティベッツの奴らは、ピクニックにでも行くつもりか？　クリスマスだろうが、戦争は続いているんだぞ！」

ティベッツ指揮下の将校と下士官兵たちが一緒に夕食の最中に、隊のチーフが息せき切って来た。

「急げ、制服に着替えて、髭剃りセットを詰めるんだ……アトランタへ行くことになったぞ！」

全員が食べかけの料理をそのままにして、兵舎へ駆けて行った。シャワーどころじゃないとボブは思って、まっ先に駐機場へ走って行くと、ＹＢ－29の尾部から少し離れたところにティベッツが立っていて、ゆっくりとパイプを吹かせていた。

「どうされたんですか、大佐？」

「マリエッタの改良施設へ修理に行ってきたとき、ウォルフ大将の了承を取りつけてきたぞ」

「何の修理だったんですか？」

ティベッツは、方向舵に貼り付けてある布地を指さした。そこに小さな亀裂があった。ボブは、あのしっかりしたテープなら三十秒で貼り付けることができたろうと思った。

「あんな亀裂のある飛行機に乗るのは心配か？」

「大佐、クリスマスでアトランタへ行くんでしたら、喜んでご一緒しますよ」

「そう言うと思っていたぞ」ティベッツは返事をしてパイプをくわえると、ポケットに両手を突っこんで、隊員たちが集まってくるのを待った。クリスマス休暇には、搭乗員だけでなく地上作業員も一緒だったので機内は寿司詰めとなり、尾部に乗りこむのを希望する者もいた。アトランタに着いて宿泊予定のウィコフ・ホテルの七階に全員が落ちついた頃には、夜も遅くなっていた。部屋代としての日当は支給されなかったが、ティベッツに文句を言う者はいなかった。このたびのクリスマスにボブがアトランタで知り合った女性のところで受けたもてなしは、ニューヨークで味わったこともないほど、すばらしかった。

ワニータ・ルイーズは、ニューヨークの下士官クラブで開かれる年越しパーティーにボブと一緒に行くことができないことを残念がった。ワニータは南アラバマにいる家族を年末にニースビルに呼ぶことにしていて、家族もワニータに会えるのを楽しみにしていたのだ。「別の子とデートしてもいいわよ」ワニータは平気な様子でボブに言った。「こちらでかい？　そりゃ、わけないさ」ワニータをニューヨークの下士官クラブへ連れて行くことができなくなったボブに隊員の一人が請け合って、デートに友だちを一人連れて行くからと陸軍婦人部隊に頼んだ。陸軍婦人部隊のパーティーでブラインドデートをする方が、下士官クラブの娯楽室で読書をしたりラジオを聴いたりするよりも、ずっと楽しめそうだった。

陸軍婦人部隊の娯楽室で、めかしこんだボブたちがブラインドデートの相手を待っていた。二人の女性が入ってきてボブが立ち上がると、女性のどちらが自分をお目当てにしているのかすぐにわかった。ダンスホールでは愉快なカップルができるもので、ボブと相手の女性がダンスをしている様子は、まるでガリバーとリリパット人が踊っているみたいだった。アマゾンの女武人のように大柄な相手の女性は、照れくさそうな様子で前屈みでしばらくダンスを踊ったあと、相手をかわってほしいと言った。その夜は結局、何事もなかった。みんなで空軍の話をしたり、ビールを飲みながら笑い合ったりして、年越しのキスを交わしただけだった。

＊＊＊

一九四四年一月十日に大統領が議会に提出した七〇〇億ドルの予算が前年から出し抜けに減らされてしまったと、ルーズベルトがラジオを通じて語った。ルーズベルトは二ヶ月前には、このたびの戦争によって一日二五〇〇万ドルが国家から失われていると国民に伝え、政府は第六次の戦時国債を発行して一四〇億ドルを集める必要があると訴えていた。その額は誰もが想像をはるかに超える数字だった。

バレンタイン・デーの二月十四日、日本では、最も裕福な地位にあった古参の政治家が重苦しい口を開いた。「日本はすでに戦争に負けたと、わたしは思っています、」皇族で政治家でもあった近衛文麿は、悲痛な想いで天皇にそう語った。「国体を護持する立場から申し上げますと、危惧されることは敗戦ではなく、敗戦により共産主義革命が起こることです」近衛は自分の言葉を天皇が十分に理解して事の重大さを認識してくれることを期待した。「敗戦が明らかであるのに勝利する見込みのない戦争を継続すれば、それこそ共産主義者の思うつぼになるでしょう」

天皇が戦争を避けたいと願うだけでは、軍部の利己主義的な方針をひるがえすことはできなかった。侵略すれば、やがて侵略されることになると、天皇は軍部に警告していたが、いつもながら軍部の指導者たちの耳には届かなかった。

日本の軍部は、開戦当初は、うち続く勝利に酔いしれていた。開戦から六ヶ月のあいだ日本海軍は連合軍を日本の支配地域から追い払った。連合軍が反撃に転じて日本に対して本格的な空襲をおこなうまでには、それから二年がかかり、日本海軍の艦艇が壊滅状態となって和平工作を望む人たちが降伏の条件を申し出るまでには、さらに二年が必要だった。

「超空の要塞」B－29がまだ完成していなかった当時、ハップ・アーノルド大将は司令官たちを前にして、新型爆弾によって日本に勝利することができると自信たっぷりに語っていた。ケベックで開かれた四分円会談（ケベック会談）で「日本に勝利するための空軍の計画」の大要を述べながら、アーノルドは、中国南部の中央地域が軍事上重要な場所だとわかっていた。その地域は、連合軍の飛行機が日本の九州まで到達できる距離だったし、アメリカ軍の総司令官として中国軍の蔣介石を支援することは外交上有利だと考えられたから、中国本土にアメリカ軍の飛行場を造る計画を既成事実にするのに都合がよいと考えていたのだ。

＊＊＊

ティベッツがカンザス州プラットへ隊員たちを送り届けたときは、カンザスではクロッカスの花が咲き始めようとする頃だったが、太陽の照りつけるフロリダの夏からカンザスの平原に冬が訪れる頃になると、隊員たちには新たな任務が差し迫っていて、第五八爆撃航空団のB－29をインドへ移送する準備に追われた。アーノルド大将は、インドにあるアメリカ軍の基地からヒマラヤ山脈を越えて、物資を中国まで空輸するための航空団を組織する計画を立てていた。そうなれば中国本土からＢ－29が日本へ到達することが可能だった。さらにアーノルドは、サイパン島に二つめの航空団を組織しようと考えていた。

第五八爆撃航空団とティベッツ指揮下の修理担当者たちは、時間のない中で装備の修理に死に物狂いだった。それは「カンザスの戦い」と呼ばれるほど情け容赦ないものだった。ボーイング社からもティベッツの修理担当者が指導した民間の作業員が派遣され、彼らも兵舎に泊まりこんで修理に加わった。

衣食住は十分でなかったが、軍民ふたつのグループは固く団結していた。フロリダから来た隊員たちはアルコールのない生活には耐えられなかったので、民間の作業員から何クオーツかのウイスキーを二五ドルで譲ってもらった。

民間人と将兵のどちらも、過酷な作業の時間も極寒の気温も極度の欲求不満も、それらを原動力にして懸命に働いた。整備担当者はエンジンを調整し、ボブたち兵装担当者は銃座の不調を見つけ出して修理をした。そして整備がどうにか完了したＢ－29を、隊員たちは大急ぎで北アフリカ経由でインドへ移送した。

最後に残った一機のＢ－29で射撃装置の不調がなかなか特定できなかったとき、ティベッツはボブとほかの二人に必ず原因を突き止めるよう命じた。すきま風の吹く格納庫の中で食事をし、交替で仮眠をとりながら三十七時間ぶっとおしで調べた結果、アンフェノール社のプラグが原因だということをやっと突き止めた。そのプラグは、大文字の「A」と小文字の「a」との接続ミスで、その箇所は機体前部の圧力隔壁に沿った外板の中に埋めこまれた場所だった。これを発見したことは小さな奇跡ではなかったし、それを修理することは、もっと大きな奇跡だった。

大文字の「A」と小文字の「a」。配線の誤りをやっと見つけたボブは、部品を手に取りながら「こいつが戦争によくある話というやつさ」と同僚の一人に言った。

ティベッツは、B-29の整備がすべて完了して隊員たちをエグリン・フィールドに送りかえすため、ロッキード社のハドソン爆撃機を用意して整備が完了するまで辛抱強く待っていた。尾部射撃手だったボブは、忍耐の要る点検と修理が終わったあとの疲労感と開放感でめまいがしそうだったので、機首の方に搭乗して帰りたいと思って急いで機体前部へ乗りこもうとしたとき、服の袖が裂ける音がした。機体から張り出した金具の鋭く尖った部分で腕を切り、肘から肩にかけて激しい痛みが走った。

腕の切り傷を処置してもらうため、ティベッツの操縦するハドソン爆撃機が途中のウィチタへ着陸したときは、すでに暗くなっていた。ボブは傷の痛みがひどくなっていて、「カンザスの戦い」で唯一の犠牲者となり、不注意が原因で代償を払う羽目になった。しかし、それは貴重な教訓にもなった。

9．飛行訓練

海の彼方で戦っている兵士たちを励ますために、その初めての行事が一九四四年三月三日に開かれた。ニューイングランドがまだ冬の氷に閉ざされていた時期のことで、ボストン・シンフォニーホールで三十四歳になるサミュエル・バーバーが、陸軍航空隊へ献呈した交響曲第二番の演奏会が初演され、多くの聴衆が集まった。

木々が芽吹く頃になると、同じく軍へ献呈するためブルックリンの作曲家アーロン・コープランドがバレエ音楽『アパラチアの春』を発表した。

四月十五日には、これらとは全くちがう贈呈が陸軍へもたらされた。アーノルド大将によって一五〇機の完成したB－29が、春からの運用に向けて第二〇航空群へ配備される用意が調ったのだ。

＊＊＊

アラバマ州バーミンガムのベクテル・マコーン・パーソンズ改良施設では、YB－29を製造工場から直接引き受けていたため、銃座の不調については対応することができなかった。ボブはM

OS（軍人特技区分）によると遠隔射撃操作のできる射撃手と整備技術という二つの技能があったので、ボーイング社のときのように、装備の点検修理をしたり民間人を指導したりする担当者としてティベッツが選んだ八人の中に選ばれた。そして兵装担当士官にはロバート・モリソン大尉が責任者となった。

モリソン大尉は、一日十二時間、週七日の勤務計画を立てた。夜勤を続けてする者がないよう四人ずつのグループに分けて六日間ほど十二時間の勤務をしたあと、七日目は十八時間の勤務時間にして、日勤と夜勤とを入れ替えるようにした。民間人の見習いを指導する任務も割り当てられていて、見習いの中には何百人もの「リベット打ちのロージー」から引き抜かれた女性たちもいた。ボブが受け持った見習いの中に横柄な男がいて、ボブに向けて給料袋を振りながら「こいつを見ろよ、泣けてくるぜ」とせせら笑った。それは弁解の余地もないほど無礼な態度だった。ボブは、男を睨んでから頭を振り、怒りを抑えて両手をポケットに入れたまま立ち去った。

ボブは赤毛の女性が好みで、中でも書類係のメアリー・ティルガーを気に入っていた。十八時間の勤務交替を終えて、コカコーラの販売機のところで彼女に出会ったので、ふたりがソーダを飲んでいるとき、たまたまティベッツが通りかかった。ティベッツは、少しためらってから「ボブ、今そんなことをしていていいのか？」と言って、それから返事を待たずに角を曲がって行った。

モリソン大尉は、南部の豪華な邸宅でメアリーの家族と過ごす外出許可証をボブに渡しながら、自分も機嫌がよかった。メアリーの家に招待されたボブは、宝石と銀で飾りつけられた格調のあるテーブルに主賓として座らされ、夕食が済むと、飛行機や軍隊について何時間も質問攻めに会いながら楽しい時間を過ごした。

モリソンがボブに気前よく外出許可証を出したのには下心があった。モリソンはメアリーの友だちのジンクスに惚れこんでいて、ボブをおだててダブルデートをお膳立てしようとしたのだ。ボブはちょうど長時間の夜勤明けだったので、隊員たちが宿舎にしている市内のホテルまで急いで戻り、大急ぎでシャワーを浴びて新調の制服に着替えた。モリソン大尉は、天井が帆布になったオープンサイドの司令官専用車で待っていた。ボブたちが待ち合わせ場所に行ったときには、メアリーとジンクスは、もう先に来ていた。車に乗るとき、女性たちは細めのスカートを持ち上げて、絹のストッキングを履いた脚を片足ずつ入れて乗りこんだ。司令官専用車は民間人が乗車することは禁止されていたが、今回は都合よく無視された。四人は、ケーリー・グラントとプリシラ・レインの出演するフランク・キャプラ監督の映画『毒薬と老嬢』を観るため車で向かった。

ボブたちがデートを終えてエグリンへ戻ったその月の終わりに、モリソンからある知らせを聞かされたときも、さして驚かなかった。「ジンクスとぼくは結婚することになったんだ、」モリソンがささやくように言った。「君には新郎の付添人になってほしいんだよ」

イギリスで新しく組織された委員会はＭＡＵＤという暗号名が付けられ、その指導的立場にあった人物はロンドンのインペリアル・カレッジの物理学教授Ｇ・Ｐ・トムソンだった。イギリスが核開発を推進しようとすることはルーズベルト大統領にとっても無意味なことではなかった。ＭＡＵＤとアメリカのウラン委員会双方の開発資金をアメリカ国内にまとめる話をチャーチルに提案したのも、両国が連携して核開発の研究を進めることを以前から考えていたからだった。ルーズベルトの提案はチャーチルにとっても渡りに船で、両国が連携すればイギリスの逼迫した財政を緩和できるし、まだ開発途上にあるイギリスの核開発研究をドイツのミサイル攻撃から守ることにもなったので、チャーチルは、この提案を神の思し召しによる結婚のように思った。

ところが、両国の新婚生活は長くは続かなかった。わずか一年後にロマンスはほとんど輝きを失った。アメリカの主だった大学はヨーロッパから移住してきた科学者たちに門戸を開放してアメリカでの研究を奨励したため、ヨーロッパから科学者の流出が相次ぎ、イギリスの核開発計画は大幅に遅れたのだ。一九四三年一月十三日、ルーズベルトはイギリス（カナダにも）に対して、今は両国の関係は冷めているので、少し距離を置いた方がよいだろうと伝えた。アメリカはイギリスと共同で核開発をおこなうことを解消しようと考えていたので、そうなればイギリスとカナダは核開発にかんして両国だけで協議をおこなうしかなくなる。

＊＊＊

チャーチルはルーズベルトの話を聞いても、両国の連携を解消するつもりは毛頭なかった。その年の五月になって、チャーチルは反駁を許さない決意で大統領の執務室に乗りこんできて、ルーズベルトに向けて、ヒットラーのことよりも、もっと重大なことがあり、それはロシアの覇権をイギリスだけで防ぐことができないことだと強く訴えた。

ルーズベルトは、顔を真っ赤にして熱弁をふるうチャーチルが心臓発作をおこすのではないかと心配した。しばらくして平静を取り戻したチャーチルは、両者の意見の相違を埋めようではないかと言った。それからまもなくして、両国のあいだで信頼と協力の関係をふたたび築くことで合意したが、その調停役となったのが合同政策委員会だった。八月十九日にカナダのケベックで開かれた英米首脳会議の席上で両国が取り決めた協定は、愛国心を超えた新たな出発点になった。

ところが皮肉なことに、イギリスが育てた核開発技術の実りをロシアが刈り取ろうとしていた。その頃、ソビエトのスパイだったクラウス・フックスはイギリスからアメリカへの途上だった。フックスは、資金と優秀な頭脳の集まったアメリカで進められている極秘の核開発計画の仕事に加わるよう依頼を受けていた。

＊＊＊

ティベッツには、Ｂ－29の爆弾倉の開閉動作が緩慢すぎた。ただ、この問題についてはワシントンのボーイング社の技術者たちには解決策があった。一九四四年四月、ティベッツは、新たにエグリン基地の隊員になったワイアット・ドゥーゼンベリを自分の操縦する航空機関士に任命し、ボブとほかの二名の兵装担当者には装備の点検と補助発電機を扱う任務に就かせて、一機のYB－29に改良を加えた。

初めの点検で上部銃座に不調が見つかったので、兵装担当者はその修理をしながら、ほかの技術者たちと一緒に爆弾倉の油圧装置の改良もおこなうことになった。

ティベッツの操縦するYB－29が、給油も兼ねてウィチタへ向かう予定でワシントン州レントンのボーイング社の工場から飛び立ったのは昼過ぎだった。ボブは、アイダホとモンタナ方面の荒れた空模様に目を見はった。飛行機がカスケード山脈に近づく頃には雷雨がはげしくなり、空は荒れ狂ってきて、シアトルは悪天候のため飛行場は閉鎖されていた

予定を変更してシアトルに向かうことになったティベッツは、飛行場の航空標識を確かめながら風下から着陸態勢に入った。ボブは機体右側の監視位置から機外に注意を向けていた。飛行機は高度一五〇メートルで雲海から抜けた。ボブはいつものように、飛行場周辺の地形と進入路を頭に入れていた。先日、テストパイロットのエディー・アレンが操縦するXB－29が、シアトルへ着陸しようとして食肉加工場へ墜落して全員が死亡していた。ボブは、食肉加工場が飛行場からわずか四〇〇メートル右手にあることを知っていた。工場が見えてくると、建物の上階は先日墜落したXB－29によって損壊したままだった。ティベッツは飛行場への正しい進入路にした

がって降下し、ＹＢ－29はどしゃぶりの雨の中を水しぶきを上げながら着陸した。

ボーイング社の技術者たちによって、爆弾倉の開閉動作はティベッツの希望どおりに改良された。爆弾倉の扉がすばやく開閉することは重要だったので、ティベッツはこの改良に納得し、さらにカンザス州プラットに滞在しているあいだに、ＹＢ－29に最大限の爆弾と燃料を搭載して、どれだけの飛行能力が発揮できるかという今ひとつの試験飛行を計画した。プラット基地の兵装担当者が二二六キロの模擬爆弾を満載し、エグリン基地所属のボブと二人の兵装担当者たちは火器を完全装備し燃料を満タンにした。

ティベッツが最大限に爆弾と燃料を搭載したＹＢ－29の操縦桿を握って、長さ二六〇〇メートルの滑走路から離陸を始めると、対地速度がどんどん増して、機外に見えるカンザスの緑色にひろがる小麦畑がなびいた。目の前に見える小麦畑がやっと遠ざかったと思うと、ＹＢ－29の車輪は辛うじて滑走路を離れた。ボブは息をついた。機体が小麦畑すれすれに離陸したので、エグリンに戻ったら、きっとテールスキッドの中に小麦が入りこんでいるにちがいないと思った。

離陸してから、上空で航法士が大西洋へ向けて東へ飛行する針路を示した。ＹＢ－29は大西洋の灰青色の海面に模擬爆弾を投下したあと、フロリダに向けて南へ針路を取り、ティベッツはエグリン基地の上空を旋回して燃料を使い切ってから、離陸して十八時間後に基地にゆっくりと着陸した。

四頭と六頭に分かれた銀色のイルカが、水銀のような水面から飛び上がって太陽の日差しの中できらめいた。フロリダキーズの最先端で、ティベッツの隊員たちはイルカたちが勢いよく飛び上がって日光できらめく様子を息を呑んで観覧した。隊員たちが海面の上を飛行することは危険と緊張をともなう任務だったが、イルカたちの飛び上がる姿は無謀な飛行とはちがった。

ティベッツは、ＹＢ－29の性能をさらに限界まで試してみるつもりだった。ボブは銃座の部品が高高度で凍結するのを防止するため、油膜で覆う設計をされたゼネラル・エレクトリック社の銃座に新しいガンヒーターを取り付けた。ティベッツは高度を上げて、ＹＢ－29は八五〇〇……九〇〇〇……一万……ついに一万一〇〇〇メートルという空気の希薄な対流圏にまで上昇した。搭乗員たちは驚きの声を上げた。その飛行高度は四発エンジンの飛行機が上昇できる新記録だった。

＊＊＊

高高度では、太陽の光がプレキシグラスの風防を透してプリズムのように輝き、尾部隔室の天井部分は快適な暖かさになり、時には暑いほどになった。一方で日光の当たらない金属製の銃座のあたりは冷たくて、機体前部から直径一〇センチの管を通って送られてくる熱風も銃座の足元に届くときには温度がさがって冷たく感じられた。ただ、十二時間から十六時間にわたる長時間の苦痛な飛行のあいだでも、ボブは機外の風景を楽しみ、ボーイング社が取り付けてくれた自動車用の一二センチの丸い灰皿に吸い殻を満たした。

＊＊＊

エグリン陸軍航空隊基地で当初予定されていた二週間の任務は、結局一年半に延長され、ようやく六月上旬にB－29の性能試験を促進する任務が完了したので、ティベッツの隊は解散した。そしてボブとウィーラーの二人は飛行と地上の両方で訓練指導の任務に就くため、プラットの第七三爆撃航空団へ配属を命じられた。

ボブは、機上で訓練指導したり装備の点検修理を指導することが楽しかったし、訓練所の教壇に立つこともあまり苦にならなかった。訓練課程は三日間のあと一日の休みがあって、夜間飛行訓練も組まれていた。

訓練生の中でも、士官は基本的な内容を学ぶだけでよかったが、射撃手と兵装担当者は全課程を受講しなければならなかった。訓練生だったある少尉が、曹長のボブから指導されるのが気に入らなくて不平を漏らしているのを飛行司令の大佐が耳にした。「少尉、この教官の話はよく聴いておいた方が身のためだぞ。それが戦闘中に君の命を救うことになるんだ」大佐が言った。

ほぼ二年間、ボブは射撃装置のあらゆる不調を手がけてきたので、訓練生たちに射撃装置のさまざまな不調箇所を突きとめて修理する方法を再現して見せた。わざと誤った位置に取り付けたリレー接点に粘着テープで印を付けておいて、工場で経験したように銃座が無茶苦茶な動きをするのを実際にやって見せた。ただこの指導方法では、訓練生たちは複雑な配線の中にある接続部分を苦労してチェックするよりも粘着テープを見つける方が楽だと知ったので、誤った配線箇所にテープを付けるのをやめて、不調箇所が発見しにくいようなハンダ付けにしなければならなかった。

＊＊＊

日曜版のプラット紙に載っていた中古のハーレー45の売り出し広告がボブの目をひいた。二〇〇ドルという価格もお手頃だったし、小型のハーレーは足の短いボブにもぴったりだった。オートバイを運転したことはなかったが、難しくはなさそうだった。

ハーレー45を所有する髭づらの男は、しきりに自分の運転を見せたがった。五〇号線をプラット方面へ走らせて長く続く坂を越えて見えなくなり、しばらくするとエンジン音を響かせて戻ってきたが、驚いたことにオートバイが目の前を通り過ぎたとき運転する男の姿がないと思ったら、突然、男の姿がオートバイの上にあらわれた。男は、体を寝かせて地面に着かないばかりに傾けていたのだった。

「こんな運転は勧められんがね」男はそう言いながら、曲乗りで稼いでいるんだと白状したが、ボブにはどうでもよいことで、自分はオートバイを運転したいだけだった。このオートバイを購入してまもなく、お買い得だったはずのハーレーはサドルから油が染み出てカーキ色の服の背中に縞模様を作り、どうやっても修理ができなかったので、それからは作業衣を着て運転することにした。

若い頃のアン・ウェストリックは、オートバイのシートに跨がって髪をふり乱しながら風を切って疾走することを最高だと感じていた。それが母親となって、そんなスリルを味わう気持ちはなくなり、無防備なライダーが安全を無視してスピードを出して走るオートバイに不安を抱くようになっていた。

「あんな危ないことは、して欲しくないのよ」アンは、オートバイの事故で不具になったり死亡した記事を読むたびに、息子のボブに言った。

入隊した者の多くはオートバイを持っていたが、保険に加入しなければ基地へ持ち込むことは許可されなかった。ボブは経済的に加入する余裕がなかったので、MPが監視している通用門の近くにハーレーを駐めておいた。ウィチタには当分のあいだ留まることになると思っていたので、非番の日には、町まで一二〇キロメートルの道をヒッチハイクかバスで出かけた。

七月半ばのある暑い日曜日のことだった。基地の友人と市営プールで落ち合うことになっていて、友人を待っているあいだ、プールで競泳のまねをしながらターンの練習をしていた。何度めかのターンをしたとき、目の前の水中に浸かった足が見えて、それが明るいブルーの服を着た女性の日光浴客の足だとわかった。その客はカールした長い黒髪をちょうど何気なく掻き上げたところで、黒い瞳にきらめく水が映った。

それから何往復かしたあと、泳ぎ疲れたのを口実にして、水の中に足をぶらぶらさせている日光浴客のところまで泳いで行って、プールの縁に肘をついて休んだ。

「水がかかるわ」

「どうして泳がないの？」

「泳がないわ。水に入るのは好きじゃないの。足を水に入れているのが好きなだけよ」

「すてきな髪型だね」

いきなり話題が変わったと思った。「ありがとう」

「ぼくの素足で、その髪の上を歩きまわってもいい？」

「え？」

「冗談だよ。すてきな髪をしているんだね」ボブはプールの縁から上がって、隣に座った。

「どこの部隊なの？」ボブが付けている認識票に気づいてたずねた。

ボブは、プラットの陸軍基地で訓練生の指導をしていると説明し、女性は、自分はドッジシティーの出身だけれどウィチタの国税庁に勤めていてＹＷＣＡに住んでいると言った。ふたりはプールの横にあるピクニック場のベンチに座って、旧友のように打ちとけた様子で言葉を交えた。

まもなくボブの友人がデートの相手とやって来たので、四人は、どこか静かなレストランで夕食を一緒しようということになった。

ボブはキャサリン・マリーに、また会ってくれないかと言った。「いいわ。だけど、これからはケイと呼んで」

初めは恋などとは思っていなかった。ただ、ケイと出会ってからは、ほかの誰にも関心がなくなった。まもなくケイは、映画を観に行くいつもの相手になり米国慰問協会やＹＷＣＡにも一緒に出かける相手になった。ＹＷＣＡのダンスパーティーでは、美しく着飾ったケイとフォックストロットやワルツを踊りながら、ふたりの体が触れ合うのに胸をときめかせた。『あの昔の黒い魔術』の歌は、その歌詞のように、ふたりを魔法の世界に導いてくれるようだった。時には、そんな音楽の世界から離れて静かな公園を歩いたり、ふたりだけの夢のようなひとときを過ごした。

ケイとはできるだけいつも一緒にいたかったので、ボーイング社にいるときに知りあった友人のカップルと一緒にウィチタでひと晩を過ごしたこともあった。ケイとの大切な時間を過ごすため、プラット行きの午前六時発のバスに間に合うよう明け方に起床した。二組のカップルは、しばしば地元のクラブでデートをして、入店するときに茶色の紙袋に入れた酒類を持ちこんでテーブルの下に隠した。ケイもボブもカクテルはそれほど好きではなかったが、お客の誰もがそうやって酒類を持ちこんでいるようだった。

そして、ふたりが結婚する日が近づいていた。

＊＊＊

ケイは、婚約者になったボブの生活を支えた。ある週末に、プラットから西へ一三〇キロメートルのドッジシティー郊外で小麦農場を経営している両親の家に招待したことがあった。ボブはその日を心待ちにして、誰かが週末の搭乗予定に自分の名前を書きこんでいたのに、ケイから招待された日はすでにひと晩滞在できる許可証をもらっていた。隊の指揮官は、ガンカメラの指導係が交替しても問題はないと言ったので、ボブは別の隊員に搭乗をかわってもらい、バスでドッジシティーまで行き、町の中心部にある小さなホテルにチェックインした。それから、ケイの両親が錆だらけのシボレーで迎えに来てくれて、農場で夕食をともにし、その夜はホテルへ送り届けてもらった。翌日にはドッジシティーの観光案内に誘われて、農場が点在する町をあちこち通ったあとバス停まで送り届けてもらった。

ボブが兵舎に戻ってきたとき、隊員たちはもう寝床に横になっていたが、なぜか冷たい沈黙に包まれていた。いつものようにポーカーやブラックジャックをしている者はいなかったし、腕相撲をしたり下品な冗談を飛ばす連中もいなかった。誰もボブと視線を合わせようとしない。

「どうしたんだい？　まるでお通夜みたいじゃないか？」ボブの明るい声だけが兵舎の中に空しく響きわたった。

「ああ、そんなもんさ」技術担当の軍曹があざ笑うように言った。それから少し落ちついた声になって、次のような話をした。その日ボブが搭乗する予定になっていたB－29のパイロットが操縦を誤り、きりもみ状態となってダラス郊外のオイルタンクに激突して搭乗員全員が死亡したというのだ。「皮肉なもんだよ」軍曹はそう言って、その日の朝、当直が隊員たちを起こしてまわったとき、ボブと交替してガンカメラの指導係を命じられた隊員は搭乗することを渋ったのに、結局、搭乗を命じられたのだと言った。それから軍曹は、あいつはその日の搭乗に何か予感を感じていたにちがいないと付け加えた。

誰もボブに向けて思っていることを口にしなかったが、言いたいことは顔にあらわれていたし、不気味な沈黙の中に言葉のない重苦しい空気が漂っていた。

ボブは、髭剃りセットを寝床に置いて、自分宛に届いていた公文書を開いた。それを読みながら手が小刻みに震えてきた。その簡潔な文面には、たぐいまれな指導力と隊内での評価により兵舎長を命じると書かれてあった。しかしその命令は、この日に直面した悲劇の中では自分を打ちのめすような皮肉に思われた。

＊＊＊

「わたしがドイツ人の心理を全く誤って判断しているのでなければ、今頃、ドイツでは月に一個か二個の原子爆弾を造っているはずだ」チャーウェル卿は一九四四年の夏にそう書き記したのだが、チャーチルの科学部門の助言者だったチャーウェル卿の予測は正しくなかった。にもかかわらず、ひとつの連鎖反応が始まろうとしていた。それを止めることができるかどうかは、おそらく神のみぞ知るだった。

一九四四年九月十八日の月曜日、青白くやつれた顔のルーズベルトがチャーチルを招待していた。ニューヨークのハイドパークにある大統領の邸宅は、いつもなら生き生きした雰囲気に包まれていたが、ルーズベルトは元気がなかった。全米中を遊説してきたあとでは疲労するのも無理はなかったが、この日は、日本に対して原子爆弾を使用するかどうかという、差し迫った問題についてチャーチルと話し合わなければならなかった。ルーズベルトは話し合いの結果に満足したが、備忘録によれば、日本への投下は爆弾が完成まぢかになって改めて検討するということで合意されていた。

＊＊＊

セントルイス・カージナルスの選手たちは、チームの躍進に沸いていた。一九四四年のワールドシリーズでセントルイス・ブラウンズを四勝二敗で下して優勝したのだ。チームへの賞賛は勝利だけでなく試合のプレイにも向けられた。両チームの選手とも、全盛期を過ぎた選手ばかりで編成されていて、中には何人かの故障者もいた。若くて元気のよい選手たちは軍隊に入って国防の任務に就いていたのだ。

＊＊＊

ティベッツの操縦するＢ－29は、西にそびえるサン・アンドレス山脈に沿って白い砂丘の上空を飛行していた。そして、いつものように、この日の試験飛行によってＢ－29の思いがけない性能特性が見つかることを期待していた。アラモゴード飛行場に配属されたティベッツは、アルバカーキにあるニューメキシコ大学物理学教授Ｅ・Ｊ・ワークマン博士から、Ｂ－29の問題点を洗い出してもらおうと考え、実戦を模した戦闘訓練の結果、攻撃に対する防御機能が劣っていることが判明した。ある日、完全装備をした飛行予定のＢ－29が使用できなかったので、ネブラスカ州グランドアイランドに代替機を取りに行ってみると、そのＢ－29は尾部以外の火器がはずされていて機体重量が四トンも軽かった。ティベッツがこの代替機のＢ－29を操縦してみたところ、操縦性能が非常によくなっていて、一気に一二〇〇メートルも上昇することができた。

この試験飛行のあと、ワークマン博士とコーヒーを飲みながら話し合った結果、装備をはずして軽量化するとＢ－29は今までになく高い飛行性能を発揮することがわかったので、さらに試験飛行をくりかえしてみることになった。

ウザル・Ｇ・エント少将は、これまでとはちがう新たな任務をティベッツに命じるため、九月一日、コロラドスプリングスにある陸軍第二空軍司令部にティベッツを至急呼び寄せた。ティベッツが部屋に入ると、まるで今から首脳会談でも始まるかのような雰囲気だったし、事実、これから国防上極秘の問題が話し合われようとしていた。ティベッツは、自分をこの席に呼んだ人たちが、これからおこなわれようとする大規模な試験飛行のパイロットに、二十九歳の自分をどうして選んだのか知らなかった。

部屋には第二空軍司令官のエント少将、「マンハッタン地区」保安部のジャック・ランスデール中佐、ウィリアム・パーソンズ海軍大佐、それに民間からコロンビア大学のノーマン・ラムゼー博士が出席していて、このたびの戦争に勝利する手助けとして選んだティベッツに内密な話を打ちあけることになっていた。

初めにパーソンズとラムゼーが、これからの計画についてティベッツに向けて次のような説明をした。ノーベル受賞者が何人もいる物理学者たちが極秘の兵器を開発していて、その兵器は、かつてないほどの破壊力を持つということ、今こうして話をしているあいだにも、このマンハッタン計画（初めは「マンハッタン地区」とか「S－1」などと呼ばれていた）はニューメキシコ州ロスアラモスで核分裂を利用した爆弾を製造している最中であること、爆弾の原料となるウランとプルトニウムは、テネシー州オーク・リッジとワシントン州ハンフォードにある巨大施設で製造中ということだった。

ティベッツは、新型爆弾を投下する計画が進んでいて、その爆弾を自分が投下する任務を命じられたことを知った。そして陸軍航空軍としては、とりあえず実際に爆弾を投下するための部隊を組織する必要があったので、ティベッツの最初の仕事は、まだどこかは決まってはいなかったが、この新型爆弾を目標に投下するための実戦部隊を編制することだった。

そして、この任務を極秘に達成するためには秘密が漏洩しない独立した組織を作る必要があった。その組織の顔ぶれは、パイロット、兵装と整備の担当者、技術担当者、ＭＰ、医療従事者、それに飛行機を移送する部隊まで含まれた。エント少将は、これらの者たちはすべて自分の方で手配すると言ってから、組織は第五〇九混成部隊という偽の名称で行動することになった。さらにエント将軍は、ネブラスカ州ハーバードにあるフェアマウントフィールドの優秀な第三九三爆撃飛行大隊に目を付けていて、ティベッツが望むなら第五〇九混成部隊の中核にするつもりだったので、ティベッツも異存はなかった。第三九三爆撃飛行大隊に所属する一五人の有能な隊員たちも以前から外地で活躍することを強く望んでいた。

ティベッツは、組織した部隊の訓練場所を自分で決めることになった。エント少将はカンザス州グレート・ベンド、アイダホ州マウンティンホーム、ユタ州ウェンドーバーなどを候補地として挙げ、ティベッツは、辺鄙な場所という理由からキングマンという暗号名のユタ州ウェンドーバーを選んだ。そこは、まさしく辺鄙な場所だった。

爆弾はまだ完成していなかったが、重量は一個で約五トンになる見込みだった。それはＢ－29がいつも搭載する通常爆弾の総量と同じ重さだったが、この爆弾はカボチャのような形になると考えられていたので、機体に特別の巻上装置を必要とし、運搬装置と投下装置も改良する必要があった。

「ところでだが、今ひとつ問題がある」ラムゼー博士が言った。その問題とは、爆弾が炸裂したときの衝撃によって爆弾を投下した飛行機にどれほどの損傷をもたらし操縦不能になるか、誰も予測できないことだった。つまり爆弾の投下訓練をおこなう目的は、目標に正確に投下するためだけでなく、爆弾の衝撃から飛行機をどうやって守るかも考えなければならなかったのだ。

ティベッツは、身に余る光栄を感じるとともに、その責任の重大性を知って身が引き締まる想いだった。気持ちが逸(はや)っていて、すでに頭の中では徹底した訓練プログラムを考えていた。ティベッツはＢ－29を操縦してコロラドスプリングスに来ていたが、これからは「ティベッツ独立飛行隊」として船出することになったのだ。

「何か行き詰まったことがあれば、『シルバープレート（銀の皿）』という暗号名を使えば、なんでも解決できるはずだ」エント少将が言った。

＊＊＊

それから一週間後、ティベッツはユタ州ウェンドーバーの陸軍基地に標識のない司令部を設置した。それから三日後には、第三九三爆撃飛行大隊から一五機のＢ－29と、飛行と地上任務の隊員たちが到着した。こうして第五〇九混成部隊を編制したティベッツはトム・クラッセン中佐を副官に任命し、自分が不在のときに部隊の指揮を任せることにした。

＊＊＊

身長一八〇センチの細身の体に深い青色の瞳をしたJ・ロバート・オッペンハイマーは、ロスアラモスの指導的立場として自分が心に描いてきた欠点を克服するために、三十八年間の人生を捧げようとしていた。今まで人生で不十分と感じるような原因は、ほとんどなかった。十二歳でニューヨーク鉱物クラブの会員たちを前に講義をし、その後、ハーバード大学に入学して優秀な成績をおさめた。しかし、それでも疑念は心の中で渦巻いたままだった。こうして内面に向けられていた青年の目が、ある日、世界に向けられたとき、自分の抱いていたより遙かに大きな責務があることを見出した。こうして一九四三年三月、共産党に入党したものの、軍事上の理由から連邦捜査局（ＦＢＩ）の監視下に置かれ、強い責務を感じていた共産主義への情熱はつかの間に終わった。しかし、それからまもなく、ある強い力に取りつかれることになった。

少年を育成するために設立されたロスアラモス農場学校で学んだことのあるオッペンハイマーは、科学者たちに向けて、核兵器はドイツが開発する前に自分たちが完成させなければならないと訴え、その言葉に賛同したエンリコ・フェルミ、エドワード・テラー、ニールス・ボーアを初めとする優秀な科学者たちのために、農場学校を核兵器の研究施設として利用することに決めた。

物理学者、化学者、冶金学者たちは、理論と実験にかかわらず原子爆弾の製造方法に取り組んだ。ウィリアム・パーソンズ大佐は兵站部の責任者として兵器を効果的に使用できる方法を研究していたので、グローヴス少将は、海軍の兵器専門家だった四十四歳のパーソンズに原子爆弾を実際に投下できるような構造部分を造るよう命じた。パーソンズは十六歳でアナポリスの海軍兵学校へ入学した秀才で、グローヴスは冷静沈着なパーソンズならオッペンハイマーを補佐する人物としてこの上ないと考えた。

パーソンズの完璧主義は、一八〇〇人の軍関係者と巨額の資金をつぎ込んで造られる原子爆弾を投下する任務を与えられたティベッツの完璧主義とも一致していた。

ティベッツは、パーソンズが子守が赤ちゃんに接するように原子爆弾を慎重に扱っているのを知って、気軽な気持ちでパーソンズに言った。

「大したもんだな。これがうまくいかなかったら、君のせいということになるな」

パーソンズが切りかえした。「うまくいかなかったら、そのときは誰もこの世にいなくなっているんだから、責任を取らされることにはならんよ」

＊＊＊

「Y」地区は、マンハッタン計画と同じように秘密のベールに包まれていた。七〇〇人の科学者、技術者、その家族たちから構成されたロスアラモスにあるこの地区は、ティベッツにとっては工場らしい様子はどこもなかった。ティベッツは、科学者たちの頭脳から創造される原子爆弾が戦争に勝つために予定どおり投下されることになったとして、科学者たちは事の重大さをわかっているのだろうかと思った。科学者たちは、原子爆弾の開発はあくまで学問上の研究心から起きたもので、マンハッタン計画の目的が何かということや差し迫った計画であることについて詮索することは、二の次のように考えているのではないかと思ったからだ。

科学者たちが住んでいる雄大なロスアラモスの台地も、そこで暮らすには大きな問題があった。そこには何もなかった。何をするにも足りなかったし、快適さとはほど遠かった。バスタブもほとんどなかったし、入浴をしようにもバスタブに入れる水がなかった。薄い壁材で建てられた軍専用のプレハブ住宅は有刺鉄線と武装した歩哨に囲まれていて、科学を研究したり思想を発展させる場所というより強制収容所のようだった。当然のことながら、有刺鉄線の外側で科学上の議論をしたいと願う科学者たちのあいだには、ここの中では自分の意見を語るまいとする空気がひろがっていた。自分たちにとっては、不当な隔離を強いられ核開発の研究をせき立てられている今の環境に耐え忍ぶことが生きる知恵となったし、それに比べたら生活面の不便さなどは些細なことでしかなかった。オッペンハイマーは核開発研究の指導的立場にある身として、科学者たちのこのような苦悩を自分が癒やしてやらねばならないと気づいた。まさに戦争は地獄だった。

＊＊＊

戦争が地獄であることは、戦場にいる誰もがよく知っていた。一九四四年六月六日のDデイで、連合軍はオマハ、ユタを初めとするフランスのノルマンディー海岸にシオマネキの群れのように上陸を開始した。ドワイト・アイゼンハワー将軍は、フランスを解放するため一七万六〇〇〇人の軍隊を指揮し、ドイツ軍を地獄に陥れるために、あらゆる手段を講じていた。

太平洋のマリアナ諸島は、戦略上、日本本土を攻撃するための重要拠点だった。一五二一年にマゼランによって発見され「盗賊」と名づけられたこの諸島は、のちにイエズス会の宣教師によってマリアナという今の名前になった。六月十六日、「マリアナの七面鳥撃ち」として知られたマリアナ沖海戦でアメリカ軍が大勝した結果、B－29が初めてサイパン島を空襲し、七月九日には日本が三十年間統治していたサイパン島を占領した。サイパン島の攻防戦は二十三日間にわたり、日本側では三万一〇〇〇人の陸海軍将兵が戦死し一万五〇〇〇人の民間人が亡くなった。また島の北端にある断崖から何百人もの日本人が子供を抱えて飛び降りた。

アメリカ軍がサイパン島を占領したことで、戦局は大きく変わった。連合軍にとっては日本本土進攻への大きな足がかりになったが、それは単に地理上の重要性にかぎらなかった。今回の戦闘で四〇〇機の飛行機と多くのパイロットを失った日本の空軍力は壊滅的打撃を受け、この敗北は日本軍の士気を決定的に奪うことになったのだ。

アメリカ陸軍航空軍は、一九四四年七月二十日には前線各地に展開する約二万機の飛行機と二五〇万人の兵員を有していて、この日はドイツ国防軍内部でヒットラー暗殺計画が失敗に終わった日でもあった。

八月四日、アムステルダム市街を捜索していたゲシュタポが、隠れ家に潜んでいた十五歳のひとりのドイツ系ユダヤ人の少女と家族を探し出した。二年あまりのあいだ、アンネ・フランクは日記を書くことによって自分だけの密かな世界に命を吹きこんでいた。いつも希望を失わなかったアンネは「……わたしは、そうありたいと思う人間になれる道を探しつづけています、そして、そうなれるだろうと思うのです……」と日記に綴っていた。

10・極秘の任務

「ルイスが戻ってきている。スウィニーも、昔の試験飛行の隊員たちと一緒に戻っているぞ」ボブはティベッツから届いた手紙を読みかえした。ティベッツは、極秘の任務で外地へ赴く第五〇九混成部隊を編制中で、その部隊に今まで自分の指揮下にいた隊員たちを加えようとしていたのだ。「おまえやエル・ウィーラーに、その気はないか?」

「絶対に嫌です、ここがいいんです。ぼくは結婚するんです」エルは、きっぱりと言った。

「ぼくも結婚するんです、」ただ、ボブはエルとはちがう気持ちがあったので、とりあえずティベッツへ電報を打った。「ぼくを加えて下さい。エルは、はずしてやって下さい。詳しいことは手紙に書きます」

それから、几帳面な製図者らしい字体で次のような手紙を書いた。「十月三十一日のぼくの誕生日にケイと結婚する予定です。そのあとで加わってもよろしいですか?」

すぐに返事が来た。「だめだ。先にウェンドーバーへ出頭しろ。そのあとで結婚休暇を取らせる」

ケイは、このたびの任務がどれほど重要なものかをボブがくりかえし説明しても、外地任務になることを喜ばなかった。

料金受取人払郵便

新宿局承認

2524

差出有効期間
2025年3月
31日まで
（切手不要）

郵便はがき

1 6 0-8 7 9 1

141

東京都新宿区新宿1－10－1

（株）文芸社

愛読者カード係 行

ふりがな お名前		明治　大正 昭和　平成　　年生　　歳	
ふりがな ご住所	□□□-□□□□		性別 男・女
お電話 番　号	（書籍ご注文の際に必要です）	ご職業	
E-mail			
ご購読雑誌（複数可）		ご購読新聞 新聞	

最近読んでおもしろかった本や今後、とりあげてほしいテーマをお教えください。

ご自分の研究成果や経験、お考え等を出版してみたいというお気持ちはありますか。

ある　　ない　　内容・テーマ（　　　　　　　　　　　）

現在完成した作品をお持ちですか。

ある　　ない　　ジャンル・原稿量（　　　　　　　　　　　）

名			
上 店	都道 府県　　　　市区 郡	書店名	書店
		ご購入日	年　月　日

書をどこでお知りになりましたか?

.書店店頭　2.知人にすすめられて　3.インターネット(サイト名　　　)

4.DMハガキ　5.広告、記事を見て(新聞、雑誌名　　　)

の質問に関連して、ご購入の決め手となったのは?

1.タイトル　2.著者　3.内容　4.カバーデザイン　5.帯

その他ご自由にお書きください。

(　　　)

本書についてのご意見、ご感想をお聞かせください。

①内容について

②カバー、タイトル、帯について

弊社Webサイトからもご意見、ご感想をお寄せいただけます。

ご協力ありがとうございました。

※お寄せいただいたご意見、ご感想は新聞広告等で匿名にて使わせていただくことがあります。

※お客様の個人情報は、小社からの連絡のみに使用します。社外に提供することは一切ありません。

「ぼくが行かなければ、生まれてきた子供たちになんと言えばいいんだい？」

ウェンドーバーへの転属命令は十月になって届いた。ティベッツの独立航空隊は軌道に乗り始めていた。

＊＊＊

「プラットから西へ行く飛行機なんて一機もないぜ」ボブがウェンドーバーへ行く飛行便を調べていると、作戦本部の軍曹が、がっかりさせるようなことを言った。しかし、デンバーにあるローリー空軍基地までならB－17に搭乗して行くことができると言われたので、ローリー空軍基地へ向かうB－17の狭い尾部銃座にもぐり込んで隔室のサドルに跨いで座った。そこからの眺めは、脚の付け根の痛みを忘れさせるほどすばらしかった。デンバーからはトロリーバスに乗ってユニオン駅まで行き、そこから午後五時発のゼファー号へ乗車してソルトレークシティーへ向かった。朝早く、列車は静まりかえったソルトレークシティー駅に到着し、駅前にはウェンドーバー行きの六輪トラックが入隊する兵士たちを乗せるため待機していた。

二日剃らなかった無精髭が濃くなり、飛行任務のとき以外は着用が禁止されていた皮革のA－2フライトジャケットを脱いだが、その時は少しも気にならなかったし、数時間前にはシャツのカラーをはずしてネクタイも緩めていた。ウェンドーバーに着いて、基地の門でＭＰがボブのボディーチェックをしながら、だらしない格好に頭を振って溜息をついた。「ジープで行くんだ」MPは、その格好が基地内の高級将校の目に触れないよう気を配ってくれた。

基地の中を走って行くジープのうしろに舞い上がる砂埃を見ながら、いつか東洋のどこかで、ここと同じような広大で強烈な印象の空を見ることになるのだろうかと思った。その想いはニューヨークのコニーアイランドでの記憶を呼び覚した。あそこの空はトルマリンより強い色合いを帯びることはめったになく、母親が塡めていた指輪のような青色だったが、ここの空は紫だ。そして、コロラドの山々のどこかにも何か変化が起きそうな気配がしていた。その変化というのは、この山々を越えて西へ向けて飛行することなのだろうか？

ウェンドーバーに招集された隊員のほとんどが集まった日、ティベッツは宣伝カーの上から隊員たちに向けて全員の心に刻みこまれるような話を始めた。第五〇九混成部隊は、ほかの部隊とはちがってすべてを自給自足する独立した部隊であり、全員がある宿命を背負わされることになる。そして皆が任務を完遂することが、この戦争の結果を左右する。無駄話は許さない。勝手な憶測もしてはならない。ここに居たくない者は直ちに去ってよい。以上のように言ってから、ウェンドーバーの基地の門に貼ってある警告文をあらためて示した。その警告文は、ボブが少し前に目にしていた文句だった。

「ここで耳にしたこと、ここで目にしたことは、

「ここを出るときには、決して口にするな」

ジープが角を曲がったとき、目に飛びこんできた黒い文字を見てボブは少し戸惑った。『C』技術区域、特別立入禁止」と書かれているが、「立入禁止」と「特別立入禁止」とは一体どこがちがうのだろうかと思って、少し可笑しかった。

情報部が「特別」という最上級を付けることにどんな意味があるのか、よくわからなかった。とにかく機密保持が最優先されたため、隊員たちの行動は常に監視された。三〇人あまりの情報部員が変装して、地上任務の隊員、電話交換士、調理師、配管工、電気工などに紛れこみ、四六時中どんな場所でも隊員たちの様子、寝床、小部屋、ゴミ箱などにまで目を光らせていた。情報部は隊員たちの身上を調べ上げることに誇りを持っていて、MPの中隊は隊員たちが世間の関心をひくような騒ぎを起こすと、それを鎮める役目を負った。妻や恋人、友人や母親に宛てた手紙は検閲官に開封され、問題の箇所を切り取られたあと封書に検閲済みの四角いスタンプを押され投函された。電話での会話も盗聴され、宿舎のベッドルームには小型のテープレコーダーが取り付けられた。自慢話をしたがる者には尾行が付いて、機密情報をうっかり漏らした者は、たちまち北極やアラスカのような遥か彼方の地に送られた。

極秘とされた区域内には丈の低いカマボコ兵舎が建てられていて、広々とした空の重みで押しつぶされたように見えた。司令部に着いたボブは、すり減った木の床にB－4バッグを下ろしながら『失言が船を沈める』（うっかり言うと災いとなる）という歌のタイトルを思い出した。デスクに座った軍曹に命令書を差し出して話をしようとしたら、いきなり詰問された。「だらしない格好」で「軍服も着ていない」点について押し問答をしていると、隣の部屋から聞きなれた声がした。

「ボブか？」

「そうです、大佐」

「こっちへ入ってドアを閉めろ」

不機嫌そうな軍曹の横を通り過ぎてティベッツのオフィスに入ると、思わず顔がほころんだ。

「我々の隊へ加わる決心をしてくれて嬉しいぞ」ティベッツは、エグリンで初めて会ったときのように力強い握手をした。「わたしに言えることは、我々が戦争を終わらせる任務を与えられているということだけだ。ここでは、おまえのすることは、すべて極秘だ。質問は受け付けない。言われたとおりすればいい。おまえが口が堅いのは、よく知っている」

「大佐？」

「何だ？」

「お言葉ですが、おかげで結婚の予定が台無しになりました……」

「だから、おまえがウェンドーバーへ出頭したらすぐに結婚休暇を出すと約束をしたんだ。二週間の休暇だぞ」

ティベッツは、ワシントンへ行く途中に朝のうちにコロラドスプリングスまで飛行する予定だから、そのときウィチタまで足を伸ばして、そこでボブを降ろして結婚式に間に合わせようと言ってくれた。

「支度をして午前六時に駐機場で待っていろ」

＊＊＊

「おまえと、ほかの全員もだが、許可が下りるまでには六ヶ月かかるな」ボブが二週間の休暇の許可申請を申し出たとき、受付の軍曹が言った。

「ティベッツ大佐がもう許可してくれているんですよ」

「大佐がねえ……」軍曹は、あざ笑うような顔をしながら隊長のいるオフィスへ入って行った。

「承知しました、大佐」隊長が腹立たしげに受話器を置いた。ティベッツからの返事は隊長の予期に反していたようだ。

ボブは、電話のやり取りを耳にしながら内心愉快な気分になって、掲示板の広報を読んでいるふりをした。

「あの軍曹に休暇の許可を出してやれ」隊長が不機嫌そうに軍曹に言っていた。

ティベッツは、ボブを同乗させてコロラドスプリングスに着くと、不安そうな様子のボブに、自分の用事が済むまでしばらく待っているよう伝えた。ティベッツが戻ってくるまで待合室の机の上にあった雑誌を隅々まで読み返しながら時間を過ごしたが、事務室の中は静まりかえったまま暗くなってきた。やっとティベッツが戻ってきた。

「ここに数日間足止めされることになりそうだ」ティベッツが単刀直入に言った。「おまえをウィチタまで飛行機で送ってやるつもりだったんだが」

ボブは、下士官兵一人をわざわざカンザスまで飛行機で気軽に送り届けてくれるパイロットがいるとは思ってもいなかったので、別に驚かなかった。

「これからどうする?」

「列車で行きます」

ティベッツは、コロラドスプリングスに宿泊予定のホテルまで行くため将校用の車を手配してから、運転手に途中の駅で止めるよう指示し、同じホテルまで一緒に行くことになっている公用の手提げ鞄をもった不機嫌そうな少佐に、一緒に同乗することになったボブを紹介した。

列車の駅には人けがなかった。車を降りたボブが、時刻表を調べるあいだ待ってもらえるかとティベッツに頼んでいるのを聞いて、同乗の少佐は腹を立てた。将校が下士官兵の面倒を見るということが、とうてい理解できなかったのだ。

「明日の午後までウィチタへ向かう列車はありませんでした」ボブが戻ってきて車の前席に座った。「バスの発着場へ行ってみたらどうでしょうか」

運転手がバスの発着場なら知っているとティベッツに言った。

「ついてないです」バスの便もないのだと、発着場から戻ったボブが後部座席のティベッツに言った。「大佐、もういいです」

「結婚式に間に合わせるにはウィチタまでどうやって行けばいいんだ?」ティベッツが心配そうに訊いた。

ボブは親指を立てた。

「町のはずれまで行ってもらえませんか? そこからヒッチハイクで行きます」同乗の少佐が呆れたような顔をして、唸った。車は降り出した雨の中を八五号線を南に向かった。「このあたりがよさそうです」ボブは霧雨の中を車から降りて、何軒かのガソリンスタンドと小さな店とで明るく照らされた周囲を見わたした。

「幸運を祈るぞ、ボブ」ティベッツはそう言って、真顔のまま車から手を差し出した。ボブは、車のテールランプが霧雨の中を遠ざかって行くのを見送った。

＊＊＊

「そこにいて下さい! 今そっちへ向かっている途中ですから!」受話器に向かって怒鳴るように言ってから、義理の姉になる相手に話が伝わったことを願った。電話ボックスの薄いガラスは、目の前の道路を行き来する車の騒音をさえぎってくれなかったのだ。

それから、道路の路肩に沿って振り向いたり進んだりしながら、近づいてくる車に向けて親指を挙げた。何台ものバスやトラックが轟音をあげて通り過ぎるので、その勢いで体が吸いこまれそうになった。ドッジシティーまで一〇キロメートルあたりのところまで歩いて来たとき、やっと干し草を積んだワゴンが停まってくれた。

ドッジシティーに着くと、ケイが待ってくれていた。初めて出会ったときと同じ青色の服を着ていたことが嬉しかった。一輪のバラで作られたコサージュが、ほっそりした体のケイをいっそう美しく見せていた。式場の厳かな雰囲気の中で陽気なアイルランド人の司祭が、時間厳守でもあるかのように結婚の誓いを慌ただしそうに執りおこなった。それからは、まさに時間厳守だった。一日経ったウェディングケーキをみんなで食べたあと、新郎新婦は大急ぎで駅へ向かった。

駅のポーターが、ふっくらした手をケイに差し伸べて列車に乗りこむのを手伝ってくれた。結婚式の招待客がケイのスーツケースにチョークで走り書きした「新婚ほやほや」の文字を見なくてもポーターには二人が新婚だとわかっていて、「上段の二つの寝台しか空いていません」と済まなさそうに言った。「ただし、それだとハネムーンを過ごされることはできませんので、お荷物をひとつの寝床に置いて、もうひとつの寝台でご一緒なされたらどうでしょうか？」ポーターは嬉しそうに笑って、二人に初夜を過ごさせようとしたのだ。

列車が翌朝シカゴに到着するまでに、ボブは以前ケイに手紙で知らせておいた両親のことについて話をしておいた。シカゴを発ってからニューヨークまでの夜行は、寝台ではなく客車の座席しか空いていなかったので、ほかの乗客と押し合うようにしながら長時間座席に座っていなければならなかった。ニューヨークではジョージとアンが「素敵なふたり」に会うためにペン・ステーションで待ちわびていた。

＊＊＊

「規則ですから、あなたの隊長が車で行く許可を与えてあると、わたくしどもに言って下さらなければ、余分のガソリン券を差し上げることはできません……どちらまで行かれるつもりですか？」ニューヨークの配給課で女性職員が言った。

一週間で一九リットルのガソリンがあれば、いつもなら何とかなったが、「A」ステッカーのガソリン券だけではリンブルックで用事をするくらいしかできなかった。ニューヨークからソルトレークシティーのさらに二〇〇キロメートル西まで行くガソリンが必要だったし、その途中で遠まわりをしてドッジシティーへ立ち寄り、実家の農場に置いてあるケイの身のまわり品を持って行かなければならなかった。

ティベッツはウェンドーバーまでシボレーを運転してくることを許可してくれていたが、そのことをニューヨークの配給課が書面で許可証を求めたので、ウェンドーバーのティベッツ宛てに電報を打った。すると翌日の午後すぐにバージニア州の国防省から発信されたティベッツの電文を受け取ったので、融通の利かない配給課の職員に電文をこれ見よがしにちらつかせて見せた。あとで知ったことだが、そのとき国防省に行って会議中のティベッツが、ウェンドーバーの融通の利く職員が転送してきたボブの電報を見て返電してくれたのだった。

＊＊＊

カンザスの農場で育ったケイにとって、コロラド北部のロッキー山脈は初めての体験ばかりだった。モナーク峠の空気は希薄で凍てつき、吐く息が無数に砕け散ったプリズムのように虹色になって見えた。ボブはシボレーからカメラを持ってきて、樹脂の香りに包まれたエンゲルマン唐檜の林の中でケイにポーズを取らせた。

ふたりの肩越しには、雪で覆われたユタ州のワサッチ山脈が沈み行く太陽でバラ色に染まっていた。モナーク峠をあとにして、しばらく車を走らせていると、タイヤがパンクしたときのゴツゴツ、グラグラする不快な音が聞こえてきた。ボブは荷物をいっぱい積んだトランクからスペアタイヤを取り出して交換し、シボレーは夜の道をユタ州アメリカンフォークに向けてノロノロと進んで行った。

ソルトレークの西にひろがる荒涼とした風景は、穏やかに包みこむような東の山々とは全く対照的だった。広大な砂漠の大地には、ところどころに見える山の頂が横柄そうに顔をのぞかせているだけで、長くてまっすぐな道路が灼熱のため陽炎のように揺らめいていた。

ふたりはネバダ州に近いユタ州の古びたステートライン・ホテルに着いて、そこで一週間ほど滞在する予定だった。ふたりの部屋はホテルにあるカジノの大広間から離れた質素な小部屋で、所持品を置く場所はあったが、ケイは荷物は車の中にそのまま積んでおきたいと言った。車は表通りに駐めておいたので、部屋に入りこんでくるゴキブリからは安全だったからだ。

結局、部屋にゴキブリは入ってきたが、ケイが大騒ぎするほどではなかった。翌朝、ふたりが朝食のため階下に下りると、駐めてあったシボレーの帆布の天井に切りこみが入っていた。それから、滞在を済ませてホテルをあとにしたふたりがウェンドーバーに向かう道路の上には、ヘンゼルとグレーテルが道しるべのためにパンくずを撒いたように、ウェンドーバーの基地の門まで化粧水が点々と滴り落ちていた。ふたりが基地に着くと、門のところでMPたちが一人の中尉の酔いをさましていた。酔っ払った中尉はホテルの前に駐めておいたシボレーの天井の帆布を切って、車の中にあった化粧品を盗み出したらしく、子供が怖がって毛布にしがみつくようにケイの化粧品箱を自分の胸の中にしっかりと抱えていた。

＊＊＊

ウェンドーバーの人口は一〇〇人ほどだったが、町には活気があった。そして時折、町の中は侘しそうな様子の兵隊たちでいっぱいになった。昨年の冬、ウェンドーバーがP－47戦闘機部隊の訓練基地だったとき、町を訪れた喜劇役者のボブ・ホープは「食べ残しの土地」と名づけた。その基地も、部隊の戦闘機、隊員、指揮官などが転出してしまったので、今まで以上に取り残された場所のように見えた。

ボブは基地の外で暮らせるよう許可申請を出した。基地の外にはコンクリートブロックのアパートが立ち並び、基地で勤務する職員と士官たちが主に生活していたが、そこへ入居するためには入居待ちの名簿に記入して半年ほど待たなければならなかった。寄宿舎風のアパートも何棟かあって、ワイアット・ドゥーゼンベリとロバート・シューマードがそこで暮らしていた。

下士官クラブで若い衛生兵と出会ったことで、運よく早めに入居できる道がひらけた。衛生兵が所属する部隊が外地へ派遣されることになり家族を送り返すことになったので、希望すれば、そのあとに入居できることになったのだ。「入居待ちの名簿なんて気にするなよ」衛生兵はそう言って、自分の住んでいたところはB－24の解体作業を請け負う廃品回収業者から又貸ししてもらっていたと説明した。廃品回収業者は志願兵たちをひいきにしていた。「言っとくけど、あいつは別に士官たちに恨みがあるわけじゃないんだからな」衛生兵はそう言った。

「ああ、ええども。貸じでえ、やるよ」廃品回収業者の男は、ボローニャサンドイッチを口いっぱい頬ばったまま言った。汚れた汗と油にまみれて破れたアンダーシャツから大きな腹が突き出ていた。ボブは、今までこんな下品な人間に出会ったことがなかった。男は自分が所有しているガラクタみたいなトレーラーの外で一人の痩せた男と世間話をしていたが、廃品を収集した場所が一体どこからどこまでなのか見当がつかないほど周囲には物が散乱していた。

「月四〇ドルなら貸じでえ、やっでもええがな」男はニヤニヤしながらそう言って、基地の方から隊員用のアパートを割り当てられているが、そこは自分には用はないし住む場所は別にあるんだと言って、ネズミの住みついたトレーラーを指さした。

「それどな、もひどつ条件があるんじゃが、」

ボブは言葉を待った。

「かかあの荷物を置いどくのに、寝室をひとつ空けでえ、もらいでえんだ……ソルトレークシティーから、やっでくるもんでな」それから、少し考えこむような素ぶりを見せてから、「そいでえもっで、時にゃあ、あんだあどこのシャワーを使わせでもらいでえんじゃが」

許可申請がおりるまで六ヶ月も待つことを考えたら、その条件で契約するしかないと思った。

「それでいいですよ」

セメント造りの小さなアパートがふたりの住まいになったことをケイに伝えると、ケイは嬉しそうだった。今まで衛生兵と家族が住んでいたので改修はほとんど必要なかったし、あとに残してくれた家具類の中には、二脚の椅子付きの丈夫な木製の小型テーブルと食器類にポット、鍋なども置いてあった。

国税庁が貧乏人から税金を吸い取ろうとしても、ケイは国税庁に勤めていた経験から工夫を凝らし、石炭ストーブの上でスパム缶詰のソーセージミートを使って新居で初めての記念になる料理を作った。翌月になると、ボブがキッチンの石炭入れをいっぱいにするたびに、ケイはスパム缶詰を使って、いろいろな料理を作った。

ケイは家事をしながら歌を口ずさんだ。キッチンに置いたケイの小さなラジオは、自分と外の世界をつなぐ命の綱だった。ウェンドーバーに来たふたりは、ある一線を越えて、あと戻りのできないところに来ていた。

＊＊＊

ボブとケイの住まいはティベッツ夫妻の住んでいる建物の向かいにあった。ある土曜日、ティベッツがバケツに汲んだ水で車を丁寧に洗っているところへボブが通りかかった。

「こんにちは、大佐」

「ボブじゃないか、ここで何をしているんだ？」

「ここに住んでいるんですよ」

「ここのアパートに？　一体どうやって入居できたんだ？」

「それなんですよ大佐、ぼくたち志願兵だって助け合っているんですからね」

「そいつはよかったな」ティベッツはそう言ったまま、また洗車をつづけた。

戦争はティベッツの肩に重くのしかかっていた。その重さはウェンドーバー、ワシントン、ロスアラモスの三角地帯の上空を、高度七六〇〇メートル以上で飛行したくらいでは軽くならなかった。秘密主義は妻のルーシーを無気力にさせ、夫が任務に没頭して自分から心が離れて行くと、ポールとジーンの二人の息子に心血を注いだ。時に寂しさが募ると、控えめなこの夫人は建物の向かいに住んでいる親切な若いキャロン夫妻と一緒に教会へ出かけて、ミサによって心の安らぎを得た。

＊＊＊

ティベッツは、第三九三爆撃飛行大隊から集めてきた隊員たちの行動を観察しているうちに、隊員たちへの信頼を強めていった。高い能力が備わっていることを、鋭い観察力だけでなく直感的にも見抜いた。そして航空軍の最高ともいえるこの隊員たちの中から、さらに自分と一緒に原子爆弾の投下任務に従ってくれる者たちを選び出した。

トーマス・フィアビー少佐は、多くの士官と同じく二十代半ばだった。ティベッツの操縦する飛行機の爆撃手として、フランスと北アフリカ戦線で一緒に任務に就いていた経験があり、映画に登場するような、いかしたギャンブラーにでもなれそうな男だった。生まれ育ったノースカロライナ州モックスヴィルは南部の魅力に富んだ町で、女とトランプで成長したような男だった。保安部の責任者バッド・ユアンナ少佐はフィアビーのことを素っ気ない調子で「やり手」と呼んだ。ただ、ルイスに比べるとフィアビーの方が「シャーリー・テンプルのように」温厚で生真面目な人物だとティベッツに語った。型破りな言動のため機密保持について不安視されたが、それでもティベッツはフィアビーを高く評価していた。正確な爆弾投下技術を指導する立場としては打ってつけだった。

セオドール・J・ヴァン・カーク大尉は、フィアビー少佐とは任務のときも非番でも気が合った。ヴァン・カークは、ふるさとのノーサンバーランド高地を吹き抜けるペンシルベニアの朝霧のように、何事も苦にせずにやりこなした。この楽天的な性格は、来たるべき任務のときにティベッツの航法士として最適な人物だった。ヴァン・カークもティベッツのように完璧主義者だった。

温厚な性格のロバート・ルイス大尉は、ときに威圧的になるかと思うとすぐに穏やかで丁重になるような性格だった。ティベッツは、ルイスのかわりに自分が機長をすると、いつも不機嫌になることを知っていたが、パイロットとしては天性の才能があった。ただ、茶目っけのある性格は操縦をする上で危険を伴うことがあり、そのことがティベッツの悩みの種だった。

ジェイコブ・ビーザー中尉は、電子対策と呼ばれる新しい技術を誰よりも理解している男だった。ジョンズ・ホプキンス大学で工学を学んだあと、フロリダの大学で無線通信と電子工学の講義をしていたことがあった。ビーザーは、原子爆弾の複雑な起爆装置が敵のレーダーによって停止したり暴走して、爆弾が爆発するのを防ぐ監視装置の微妙な調整に取り組んでいた。ティベッツとは互いに尊敬し合う間柄だった。隊員たちの多くは頑固一徹なビーサー中尉とウマが合わなくて、ウェンドーバーの基地に出入りしている民間人を呼ぶように、ビーザーを「長髪族」と呼んでいたが、そんな隊員たちも、ロスアラモスからやって来た民間人たちが原子爆弾の製造計画に取り組んでいることは全く知らなかった。

ティベッツは、海軍の兵器専門家で兵站部将校のウィリアム・ディーク・パーソンズ大佐をもっとも高く買っていて、広い額の中にある優れた頭脳は疑いないものだった。

原子爆弾の起爆装置を調整する助手になったモリス・ジェプソン少尉は、誰とでも上手に仕事ができた。イェール、ハーバード、マサチューセッツ工科大学で物理学を学び、兵器の専門家としてパーソンズ大佐の指揮下で仕事をすることになった。ジェプソン中尉は信仰上強い信念を持っていて、それを自分の考え方や行動指針にしていたが、他人に押しつけたり相手を判断する基準にしたりするようなことはなかった。

ワイアット・ドゥーゼンベリ曹長のお気に入りはポーカーだったが、受け身のプレイをするタイプだった。そんな彼も航空機関士としていったん計器盤の前に座ると、賭博師の姿はなかった。ティベッツをはじめ搭乗員たちの誰もが、自分たちは「ドゥーゼの」エンジンで動く「ドゥーゼの」B－29に乗っている気がしていた。理解が早く、学ぶことにも熱心な点をティベッツは評価していた。

ロバート・シューマード軍曹は、いつも笑顔を絶やさない大らかな男で、人を楽しませるのが好きだった。身長が一九二センチある航空機関士助手で、ふだんはエンジン性能を監視する任務に就いていていて、ボブよりはずっと背が高かった。非番のときは、いつも無線通信士のリチャード・ネルソン上等兵と行動をともにした。

レーダー士のジョセフ・E・スティボリック軍曹は、とぼけたユーモアセンスのある男だったが、ふだんは表に出さなかった。物静かな性格で、ほかの隊員たちと一緒に騒ぐよりも独りで過ごすことが好きだった。

第五〇九混成部隊は、文字どおり寄せ集めの集団だった。隊員の中には人殺しをした男が一人、殺人で有罪になった男が三人、そのほかにさまざまな悪漢たちもいて、この男たちは工具やダイスを作る仕事をしていた。しかも全員が刑務所から脱獄した男たちで、おまけに誰もが仕事の達人たちときていた。

ティベッツは、この犯罪者たちを一人ずつ呼び寄せ、自信に満ちた強靭な自己抑制のある眼差しで彼らを見すえた。「仕事をするんだ、迷惑をかけるな、戦争が終わったら、おまえたちの過去の犯罪歴を帳消しにしてやるぞ」

とはいえ、ティベッツの独立航空軍に所属する、そのほかの一五四二人の志願兵と二二五人の士官たちの中には、殺人や暴力をふるう者などはいなかったし、日中は飛行訓練と爆弾投下訓練に、夜は子作りに励んで忙しかった。

＊＊＊

パラマウント社の「世界の目と耳」と名づけられたニュース映画が国内の映画館で上映されていた。「世界の目を太平洋に向けてみると、そこではアメリカ軍の爆撃機のパイロットと搭乗員たちが日本の占領している島々に着々と進撃しています。……アメリカ軍は太平洋を取りもどして、日本へ侵攻する空の路を造り上げているのです」

一九四四年十月二十四日、サイパン島から東京をめざして、B－29が初空爆のため離陸して行った。同じ日、ウェンドーバーの第三九三爆撃飛行大隊に一五機めのB－29が到着した。このB－29は、装甲板と尾部以外の火器が取りはずされて重量を軽くし機動性が高くなっていたが、整備士たちは、防備と火器のない、このB－29を「ネギカモ一号」とか「二号」と名づけた。

クリスマスの八日前、その日はキティーホークで開催されたライト兄弟の四十五周年の記念飛行にも近い日だったが、第五〇九混成部隊は作戦行動を命じる文書を受け取った。一方、ロスアラモスでは、それから二日後、レズリー・グローヴス少将とロバート・オッペンハイマーが、ウラン型の原子爆弾は砲身型の起爆装置がもっともよいことを確認し合い、起爆装置の方式が決まったので、貴重な少量のウラン235を核実験に使わなくてもよくなった。

十二月にヨーロッパでバルジの戦いがあった頃、ルーズベルトは、限られた量のウラン235を利用した原子爆弾は、ドイツに投下すべきではないかとグローヴスに提案したが、グローヴスは、今まで試したことのない兵器をドイツに使用するのは好ましくないと述べて、その理由を説明した。万一、原子爆弾が不発に終わったら、ドイツは爆弾を回収して調べ上げ同じ爆弾を製造するかも知れないが、日本には、まだそのような製造技術はないだろうし、日本の家屋は木造建築なので、一発の原子爆弾によってドイツよりも遥かに甚大な被害を与えることができるからだと説明した。

科学者たちが原子爆弾を完成させるため懸命に取り組んでいた頃、ドイツ軍はロシア領内に深く侵攻していた。アメリカ国内では、人々は外地の前線で戦っているアメリカ軍の兵士と同様に戦争に倦み疲れていた。ただ、一九四四年の年末頃には国民たちの暮らしは活気を取り戻しつつあった。数年前に比べて、ここ一年で収入は増えてきたし、今までは節約していた品物も、たやすく手に入れることができるようになり、食卓には鮮度のよい食材が並ぶようになった。ただ、その景気のよさは犯罪集団による闇市場のおかげもあった。また、イーストマン・コダック社が開発したカラー写真用のネガフィルムで写した写真が人々の関心の的になった。

金曜と土曜の晩になると、人々は映画館に行って喜劇や陽気で楽しいものや情熱的なテーマの映画を鑑賞し、戦争にかんする新聞の暗い見出しを忘れようとした。オットー・プレミンジャーはクリフトン・ウェブ、ジーン・ティアニー、ダナ・アンドリュースが出演する『ローラ殺人事件』を監督製作した。クラレンス・ブラウン監督の『緑園の天使』では、初々しい美貌のエリザベス・テイラーが人々の心をなごませた。人々は一方で、デヴィッド・ニーブン、ピーター・ユスティノフ、スタンリー・ホロウェイ、トレヴァー・ハワードが出演する『最後の突撃』を上映している映画館を探したり、映画『カバーガール』ではアイラ・ガーシュイン作詞ジェローム・カーン作曲の音楽に合わせて、出演者のリタ・ヘイワース、ジーン・ケリーと一緒になってリズムを取って楽しんだ。

「チキータ・バナナ」のCMソングに合わせて、人々は居間でルンバを踊ったり、多くの子供たちは「ローン・レンジャー」と「トント」が駆けまわるのを空想し、心温まる「ハイホー・シルバー」に心を躍らせた。ダンスフロアでは、『トワイライト・タイム』に合わせて楽しそうに体を動かし、『ムーンライト・イン・バーモント』や『センチメンタル・ジャーニー』の世界に夢を馳せたりした。『あなたにだって起きるかも』や『あなたはいつも』の歌を聴いては、世の中は何が起きるかわからないことや愛する人の心を傷つけることがあるということを知った。一方では、サマセット・モームの『剃刀の刃』を読んで知性を磨いたり、小説家ハリー・ピーター・ブラウンの『激戦地』を読んで、結局は戦争に向き合うことになるのだった。

この年の大統領選挙では、現職のルーズベルトが五三パーセントの得票率で共和党候補のニューヨーク州知事トマス・E・デューイを退けて当選し、四期目の大統領として就任した。ところが、それからまもなくルーズベルトは思いがけない出来事に直面することになった。就任直後の慌ただしい中で、大統領選挙のとき副大統領候補として予想外に思われていた人物に主導権を奪われたのだ。副大統領になったハリー・S・トルーマンが、特別予算委員会を指示して国防計画における不明な予算を調査してニュースの種にしようと考えていたのである。

そのため特別予算委員会の議長を務めていたトルーマンによって、原子爆弾の極秘計画が議会で真相を追及される寸前になっていた。トルーマンが知りたかったのは、巨額の予算が一体どんな計画に使われているのかということだった。トルーマンは政府が極秘計画に予算を充てている事情を知らなかったので、政府から明確な回答が得られなければ使途が不明な巨額の予算の問題を明るみに出すと迫ったが、マンハッタン計画へ口を差し挟むことは、当事者にとって迷惑なだけでなく機密上も大きな問題だった。この事態を収拾するため、陸軍参謀総長のジョージ・C・マーシャル元帥が特別予算委員会の委員たちと内密に会談することになった。マーシャル元帥は、委員の一人ずつと面談して、この戦争が速やかに終わることを望んでいるのなら何も見ず何も言わず何も聞かないでもらいたいと述べた。委員たちは、この話に困惑し事情が呑み込めないながらも、この件について干渉しないことに同意した。ルーズベルトはそのあいだにも、マンハッタン計画に密かに資金を投入していた。

「見ざる言わざる聞かざる」の決まり文句は、国内の労働者たちのあいだにもひろまっていた。陸軍婦人部隊のエレン・カーターは、極秘の核実験場に配属されて特許申請をする設計担当者だったが、エレンによると、ニューメキシコの基地で進められていた奇妙な仕事に携わった人たちが、誰も秘密を口外しなかった理由は二つあったという。「第一に、わたしたちは怖かったのです」エレンは語った。「第二に、わたしたちの言うことなんて誰も信用しないだろうと思っていたのです」

＊＊＊

砂漠と岩塩と照りつける太陽に取り囲まれたウェンドーバーには、クリスマスツリーに使えるような木はなかった。ボブとケイはツリーに使う木を探そうと、ウェンドーバーからもっとも近いネバダ州のエルコという町へ出かけた。

ボブが生まれる六週間前、ネバダ州エルコの北西にほど近い曲がりくねった山道で、手足の不自由な六十歳の地質学者が難しそうに体をかがめてゴツゴツした一個の岩を拾い上げた。その岩は何の変哲もない岩のように見えたが、それは銅鉱石で、地質学者にとっては大きな発見だった。そして、大きな銅鉱床があれば、それをもとにして大実業家になれると考えた。戦争によって世界中の情報が銅を使った電線で縦横につながることを予見したのだ。

ウェンドーバーの小さな町は、ヨーロッパでくりひろげられている戦争によって破壊された多くの町からは遠く離れていたが、この町でもクリスマスは、たやすく祝うことはできなかった。

ボブとケイがやっと見つけたのは背の低い一本の木だったが、新しい木の香りがした。ふたりは厚紙に色の付けられた箔の飾りを一箱ほど一緒に買って帰り、ボブが居間にツリー用の木を立て、ケイは実家の農場で家族とクリスマスをしたときのように、ツリーにポップコーンを吊りさげた。キッチンに置かれた小型ラジオからはソルトレークシティーから放送されるクリスマスソングが流れていた。ケイは、お気に入りの青いドレスを着てボブと一緒に下士官クラブのクリスマスパーティーに出かけ、家を離れて軍務に就いている人たちと一緒に過ごした。

チャック・スウィニー大尉と夫人は、クリスマスイブの深夜ミサに参列するためキャロン夫妻と一緒に出かけることになった。背が高く体格のよいチャックを狭苦しいボブのコンバーチブルに乗せるには、いったん天井の帆布をはずすしかなかった。チャックが車のシートに座って膝を抱えるようにしてから、ボブは帆布をもとに戻した。

＊＊＊

過ぎ去る時の流れの中で、ボブの心には果たして戦争に勝てるのだろうかという漠然とした想いと将来に対する不安が湧き起こっていた。その一方で、来たるべき一年が相反する価値のある物を生み出す年になろうとしていた。英米の研究によって、ひとつには人の命を奪う原子爆弾が製造され、もうひとつは人の命を救うペニシリンとストレプトマイシンが量産されるという、二つの物が人類に貢献しようとしていた。

その頃、国内ではローレンス・オリヴィエが監督・主演する『ヘンリー五世』を観ようとして、劇場の切符売り場には観客が詰めかけた。俳優のレイ・ミランドとジェーン・ワイマンは『失われた週末』に出演し、ラオール・ウォルシュ監督はエロール・フリン主演の『決死のビルマ戦線』を撮った。またアルフレッド・ヒッチコック監督は、イングリッド・バーグマンとグレゴリー・ペック出演の『白い恐怖』で観客の心を捉えた。

国民の暮らしには活気や豊かさが戻ってきていたが、グローヴス少将には関心のないことで、自分にとって差し迫った関心事はロスアラモスの優秀な知的集団が造っている物と、ワシントンの執務室から三二〇〇キロメートル彼方にある空軍基地の優秀なパイロットたちのことだけだった。ティベッツは、ウェンドーバーの第五〇九混成部隊の詳細について、その半ばをグローヴスに報告し、六月十五日には部隊として爆弾を投下することが可能だと伝えた。

ティベッツは、科学者と国防省の上層部たちとの極秘の会合以外の場所で「原子爆弾」という用語を口にすることは決してなかった。隊員たちは、奇妙な爆弾を一個投下したあと複雑な退避行動を取るための厳しい訓練をくりかえしながら、今までとはちがう何か新しいことをするのだということはわかっていた。ただ、その新しい何かが大地を揺るがすほどの兵器だとは想像もできなかったし、その兵器が戦争を終わらせるだけでなく、今後も世界で起きる戦争を永久に防ぐかもしれないことなど知るよしもなかった。

アメリカ全土にわたって数十万人の軍人と民間人、それに科学者たちが精巧な蜘蛛の巣の糸を紡いでいた。ただ皮肉なことに、その蜘蛛の巣が八月の夜明けに目も眩むような光となって姿をあらわすまでは、ほとんどのアメリカ国民には見えない糸だった。

＊＊＊

ボブはロバート・ルイス大尉の隊に所属していたが、「でかい奴」を投下する訓練のときは決まってティベッツが機長になることに気づいていた。第五〇九混成部隊の舵取り役であるティベッツは、極秘任務のため、ずいぶん遠まわりをして誰にも行く先を知られないようにマンハッタン計画の打ち合わせに呼ばれることがしばしばだったが、そんな彼もＢ－29という巨大な爆撃機の性能を熟知し思いどおりに操縦できる鋭い直感力を持っていた。ボブは、ガソリン券のことでニューヨークの配給課ともめていたとき、ティベッツが国防省から電報を打ってくれたことを忘れていなかった。とにかく「でかい奴」が何であろうと、ティベッツだけが知っていればよかったのだ。

＊＊＊

ウェンドーバーの冬は、思っていたほど厳しくなかった。巨大な積乱雲がピークウォップ山脈を西に向けてひろがっていくと、雲は平地を覆う勢いを失って、北にある標高三〇〇〇メートルのパイロット山に雪を降らせて銀世界にした。ただそんなウェンドーバーも、強い風のためウィンドーバーと名づける方がよさそうだった。山々の周囲に渦巻く猛烈な風が広々とした大地に吹きおりてくると、舞い上がった砂が顔を叩きつけ、凶暴な風は至るところに容赦なく吹きこんできた。

冬場のこのような気候と単調な暮らしのため、家の中に閉じこめられた人々はジムに通ったり、ボブや無線通信士のエイブ・スピッツァーたちのように、ハンドボールに興じてエネルギーを発散した。

ウェンドーバーは、そこだけでひとつの国家を形成していた。そして第五〇九混成部隊は、その中で、もっとも独立した組織として最良の待遇を与えられ、最高の訓練を受けた部隊として任務に就いていた。

＊＊＊

「超空の要塞」と呼ばれたB－29の設計担当者たちは、高度一万一〇〇〇メートルを時速五六〇キロの巡航速度で航続距離五六〇〇キロメートルを飛行できると説明したが、航空工学の技術者たちは、そのような条件下でB－29を飛行させる必要はないと考えていた。B－29は、高度を上げるほど機体が不安定になったし、搭乗員たちも高度が九〇〇〇メートル以上になると性能に重大な問題を起こすことを予感していたが、ともかくウェンドーバーにＢ－29が配備された。

第五〇九混成部隊の隊員たちが搭乗する使い込まれたＢ－29も例外ではなかった。整備担当者は、しばしば兵装担当者にも手伝ってもらいながら、エンジンについては必要以上に点検整備をおこなった。ライト社の気むずかしいエンジンは、十分に性能を発揮しているときは敵機に対して機動性でまさっていたが、いったん性能が低下すると、装備された防御機能は全く役に立たなかった。

ティベッツが初めの頃におこなった飛行試験の結果にもとづいて、エンジンへの負荷を軽くするため、機体上部と下部にある銃座のほかに射撃照準装置にかんする電子関係のすべてのブラックボックス、電気回路の配線、マイクロスイッチ、アルニコ磁石、ナットやボルトなどの部品が可能なかぎり取りはずされた。ただし、尾部の機銃だけは残された。つまり尾部射撃手が飛行機を守るための唯一の役目になったのだ。兵装の専門家でもあるボブが今やその役目を果たすことになり、ボブも自分のことをサンドバッグと呼んだ。

ボブは訓練飛行のときに尾部で射撃テストをしたあと、機体中央部でエンジンの状態を監視するためロバート・シューマードのいる場所に移動した。ティベッツは飛行訓練の回数を今まで以上に増やした。爆弾の投下訓練はカリフォルニア南部の砂漠地帯や、ソルトン湖のような何もない場所を選んでおこなわれた。

パイロットたちはティベッツの命じる退避行動の訓練をくりかえしていた。一五五度の急降下急旋回をする理由は、飛行機の高度と爆発地点との対角線長を最大にするために計算された結果にもとづいていた。ワシントンとロスアラモスでは、この方法が爆弾の炸裂による予測不能の衝撃波から飛行機を守る「安全な」距離と考えていた。原子爆弾という「仕掛け」の製造に血道をあげている科学者たちと同じように、ティベッツも未知の領域に向けて飛行しようとしていた。TNT火薬二万トンに相当する破壊力が一体どんなものなのか誰にもわからなかった。今はただパイロットたちに厳しい訓練を課し、パイロットたちも飛行機を性能の限界まで発揮させようと懸命だった。決められたとおりの急旋回ができなかったパイロットは、いったん地上任務にまわされた。ティベッツは、搭乗員たちがわずかな変化も許されないほど自分の任務を完璧にできることを要求した。そして多くの点では達成できていた。爆弾を正確に投下して（一か八かは許されなかった）、そこから安全に退避できるかどうかは、全員の技術力とチームワークと運にかかっていた。

爆撃手は、高度九六〇〇メートルから地上にある円周二〇〇メートルの着弾円に模擬爆弾を投下できるよう訓練を続けたが、その円は訓練のたびに徐々に小さくなった。パイロットと航空機関士は、爆撃手が安定した態勢で爆弾を投下できるよう、機体を水平に安定させたまま一定の速度で飛行する訓練をした。また、爆撃手がいったん爆弾の投下点と照準点を設定したら、そのあとレーダー士が設定を再度確認することになっていた。

ティベッツは、搭乗員たちが冬場の短い休息で元気を取り戻したと考えて、今度は赤道付近で数週間の訓練を命じた。メキシコ湾上空では、夜間に漆黒の広大な海上を飛行する長距離飛行の複雑な航法を訓練した。パイロットのクロード・イーザリー大尉はキューバのハバナから一九キロメートルのバティスタ・フィールドまで初めて飛行した。パイロットと搭乗員たち全員が一丸となって、爆弾の投下点と照準点を設定して高度九〇〇〇メートルから正確に爆弾を投下する訓練をくりかえした。

＊＊＊

氷点下の二月のクリミア半島では、顔色の悪いルーズベルトと血色のよいチャーチルが、スターリンと一緒に日本の今後について話し合っていた。スターリンは二人に対して、ロシアの赤軍はドイツが降伏して三ヶ月後に日本に侵攻する用意があると伝えた。そして、思いがけない提案ではなかったが、スターリンが言い添えた。「ただし、アメリカが物資を提供してくれればの話ですが」

ルーズベルトの軍事顧問は日本を降伏させるには今後十八ヶ月かかると試算していたから、クリミアのヤルタ会談でロシアが対日戦に参戦することに同意したことで、今後の情勢がどう進展するのか、ルーズベルトはチャーチルとともに見守ることになった。スターリンからの軍事的な支援は見返りなしにはできなかったし、その見返りについてスターリンは単刀直入に述べた。すなわちロシアが参戦するための物資の補給に加えて、日露戦争で日本に奪われた旧ロシア領を連合軍がロシアに返還するという条件も入っていた。

クリミアから数千キロメートル離れたユタ州には暖かな日が訪れて、隊員たちは朝のブリーフィング、爆弾投下訓練、昼食、それからまた爆弾投下訓練という毎日に明け暮れていた。爆弾投下の着弾円が小さくなってくるとともに隊員たちの国内での日々も残りわずかになってきた。五月になってティベッツは、第五〇九混成部隊に対し外地での任務が決まったと伝えた。

隊員たちが数ヶ月におよぶ訓練をしているあいだ、軍用輸送機が科学者たちや、さまざまな物資を積んでニューメキシコ州とユタ州のあいだを往復していた。しかしティベッツは、太平洋の彼方まで輸送できるような、もっと機内の広い大型の飛行機が必要だと考えていた。数機のカーチスC－46軍用輸送機がティベッツのもとに到着したとき、ボブは驚きの口笛を吹いた。「大佐、この広さだったらボーリング場ができますね」ティベッツは腰に両手をあてて首を横に振った。「だめだ、こんな尾輪式の飛行機を使うつもりはない」そう言ってC－46はすべて送り返された。まもなく、第五〇九混成部隊の備品を広い太平洋の数千キロメートル彼方まで輸送するために必要な輸送機には、より大型の前輪式のC－54が選ばれた。

＊＊＊

第五〇九混成部隊が「でかい奴」の模擬爆弾の投下訓練をしているあいだに、ほかの部隊の勇敢なパイロットたちはB－29を操縦して太平洋の前線に向けて出撃していたが、B－29が過重な搭載をしたまま長距離飛行を続けるとエンジンが過熱するという不具合が作戦上問題になってきた。さらに、第五〇九混成部隊が所属する第二〇航空群のカーチス・ルメイ少将は、姉妹機のB－17とちがってB－29が高高度で編隊飛行を組むことができないことを知っていた。ティベッツも、B－29の試験飛行を始めてまもなく、高度九〇〇〇メートルになると、この巨大な爆撃機は操縦が不安定になって編隊飛行を組むことが難しいことに気づいていたのだ。

この問題はルメイの戦略上に大きな影を落とした。ルメイの戦術は、B－29に編隊を組ませて対空砲火の届かない高高度から昼間に爆弾投下をすることだった。それでなくてもB－29はエンジントラブルなどのために多くの作戦を中止せざるを得なかったり、さらに悪いことには、爆弾を搭載して長距離飛行するために多くの燃料を積んで過重になったB－29が、離陸に失敗して滑走路で大火災を起こし搭乗員が犠牲になるという事故があって、ルメイを悩ませていた。

ティベッツは、B－29の機体重量を軽くすることをルメイに提案した。爆弾倉にある燃料タンクと火器を何ヶ所かはずすと、重量を七二〇〇キロ軽くすることができ、この改良によって操縦性能が高まるだけでなく、エンジンの過熱を防いで結果的には人命を守ることにもなると、ティベッツは説明した。

一九四五年三月九日から十日にかけて、東京の市民は上空に響く爆音とけたたましい空襲警報のサイレンで恐慌状態になっていた。ルメイの指揮するB－29が東京の上空から焼夷弾の雨を降り注ぎ、発生した火災と火事嵐によって一二万四〇〇〇人もの人たちが焼け死んだ。

これ以降も、ルメイはB－29による日本本土への空爆をくりかえしおこない、日本各地は相当な被害を被った。五月二十四日の出撃では五六二機のB－29が東京を空襲し、投下した爆弾の四分の三は焼夷弾だった。中でも「花火状ゲル」と呼ばれたM76焼夷弾は殺傷能力が高かった。二二六キロもあるこの焼夷弾は、ゼリー状の油脂、重油、石油、粉末マグネシウム、硝酸ナトリウムを原料に造られていて、いったん発火すると消火することは不可能だった。このため一ヶ月のあいだにB－29による焼夷弾爆撃を受けた東京近郊、名古屋、横浜、神戸、大阪、川崎の各都市は壊滅状態となった。

日本の国民は、軍部の指導者も軍隊も政治家さえも自分たちを救ってくれないと知って、悪魔払いのため玉虫色の金魚に祈りを捧げ、ワケギの酢漬けを食べて邪気を退散させようとした。

燃料、資材、衣服などと同じく食料品も不足して手に入らなくなり、わずかばかりの生活必需品も配給が厳しく制限された。日本の近海周辺はアメリカとイギリスの艦船によって海上封鎖され、日本の六大都市は空襲によって廃墟になっていた。それでもまだ軍部の指導者たちは日本古来の伝統を重んじ、武士として名誉の死を望んでいた。万一、敵の手にかからなくても自らの手で命を絶つ覚悟で、つかの間の別れを交わしたあとハラキリ（切腹）によって名誉ある死を遂げたのだった。

おびただしい戦死者のあとを補うため、少年や中年の男性までも戦争に駆り出された。日本は敵に包囲されながらもまだ勝利を信じていたが、勝利が訪れることはなかった。軍の命令で民間人も敵の本土上陸に対抗する用意を始めた。竹槍を作り、古びた歩兵銃を磨き、鎌を研いで、体の不自由な者までが弾薬のかわりに決死隊として召集された。日本海軍は多くの艦船が撃沈されて小型の船舶だけとなり、ほとんど壊滅状態だったので、民間の小型船舶を人間魚雷に改造した。爆薬を積みこんだ小型船舶が駆逐艦に護衛されて、日本の沿岸に接近した連合軍の輸送船に爆弾もろとも体当たりする覚悟だった。このように、考え得るありとあらゆる抵抗手段が用意された。「神風」という語は、一二八一年に襲来した蒙古の軍船が台風によって壊滅して日本を救った出来事にちなんでいて、神がかった風がふたたび日本を救うことを願って名づけられたものだった。

海軍大将の鈴木貫太郎は日本の現状を正しく理解していた。国内の有様は狂気の沙汰で、軍国主義者たちは日本人が全滅するまで戦うことを誓い、全滅を覚悟で戦えば負けることはないと主張していたが、それは全く愚かなことだった。

七十八歳の鈴木は、あらためて運命の気まぐれに従うしかなかった。それは、やむを得ない事情によるものでもあった。一九四五年四月上旬、軍人だった鈴木は愛国心のために総理大臣に就任することに同意した。しかし、寄る年波には逆らえなかった。もはや庭園で美しい鳥のさえずりに耳を傾けることはできなくなったし、夜にかすかな虫の音を聞くこともできなくなった。とはいえ和平を願う天皇の言葉は心に響いた。それと同時に、陸軍の向こう見ずな戦争遂行の決意の声も耳に届いていた。総理大臣として鈴木のなすべきことは（おそらく不可能だが）、和平交渉を求める者たちの主張に共鳴しながら、勝利を信じる主戦論者たちをなだめることだった。いざとなれば「ハラキリ」をする覚悟だった。しかし両者の立場に立って曖昧な行動を取る鈴木の姿勢は、日本の伝統を重んじるサムライたちには我慢のならないものだった。鈴木は、古来の武士道とはちがう狂気のような今回の戦争を前にして心身ともに疲れ果てると、閑静な場所に身を置いて老荘思想に親しんだ。

陸軍大将の阿南惟幾（あなみこれちか）は鈴木貫太郎内閣の陸軍大臣だったが、阿南も安易な希望は抱いていなかった。日本はすでに戦争に負けているのだ。神風が吹くことはなく、日本の平和と文化を守るための時間はもう残されていないのだ。阿南は、ひたすら戦争へ突き進む軍部の情熱が天皇への忠誠から来るものではなく、私利私欲のためだということを不愉快に感じていた。部下の士官たちが卵、砂糖、酒などを闇市場から手に入れて堕落している様子を目にして、名誉を汚さずに日本を救おうとしていた阿南には部下たちの誤った忠誠心は邪魔にさえなった。「馬鹿野郎！」と怒鳴りたいほど愚かな連中だった。阿南は日本の伝統精神である「大和魂」はなくなったと感じていたが、どんな犠牲を払ってでも大和魂という名誉を重んじなければならないと考えていた。

阿南も鈴木と同じように、どちらとも受け取られる態度を取っていた。日本は敗戦を認めるしかないが、万一、日本が降伏するにしても、敵の上陸作戦に徹底抗戦をして、できるだけ有利な立場になった時点で和平交渉を進めるというのが阿南の考えだった。阿南は、この方針が有効だと自分を納得させようとした。ただ一方で、この方針を受け入れがたい気持ちもあった。戦争を長引かせることは、木々に咲き誇った花を無残に散らせて、血に染まった大地で踏みつけるように国民を悲惨な目に遭わすことが明らかだったからだ。

＊＊＊

春が人々の心を生き生きさせる季節だとしても、ルーズベルト大統領の弱った体には、そうならなかった。ジョージア州ワームスプリングスで桃の花が咲きほこっていた頃、ルーズベルトは大統領の重い荷を肩から下ろして、ミズーリ州インディペンデンスの農家出身の男に大統領の席を譲り渡すことになった。一九四五年四月十二日の午後五時二十五分、エレノア・ルーズベルトは二階にある自分の書斎にトルーマン副大統領を呼び寄せた。「大統領が、本日の午後三時三十五分に亡くなりました」エレノアは単刀直入にそう伝えてから、話を続けた。

「ハリー、貴方のためにわたしたちに何かできることがありますか？　貴方は今や、大変な立場に立たされているのですよ」エレノアは思いやりをこめて言った。

午後七時九分、ペンシルベニア大通りにある大統領官邸の閣議室で、ハリー・トルーマンは、いつもより低い鼻にかかった声で「合衆国大統領として職務を忠実に全うし、合衆国憲法を維持し、保護し、擁護するために全力を尽くす」と聖書に宣誓をした。

第五〇九混成部隊の隊員たちは、午後五時四十九分のラジオ速報が突然流れてきたときは食堂に集まって食事中だった。ラジオのアナウンサーは、ルーズベルト大統領は画家のエリザベス・シュマートフの前で肖像画を描いてもらっているとき、突然、脳出血を発症したと伝えた。部隊には直ちに命令が発せられて、故大統領が埋葬されるまでは士官、下士官クラブでの飲酒とギャンブルは禁止された。クロード・イーザリー大尉は、ふだんは威勢のいいパイロットで、ウイスキーと女とカードに目がない勝手気ままな行動で知られていたが、衝撃的なこのニュースを聞くと、前最高司令官であるルーズベルト大統領への追悼の気持ちだといって直ちに禁酒した。

この日からちょうど十二年と一ヶ月前のこと、ルーズベルトは、一躍有名になった炉辺談話をはじめた。「わたしの友人たちへ、」といういつもの言葉で語りはじめて国民の気持ちをなごませ、肩の凝らない、くつろいだ雰囲気を聴く者に与えた。

二月には、ヤルタ会談で超大国の指導者であるチャーチルとスターリンとともに「一致した目的と行動」を取ることを誓い合っていた。ニューヨークのヘラルドトリビューンのジャーナリストだったウォルター・リップマンは、六十三歳で他界したルーズベルトについて次のように書いている。「ルーズベルトは、この世を去った。指導者に課せられる最後の試練とは、自分が続けてきた信念と意志をほかの人たちのために遺すことであり、良き指導者としての天分とは、天才の資質がなくても良識によってうまく処理できる状況を人々に遺すことである」

＊＊＊

ジョージ・ロバート（ボブ）・キャロン軍曹が生まれた年に、ミズーリ州の田舎の出身で率直に物を言う若者だったハリー・トルーマンはエリザベス・バージニア・ウォーレスと婚約した。第一次世界大戦勃発から間もない頃、トルーマンは政治活動に手を染めて自分の性に合っていると考えた。そして、その活動は支持者からも認められ、押しが強く、はっきり物を言う姿勢が人気を集めて、ミズーリ州選出の上院議員に当選した。丸顔で歯の隙間から漏れるようなしゃべり方をするトルーマンが、政府の支出にかんする調査委員会の議長に任命されたときには、地元の支持者だけでなく全国の注目を集めるまでになった。しかし、このような経歴を経て副大統領にまでのぼり詰めたものの、ルーズベルトが死去して世界中が驚きに包まれていたとき、トルーマンは副大統領になってまだ三ヶ月ほどしか経っていなかった。

スティムソン陸軍長官は、ルーズベルトの後継者となった平凡で臆病そうにも見えるトルーマンの政治手腕に不安を抱いていた。人物調査書によると、ミズーリ州ジャクソン郡のトム・ペンダーガストという碌でもない政治活動家と交際があり、ペンダーガストが買収工作によってトルーマンを上院議員に当選させたことや、何かと利益になることも都合を付けてやったと記されてあった。実直で貧乏だったため金を利用することなどできなかったトルーマンにとって、ペンダーガストは大いに頼りになる相手だった。若いトルーマンは、ペンダーガストのような人物は、ほかの人間を上手に利用して権力を握ることのできる人物だと思ったから、ペンダーガストの生き方に比べたら、ほかの人間は無能で、「日曜日には鼻水を垂らしてすすり泣き、月曜日にはあばずれ女たちと遊び、火曜日には酒を飲み、水曜日にはボスに寝返り、金曜日になると後悔して、次の日曜日には一からやり直す」ような生き方しかしていないように思われた。

ペンダーガストのような悪漢との奇妙な関係とは対照的に、トルーマンは歴史上名高い無私無欲な英雄を手本としてその生き方を貪欲に吸収しようとした。とんでもないことになった、とスティムソンは思った。大した教養や自信もない上に、副大統領の地位さえ望んでいなかったような男が合衆国大統領就任の宣誓をしたのだ。スティムソンは、大統領になったトルーマンに何としてでもそれ相応の「能力」なるものを身に付けてもらいたいと願った。自分はだめな人間ではない（彼はそれを恐れていた）ことを示そうと、いつも気にかけている控えめな人間から何を期待してよいのか誰にもわからなかったが、ともかくペンダーガストが作り上げ、自分の短所を自覚し、控えめで物たりなさを感じさせる人物が大統領の椅子に座ったのだ。大統領として、どのような政治手腕を発揮するのか誰にもわからなかった。こうして、もっとも大統領らしくない大統領が誕生した。

スティムソンは、視力が悪かったため陸軍士官学校に入学できなかったトルーマンの補佐官になって、人類史上類を見ない兵器のことをトルーマンに説明する立場に立たされた。トルーマンが原子爆弾の予備知識を何も持ってないことは明らかだったので、スティムソンは何から話をはじめるべきかと思案した。

スティムソンにとって大統領になったトルーマンが不可解な人物だとすると、有能で複雑な性格を自認するスティムソンは周囲からは謎めいた人間に見られていた。堅苦しい身なりは生真面目で融通の利かない印象を与えたが、政策にかんしては融通が利かないということは決してなく、さまざまな状況に即座に対応する手腕を持っていた。自分が主張する政策上の根拠や状況が支持されていないと判断するや、その政策をあっさりと捨てて別の考えを取り入れたし、自国を救済することが大変な状況のときにも、それに取り組むことを恐れなかった。二度の戦争に従軍し、イェール大学とハーバード大学を卒業して初めは牧師になることを望んでいたが、父親の夢を叶えるため弁護士になった。そして一九四四年の初夏に、当時のルーズベルト大統領から国務長官に就任することを要請された。一方のトルーマンは、秘密結社フリーメーソンの三十二階級に属し、特別予算委員会の議長としてマンハッタン計画を調べ上げようとしているときに、第三十三代合衆国大統領になって、皮肉なことにスティムソンは、そんなトルーマンとともに今後の政策を担うことになったのだ。それは全く奇妙な世界だった。

＊＊＊

トルーマンは、まわりくどい言い方はしなかった。ルーズベルトが急逝した衝撃が醒めやらない国民に向かって、日本の無条件降伏、戦犯の処罰、世界平和の秩序などについて、わずか二〇分で語り終えた。

ルーズベルトが死去した四月十二日、日本ではすでに十三日の金曜日になっていた。そして、この日、日本は不吉な予言どおりの日になった。東京上空では一六〇機のB－29が焼夷弾の雨を降らし、日本の核開発の心臓部ともいえる理化学研究所の四十九号館は火炎に包まれた。

四月二十五日、スティムソンはマンハッタン計画に委託された核開発の現状ついて、覚書を七百字にまとめるのに骨を折っていた。「四ヶ月以内に、」と断定的な表現を使ってから、「ほぼまちがいなく我々は人類史上もっとも恐るべき兵器を完成することになるだろう。その兵器は、一発でひとつの都市を完全に破壊するほどの爆弾である」と書いた。

一方、冶金研究所の科学者たちは、自分たちの開発した原子爆弾が想像以上の破壊力をもたらすことを知って、むしろ将来に不安を抱きはじめ、日本との和平交渉を有利に進めるために原子爆弾の威力を誇示するのであれば、日本へ直接投下するのではなく公開実験をすれば十分だと考えた。科学者たちは公開実験の方が利点が大きいと確信し、原子爆弾は公開実験にすべきだという請願書をシラードを中心に各人が署名を集めて作成した。シラードたちが原子爆弾の使用法について方針転換したことをグローヴス少将が知って驚くとすれば、それはグローヴスが側近の高級官僚たちに爆弾の威力を誇示していた今までの信頼を失い、今後の見通しについて一層困ることになるからだろう。グローヴスは、この爆弾が成功して日本が降伏する可能性については四分六と考えていた。

戦争に勝つことを願っている日本人たちも、グローヴスと同様に戦争の成りゆきに賭けていた。人々は政府の発行する一枚一〇円の宝くじを買って、勝利と富の夢が叶うことを願った。宝くじで戦費を集める計画も、思いどおりにならない戦局を転換しようと軍部が期待をかけたものだったが、手元のカードはほとんど使いきっていた。軍部の指導者のテーブルに出されたジョーカーは、国民が「志願した」部隊で、それは六十代の男と若年者から召集された人たちのことだった。「すべての男女も子供も兵士である」軍部はそう言って国民たちを徴用し、こうして兵士になった者たちは、戦えるかどうかはともかく、平穏な暮らしを捨てて愛国心という楯を手に取った。車いすの病人たちは敵の進撃を鈍らせるため偽装爆弾を組み立て、子供たちは火炎瓶を作って投げる訓練をした。三万人の大人と十一歳から十七歳までの一万一〇〇〇人の学生たちは、防火帯を作る作業のために動員された。

罠にかかって死ぬくらいなら自分の脚を嚙み切って逃れるオオカミのように、広島は自己破壊ともいえる手段で街を防衛するための作業に取りかかっていた。夜明けから夜遅くまでかけて木造建築の屋根と壁は倒され、海に近い湿気の多い大気中に埃が舞い上がった。若者と老人で編成された建物解体作業の人たちは（その多くは学校の授業を免除された中等学校の生徒たちだったが）、広島の街を守るために自分たちの住む家や商店、樹木や塀などを必死で解体していた。こうして、空襲によって火災を起こす物はすべて地上に倒された。

そのあいだにも広島市には軍隊がぞくぞくと入りこんできた。司令部の周辺や市中では畑俊(はたしゅん)六(ろく)元帥の指揮下にあった第二総軍が訓練に励んでいた。市民たちは、部隊が通り過ぎるときは威儀を正して隊列を見送ったが、不思議なことに、これらの部隊は広島市民の不安を掻き立てるだけだった。

戦意発揚の宣伝は広島市内を流れる川のように市中に溢れていたが、それは泥水のように濁っていた。「勝利を信じよう」という声がラジオから流れてきたが、その言葉は空しく響いた。こうして広島市民が、よかれと願って必死で取り組んでいるあいだに、まもなく最悪の事態を迎えようとしていたのである。そして空襲警報のサイレンが鳴り響くと、人々は地面に掘った防空壕の中に避難をくりかえした。

11・第五〇九混成部隊

隊員たちの家族を送り返す命令が四月に出されたこととは、予想されていたこととはいえ、いざ基地の中から女性たちがいなくなると、隊員たちはやりきれない気持ちになった。ケイが基地を去ってしまうと、春の一日が長く感じられるようになり、とくに夜は一層長く感じられた。ふたりで笑い合ったり愛し合ったりしたアパートの部屋は、ぽっかりと穴が空いたようで、部屋の中を歩きまわる自分の足音だけが響きわたる。ケイが座っていたテーブル（明るい日差しを浴びたケイをそこで写真に撮った）のあたりを、今でも日差しが椅子に座っていたケイを探し求めているかのようだ。ポットに湯を沸かしても、ケイの心づくしの夕食が出てくるわけではない。テーブルの上には、リボンで飾った干し草の束（すてきになるとケイが言っていた）が春の花束のように置かれていたのに、それも今はばらばらになって束の表面はざらざらし、周囲に小さな種子が散らばっている。ボブは、小さなキッチンのそんな様子を見まわしてから、ドアを閉めた。

今回くだされた命令は、第五〇九混成部隊がまもなく外地へ派遣されることを意味していた。ティベッツは、妊娠したケイのためにボブに一週間の休暇を許可してくれたが、わずか一週間では実家で出産まぢかのケイの世話をするには十分とは言えなかった。

ふたりの新婚生活が短かったため、兵舎での独身生活（ボブはわずかの身のまわり品しか持ちこまなかった）は何となく奇妙な感じがした。任務のある日は誰も自分の仕事に打ちこんだが、非番になると、基地の中にある図書室で過ごした。書棚から飛行機に関係のあるものや物理学の本を取り出しては読みふけった。そしてサイクロトロンと呼ばれる異様な装置や、それを製造した科学者について書かれた論文を見つけて、何もない基地の中で原子力エネルギーのことに想いをめぐらせた。

論文の内容は空想科学小説のようだった。そのあらすじを目に見えるように思い浮かべてみた。

「物質の単位である原子は太陽系を小さくした構造に似ていて、一個の原子はいくつかの要素で構成されている。原子の中心には原子核があって、その周囲を小さな電子が太陽の周りをまわる惑星のようにまわっている。原子核は陽子と中性子で構成されていて、中性子は電荷が中性で、負の電荷を帯びた電子と正の電荷を帯びた陽子とが作用し合っているため、一個の原子は各要素が離れずに安定している。ところが、この均衡が何らかの外力を受けて崩れると、原子を構成する要素がばらばらになって要素同士が激しくぶつかり合い、原子が崩壊する……それも一秒の一〇〇万分の一の速さで。そして理論的には、何らかの操作をすることで原子の崩壊を制御することは困難ではない。すべての物質は原子から構成されているが、すべての物質が固く結びついた原子で構成されているとはかぎらない。太陽系に散らばっている星や惑星のように、陽子、中性子、電子の各要素は広い空間の中を動きまわっているのだ」

アインシュタインは、原子を崩壊させる方法を発見することはカモのほとんどいない闇夜の中でカモを撃つことだと、彼一流の表現で喩えた。

粒子加速器を初めて造ったのは、バークレー放射線研究所のローレンスだった。原子が崩壊する過程を知る手がかりとして長いあいだ物理学者たちを悩ませていた原子がウランで、なかでも質量の軽い同位体ウラン235だった。ウラン235に中性子が衝突すると、ウラン元素は核分裂を起こして原子核が崩壊する。核分裂を起こした原子は中性子を放出して別のウラン原子に衝突し、そこから放出した中性子がさらに多くの原子を分裂させ、これが次々にくりかえされていく。この「次々にくりかえされていく」過程が核連鎖反応と言われるものだった。

原子を分裂させるためには、核分裂を起こしやすい原子を、できるだけ高純度で、できるだけ短時間で反応させなければならない。そのためには放射性物質が「臨界」に達するために十分な量を算出する必要があった。この臨界量より少なければ何も起こらないし、十分であれば核連鎖反応がはじまって放射性物質は爆発する。

ボブが核連鎖反応にかんする論文を読んでいた数週間のあいだに、ロスアラモスの物理学者たちは実際に核連鎖反応を起こす装置を造り上げていた。科学者たちやパーソンズが所属する兵站部の専門家たちは、核連鎖反応によって発生するエネルギーをどのように保管し、制御し、管理するかを詳細に検討していた。原子爆弾の組み立てはジグソーパズルのようだった。どんなに小さな部品もほかの部品と関連し合っていた。どの部品も起爆装置を制御し安定させるために必要で、この装置によって爆弾が早期に爆発することを防いでいた。

爆弾の内部では、重さ二キロの「弾丸状」のウラン235が火薬の爆発によって、ドーナッツ状になった重さ七・七キロのもう一方のウラン235に向けて発射され、その中間に取りつけられた放射性の金属部分から放出された多量の中性子と一緒になって、もう一方のウラン235に衝突すると、臨界状態に達してウラン235は核連鎖反応を起こす。ウラン同士が散乱しただけでは核連鎖反応は中断して爆発は起きないが、高濃度のウラン235に中性子が衝突すると核連鎖反応が継続して核爆発が起きるのだ。

ウラン爆弾は、初めはルーズベルトにちなんで「やせっぽち」と名づけられ、あとになって「小僧（リトル・ボーイ）」と名前を変えたが、この爆弾は決して小さくはなかった。起爆装置まで含めると五トンの重量があったし、核連鎖反応を制御する起爆装置を爆弾内部に納めるので、長さ三メートル直径七一センチの大きさになった。

葉巻のような形をしたこの爆弾は青銅色の塗装を施され、古くさい「いたって単純な構造」に見えたが、ティベッツはこの爆弾の形を気に入っていた。

原子エネルギーを兵器として利用するという考えはボブを夢中にさせた。工業高校でH・G・ウェルズの『宇宙戦争』を読んで、そんな兵器ができたらすばらしいと思った。控えめにいっても、今やボブは空想の世界ではなく、オッペンハイマーの天才が創りだした原子爆弾という二十世紀の現実世界の中に組みこまれていったのだ。

ボブは、埃っぽい静かな図書室の中で空想に想いをめぐらせていた。「もしも核分裂装置が飛行機に積めるほどの大きさに造られたとすれば……そして敵を打ちのめすほどの破壊力を備えているとすれば、どうだろうか。いや、そんなことは不可能だ。ローレンスのサイクロトロンに使われる磁石だけでも何トンもの重さだ。それにしても……あの民間人たちは階級章の付いていないカーキ色の服を着て、何のためにウェンドーバーを出入りしているんだろうか？」

まもなくそんな空想はやめにして図書室を出ると、歩みを速めてティベッツの住宅に向かった。

「大佐、尾部に三基めの機銃を装備するアイデアがあるので、許してもらえないでしょうか？」

「ああ、いいとも。ただし内密にするんだぞ。それにかんする文書を残してはならん。わたしは何も知らないことにする」

ボブが機銃の設計図と装備を仕上げる前に、第五〇九混成部隊は外地に向けた物資の輸送を始めたので、新しく完成した機銃は、結局、ドーリットル中将の率いる第八航空軍の飛行機に装備されることになった。

一九四五年四月二十四日
親愛なるリッキー様
わたくしはドジャーズの熱烈なファンです。ベースボールとフットボールの見分けがやっと付く子供の頃からのファンで、エベッツフィールドの観覧席には歩いて行けるほどのところに住んでいます。

その手紙は、人気の高いジャイアンツのファンが失笑するような内容で、ブルックリン・ドジャーズではなく、もっと有名な球団の野球帽をかぶることに比べれば取るに足らないような手紙だった。それでもボブはドジャーズの帽子が欲しかった。第五〇九混成部隊所属のボックスカー（長崎に原子爆弾を投下したB－29）の搭乗員だったレイ・ギャラガーは、シカゴ・ホワイトソックスに手紙を出してホワイトソックスの野球帽が欲しいと頼んだところ、球団は要望を聞き入れて隊員たちに帽子を送ってくれた。それを知ったボブも、ドジャーズの支配人ブランチ・リッキーに丁寧な手紙を書けば、隊員たちにドジャーズの野球帽を送ってくれるだろうと期待したのだ。

副支配人のボブ・フィンチは、ボブから届いた手紙の文面を読みながら思わず微笑んだ。

わたくしは、メジャーリーグの球団が隊員たちに帽子を送ったという話を聞いています。それで、わたくしにもそうしてもらえないだろうかと……。

フィンチは、球団の帽子を寄贈してほしいことだとわかった。

わたくしの所属する隊員たちが球団の中で最高のチームであるドジャーズの帽子をいただける

のなら……。

ドジャーズファンからのお世辞だとは思いながらも、ドジャーズには選手以外に余分な帽子は持ち合わせていなかったので、フィンチは、事情を説明して申し訳ないが帽子を送ることはできないと返信した。

ボブは、それでも諦めずにフィンチに宛てて思いがけない手紙を書いた。

一九四五年五月八日
親愛なるフィンチ様
ドジャーズの帽子が欲しいとお願いしたわたくしの手紙に対して、早速に丁寧なご返事をありがとうございます。帽子がいただけなかったことは、とても残念ですが、帽子を寄贈できない事情はよくわかりました。同僚の一人が、ほかの球団にも帽子を頼んでみてはどうかと言うのですが、そんなことは絶対にできません。わたくしは入隊してからドジャーズの試合を三年間も観戦することができずにいるのですが、妹がわたくしのかわりに野球場へ行って応援しているのです……。

この手紙の効果は、ホームランではなかったが、シングルヒットにはなった。フィンチは降参した。「最初の手紙で期待したとおりの返事がもらえず失望したはずなのに、こんな手紙を書いて寄こすとは大したものだ」フィンチは感じ入って、野球帽のかわりにラッキーチャームキャップ（幸運の帽子）を添えて直ちに返事を書いた。「わたしは、いつの日か君がこれをかぶって東京の大通りを歩くのを楽しみにしています」

＊＊＊

暖かな夏の日になると、眼鏡をかけたハリー・トルーマン少年はピアノに向かって音階やソナタの練習をした。ピアノの向こうからは、学校の友だちが三塁打やホームランを打ったりして野球をしている歓声がいつも聞こえていた。ハリーもみんなと一緒に野球がしたかったが、父親から禁止されていた。怪我をしたり眼鏡を壊したりするといけないからだという理由で、たぶん父親の言うことが正しいのだと思った。ハリーは決して幸運に恵まれていたわけではなかった。長いあいだ、幸運に恵まれるというよりは、断固とした決意と勇気で過去の恐怖心を克服してきたといった方がいい。勇気は、得体の知れない深みから、いつもハリーを奮い立たせ、それが自分や他人を驚かせることもあった。また、自分が何かを勝ち得たとしても、それを賞賛してもらおうと考えたことはなかった。第一次世界大戦のとき、砲兵隊の指揮官としてフランスの山地で血みどろの包囲攻撃をしながら、実戦豊富な行動によって多くの部下の命を救うことができたが、それによって部下から尊敬を集めていたことには関心がなかった。

成功。ハリーにとって、それはいつも根拠のない幻想のようなものだった。ところが、野球を禁じられ目立たない子供時代を送ったハリーが、その後の半世紀にわたる多難な人生の中の大試合（おそらく歴史上も）でバットを振ることになったのだ。ただ、そのことが無名な人間を一躍世界的な有名人にしてくれる願ってもない幸運だったのか、それとも呪われた運命だったのか。そのいずれともわからないままハリー・トルーマンは、アメリカの大統領として自分と同じように地味で平凡な青年のボブ・キャロンと同じ歴史の中を歩もうとしていた。

＊＊＊

二十五歳になったボブは、尾部射撃手として特別重要な任務に就いているとか、とびきり優秀な隊員というわけではなかったが、外地へ赴いて祖国のため活躍するつもりだった。

広島でも、何千人という若者たちが祖国のためにボブと同じような志を抱いていたが、国のために滅私奉公するという考えは、ボブとは全くちがうものだった。あどけなさの残る顔と体をした多くの若者たちが、魚雷を搭載した小型の潜水艇に乗って敵の艦船に体当たりするという運命に身を任せていた。一人乗りの「回天」に乗艇する以上、独りで「あの世に旅立つ」ことになるのだ。広島湾にある「P」基地では、海軍の指揮下で回天の訓練がおこなわれていた。

神風特攻隊の隊員たちは、大学を卒業したばかりの若者たちで、決意で顔を紅潮させ勇気の象徴である白い鉢巻き姿で出撃して行った。「桜花」という木製の横須賀MXY－7グライダーは、アメリカ軍から「ベティ」と呼ばれたG4M2爆撃機一式陸攻の胴体に吊りさげられて出撃した。「桜花」は高度二〇〇〇メートルで一式陸攻から切り離され、操縦者は目標に四・八キロメートルまで近づくと、尾部にあるロケットエンジンに点火し、時速一〇〇〇キロの速さで重さ一二〇〇キロの弾頭を付けたまま「死に向かって」突き進んだ。こうして若者たちは、一瞬で「忠」と「孝」を遂げたのだ。

ある日本海軍の中将は、特攻で命を絶つ若者たちに心を痛め、特攻隊員たちを散る花にたとえて挽歌を書き記した。

けふ咲きて　あす散る花の我身かな　いかでその香を永くとどめむ

アメリカ海軍のC・R・ブラウン海軍中将は、政治的にも文化的にも日本とは異なる立場にあったが、挽歌を詠んだこの海軍中将の苦悩をおそらく理解したにちがいない。神風特攻隊の美化された死についてブラウンは、畏敬と哀れみの入り交じった奇妙な感情を抱いていた。ブラウンは、特攻機が体当たり攻撃してくる現場を目の前にして、「わたしは催眠術にかかった陶酔状態のようになって……自分が狙われた被害者としてではなく、目の前で凄惨な場面を演じる神風特攻隊員に対して恐怖を超えた畏敬の念」で眺めていた。

日本全土が廃墟と化していた。破壊は都市、海上、上空のすべてにわたっていた。ワシントンでは桜の木々が人間の世界とは無関係に、いつものように優美な桜色の花をつけて満開になっていた。

日本の特攻に対してブラウン中将が抱いた深い同情とは対照的に、トルーマンは軽蔑心を抱いていた。その感情は、特攻で戦死した日本の若者たちに向けられたものではなく、特攻隊員たちを消耗品と見なした軍部の無慈悲な指導者に向けられたものだった。トルーマンは、日本軍の指導者たちに対しては畏敬も哀れみも感じなかった。そんなトルーマンの心は、四月二十二日にワシントンでソビエトの外務大臣ヴァチェスラフ・モロトフと短時間面会したときのように、気前のよいものではなかった。このときの会談でモロトフは、外交上の儀礼を欠いたトルーマンの態度に気分を害していた。トルーマンはモロトフとの会談で、ヤルタ会談での合意を尊重してポーランドと東ヨーロッパの体制を見直さないのなら、アメリカはロシアの復興支援を棚上げすると脅してモロトフの感情を害し、ロシアとの関係をさらに悪化させることになった。

ルーズベルトはロシアとの外交関係には慎重に対応してきたが、トルーマンは自分が引き継いだ政治上の問題に納得できなければ、そのままにはしなかった。リーヒ海軍大将は、当初、トルーマンは外交手腕が欠如していると考えていたが、モロトフとの会談を目にして、生意気な相手に対しては強気で臨むことのできる人間だと思うようになった。ルーズベルトは、大統領に就任した年にロシアをソビエト連邦として公式に承認して以降、寛容な態度を取り続けてきたが、トルーマンは断固たる態度で臨んだ。リーヒはあらためてトルーマンの性格を知った。トルーマンは、闘犬のピットブルのように、いったん嚙みついたら相手を放さなかった。そして、原子爆弾はトルーマンの顎をさらにしっかりと食いしばらせることになった。

一九四四年九月の覚書によると、ルーズベルトとチャーチルは、原子爆弾が使用可能になったら「十分な考慮ののちに、おそらく日本に対して使用されることになるだろう」ということで合意していた。ただこの件はルーズベルトの死によって先延ばしされることになった。

＊＊＊

「これは厳粛な中にも輝かしい時である」トルーマンは、ヨーロッパでの戦争が終結した五月八日にそう語った。四月三十日にヒットラーが総統官邸の地下壕で自殺を遂げた二日後、ベルリンは陥落した。ヒットラーの死亡は日本に衝撃を与え、ヨーロッパで連合軍が勝利したことによって日本が一九四一年に結んだドイツ、イタリアとの同盟関係は紙切れ同然になった。ついに日本は一国で連合軍と戦うことになり、連合軍も日本に総力を挙げて立ち向かうことができるようになった。

臨界量以下に設定された二つが、ゆっくりと近づきつつあった。オッペンハイマーによる原子爆弾の予備実験はすでに成功していて、ちょうど同じ頃に第五〇九混成部隊の先遣隊が爆弾投下の任務の準備のためテニアン島に到着した。

テニアン島から数千キロメートル東にあるネブラスカ州オマハは、インディアン部族にちなんで名づけられたアメリカ中西部の都市で、街では人々が戦争に勝つために情熱を燃やしていた。C・A・スワンソン&サンズ社は鶏肉のほとんどを海外のアメリカ軍に出荷していたし、リバー・シティー社の施設も戦時に重要な役割を果たした。この施設は、知名度の高いボーイング社の存在により、あまり知られていない飛行機製造工場だったが、マーチン社との合併によって変わろうとしていた。

ヨーロッパでの戦争が終結した二日後、ティベッツ大佐は、今まで使いこんできた訓練用のB-29を新品のB-29と取り替えるためオマハにやって来た。

オマハは、大草原地帯の半年にわたる冬から遠ざかりつつあった。極寒の夜にはミズーリ川は凍りつき、浮氷がきしみ音を立て縞状になって、ぶつかり合いながらミシシッピー川に合流してメキシコ湾に向けて流れくだった。そんな冬も、数週間もするとポプラ並木が若々しい新緑の葉に包まれ、チューダー様式の立派な屋敷の芝生にはチューリップとスイセンが赤や黄色の花を咲かせた。街の中心部にあるレンガ造りの建物は、日の長くなった季節を待ちわびていたかのように太陽の暖かい日差しに包まれた。通勤する人たちも、ひと月前までは前屈みになるほどの寒風にさらされていたのに、今では街角で長話をしたり日あたりのよい階段でのんびりと煙草を吸ったりしている。鳥たちは、ふたたび訪れた春の兆しを喜ぶかのようにさえずっている。

オマハの南数キロメートルのフォートクルックにある飛行機の組立工場では、機械が甲高い音を立てていた。

グレン・L・マーチン社のこの工場施設は、ヒナの群がった一羽のダチョウのように、小さな建物に取り囲まれた中心に防弾設備の整った主要な建物があった。施設はフットボール場が二十五も収まるほどの三六万五〇〇〇平方メートルの床面積があり、全長一六キロメートルにわたる蛍光灯の配管が天井を縦横に走っていた。ここではマーチン社の一万四五二七人の従業員（ほぼ半数は女性）が政府の生産計画にしたがって昼夜を分かたず働いていて、三十三ヶ月連続の生産計画を達成する全国で唯一の飛行機組立工場だった。

一九四一年十二月七日の肌寒い日、フォートクルックで郷土の英雄、海軍兵学校生徒ロバート・A・ネルソンを記念して、マーチン社の施設へ通じる主要道路の開通を祝う式典が執りおこなわれた。ネブラスカ州知事ドワイト・グリスワルドと政府の高官たちが名誉、貢献、愛国心などについて式辞を述べていたとき、誰かが演者のところに歩み寄って折りたたんだ紙切れを渡した。演者の顔から血の気がひいた。そしてマイクに寄りかかるようにして言葉を詰まらせながら口を開いた。「日本が真珠湾を攻撃したそうです」

それから二年後の四月二十六日、全国を遊説中のルーズベルト大統領が戦時で疲れきった体を押してマーチン社の施設を視察に訪れたとき、ルーズベルトは少し活気を取り戻したようだった。

マーチン社の数千人の従業員たちが大統領の訪問を歓迎してくれたからで、ルーズベルトは自分の政策がまちがっていなかったことを感じた。銃後でも戦争が順調に進んでいる証しだった。さらにグリスワルド州知事の威勢のよい演説を聴いたルーズベルトは、連合軍が一日も早く勝利するための決意をあらためて強くした。マーチン社は希望という金の卵を温めていた。その卵から孵った雛は、銀色に輝く「超空の要塞」Ｂ－29だった。そしてこの雛をどのように使うかはアメリカ航空軍にかかっていた。

一九四四年の初頭までにマーチン社は組立工場を増築し、新型エンジンを四基搭載し長距離飛行が可能な爆撃機Ｂ－26マローダーの製造ラインを一新して、その年の四月六日には初期のＢ－29の製造も始まった。そして、Ｂ－29の一号機は予定の計画より一ヶ月早く五月二十四日に完成した。

Ｂ－29が早く完成できたのは、製造に携わった膨大な数の従業員たちの家族的ともいえる団結力によるところが大きかった。食堂、休憩室、タイムレコーダーの近くには愛国心に満ちた国威発揚の宣伝文があちこちに貼られ、その貼り紙には鷹のように目を大きく見開いたアンクルサムが色鮮やかな星条旗のコートを着て、電話の受話器に向かって怒鳴っている絵が描かれていた。

「……しかしわたしにはそれが『今』必要なんだ！　予定通りにＢ－29が要るんだ！『Ｂ－29を飛ばせてくれ！』」

マーチン社の従業員たちは実行に移した。Ｂ－29の組立ラインでは、男性従業員に「リベット打ちのロージー」が一人ずつ付いて一緒に仕事をした。その結果、月に五五機のB－29を製造できるまでになり、その数は国内での製造総数のほぼ一四パーセントを占めた。時間を要する改良が必要なときは、工場近くにある特別な格納庫へ飛行機を運んで生産効率をぎりぎりまで高めるようにした。この改良施設にB－29が次々と運び込まれて作業が追いつかなくなると、パイロットたちは、未完成の飛行機の中から初飛行するのにもっとも気に入ったものを選び出し、基地に持ち帰ってから、整備、設計、兵装の担当者たちの勘と経験を頼りに改良しマニュアルを書き換えた。

ティベッツと航空工学の担当者は、ティベッツの作成した綿密な仕様書を一緒に再検討した。第五〇九混成部隊に所属するB－29は、燃料噴射型エンジンとカーチス社製可変ピッチプロペラを初めて搭載した飛行機になるはずだった。さらにティベッツは、機体重量を軽くする目的と基地に戻ってから整備の時間を節約するために、製造工程で四ヶ所の銃座を取りはずすことを求めた。

「わたしを信用して下さい。あいつが大佐のお望みのものです。週の半ばに完成したもので、従業員たちがたるんで製造した月曜日ではありません」マーチン社の工場長が八十二号機を指して言った。

八十二号機を選んだティベッツが二度目にマーチン社の工場を訪れたとき、模擬爆弾を持って行って機体に格納できる大きさかどうか試してみた。しかし、模擬爆弾を投下するためには爆弾倉の前方の扉をもっと大きくしなければならないことがわかった。同様の改良はほかの一四機のB－29にも施されて、一五機のB－29には特大なフックで吊りさげる巨大な爆弾を格納できるようにした。

ティベッツは、工場長が製造ラインの中から自分がもっとも納得のいく機体を選んでくれたと信じていた。

一方のトルーマンは次第に懐疑的になっていた。善悪の問題について、あれこれ想いをめぐらせながら、陸軍長官に宛てた五月二十二日の覚書に「人間という動物は、集団にならなければ個人で善をなすことなど信用できるものではない。あらゆる民族、主義主張、国民性を超えて集団となった人々が抱く考えや行動こそが、いつも正しい方向に向かうのだ」と記した。

天体の月や星がいつも正しい位置にあるように、物事は人間の心を離れて決定されることもあった。五月になると、今までのことを省みて新たな方向に向かう時期が来ていた。国防省の会議室では暫定委員会が招集され、「正しい方向性」を決めるための協議がはじまった。日本のどの都市に原子爆弾を投下するかについては慎重に検討する必要があった。ティベッツは、この不吉な決定をくだすことに口を差しはさむ気は毛頭なかったし、暫定委員会は情報部からの報告と勧告のもとで協議がおこなわれたから、自分の仕事を忠実におこなうだけだった。まもなく、ティベッツは原子爆弾の投下任務に就く十五人の搭乗員を選んだことを発表した。候補にあがった爆撃手は、全員が少なくとも五〇回の爆弾投下経験があったが、その中からティベッツが選んだ爆撃手はフィアビーで、八〇から一〇〇回の経験があった。

マーチン社が第五〇九混成部隊のために総力をあげて特別仕様のＢ－29を何機か完成させていた頃、隊員たちがＢ－29を引き取るためにマーチン社の工場を訪れた。八十二号機がまもなく完成するという連絡が入ったとき、ティベッツは自分のかわりにルイスと隊員たちをマーチン社に受け取りに行かせた。

＊＊＊

ルイスの操縦するＣ－54輸送機がオマハの飛行場に着陸すると、搭乗していた隊員たちは滑走路の上に飛び出して行った。隊員たちにとってオマハは待ち望んでいた楽園に来たようだった。トウモロコシ畑が青々とひろがる田園風景は、かすかな起伏で波打っていて、北西部ユタ州のパステルのような淡い風景とはちがって心地よかった。ニュージャージー生まれのルイスは、自分が生まれ育った東海岸とは似ていないが、思っていたほど小さな田舎町ではないと感じた。

ボブは一二・七ミリ機銃と機械油の匂いから解放されることが嬉しかった。ケイのところに立ち寄るため、オマハへ行く途中のドッジシティーで降ろしてもらいたいとルイスに頼むと、「構わんよ」と気前のよいルイスは言った。「オマハで会おう」

ところが、ウェンドーバーを発つ前に困った知らせが届いた。六月二日にケイが早期陣痛に見舞われたのだ。赤ん坊は二ヶ月早くこの世界を見たがっている。知らせでは、母子ともに順調だが通常よりも入院期間が長くなるとのことだった。

ケイは、ボブが二日間だけでも自分のところへ戻ってくれることを知って喜んだ。ボブは、ドッジシティーからウィチタへ向かうでこぼこ道をバスに揺られながら、生まれてくる赤ん坊のことをずっと考えていた。そしてウィチタからオマハへの空路のあいだも、ずっと母子の健康を気にかけていた。早産した赤ん坊のジュディは虚弱で、十分に育っていなかった。ボブはこんなに未熟な赤ん坊を見たことがなかったが、子供は元気だと医師は説明した。ジュディは本当に可愛いと思った。そして母親のケイにそっくりだった。

「誠に申し訳ありません。ＹＭＣＡの方で部屋をお探しになられたら如何かと思います」フォンテネル・ホテルのフロント係が申し訳なさそうに言った。ボブはＹＭＣＡにチェックインしてシングルベッドの下にＢ４バッグを押しこんでから、豪華なフォンテネル・ホテルへ戻って、ほかの隊員たちと過ごそうと思った。

ゴシック様式を模したフォンテネル・ホテルは、ボブが生まれる四年前に建てられて、オマハの名所にもなっていた。精巧に作られたテラコッタの尖塔はオマハインディアンの酋長ローガン・フォンテネルの頭の羽根飾りを模していて、中西部の紺碧の空に堂々とそびえていた。一九一六年に宿泊したウッドロウ・ウィルソン大統領は、この優美なホテルを賞賛した。アール・デコが華やかだった当時、重厚なベロア、マホガニー、それに大理石をふんだんに使った造りはボブの目にもすばらしいホテルに見えた。

父親となって嬉しそうなボブがホテルに着いてみると、隊員たちは八階のひと続きになった部屋でくつろいでいて、ボブのために、もうみんなで出産祝いをはじめていた。スチュアート・ウィリアムズ中尉が、酔っ払った足どりで窓の方へよろよろと歩いて行き、表のダグラス・ストリートへ身を乗り出した。

「こっちへ来てみろ」という身ぶりをスチュアートがした。「あそこにシボレーが駐まっているだろう？　あいつに命中させてやるんだ」そう言うと、空になったウイスキーの瓶をニワトリの首をひねるように持って、儀式のような大げさな格好で頭上に振り上げた。みんなが一斉に窓際に集まった。スチュアートは覚束ないゆっくりとした動作で腕を伸ばすと、瓶を窓の外へ放り投げた。次の瞬間、車のボンネットに瓶が当たって激しい音がした。そして、その音はホテルの支配人の耳にも届いたようだった。

新たな方向性を見つけることは簡単ではなかった。オマハに来て一週間も経たないうちに、隊員たちの気まぐれで粗暴な言動は風に乗った籾殻のようにまたたく間にひろがり、隊員たちはフォンテネル・ホテルから追い出される羽目になった。その頃ボブは幸いなことにケイのところにいたが、ルイスは何人かの女の子と付き合っていた。都合のよいことに、ルイスのお気に入りの子がフォンテネル・ホテルよりずっと小さかったが、品のよいブラックストーン・ホテルで働いていたので、隊員たちはそのホテルに移って滞在することができた。それでもボブは大事を取って、ほかの隊員たちがホテルに滞在しているあいだも、自分だけはＹＭＣＡの部屋を借りて過ごすことにした。

　隊員たちがそのように品のない行動を取っていた頃、ルイスの評判はとんでもないことになっていた。付き合っていたある女性の夫が妻の不倫を知ったのだ。怒った夫は、相手がルイスでなければ二人の皮を剝いで柱に吊すところだった。そんなルイスも、ティベッツとは全くちがうやり方で隊員たちとは気安く交わった。上下の関係を超えて接し、ジョー・スティボリック軍曹に自分の将校用の軍服を着せてやったりした。ルイスにとって隊員たちは「自分の」隊員だった。気さくに隊員の面倒をみるのはルイスの人柄から来ていた。

　毎日早朝にマーチン社のバスが隊員たちを乗せてＢ－29の組立工場へ運んだ。そして昼前になると工場の主任はルイスに向けて、従業員たちは懸命に仕事をしているんですと説明した。ただ八十二号機だけは、まだ完成していなかった。エンジンの過給燃料噴射装置や特大の爆弾倉など多くの改良に予想以上に時間がかかっていた。昼になると、隊員たちはふたたびバスに乗って賑やかな街まで帰り、あとの時間を観光に行ったり、完成した飛行機に早く乗りたい気分にひたったりした。

　ルイスも気持ちが高ぶっていた。六月十四日に完成したばかりの八十二号機の操縦席に座ったときの気分は、父親のジョージ・Ｗ・ルイスから初めて車のキーを渡してもらったときのワクワクした気持ちよりもすばらしいものだった。八十二号機の飛行前の点検がいよいよ始まると、ほかの隊員たちも、夜になると今までは女やウイスキーに夢中になっていたのに、今は飛行機に夢中になって銀色に輝く機体を手で叩いたり撫でまわしたりした。

飛行機のエンジン音が耳に心地よかった。ルイスの操縦する八十二号機はオマハの上空を一度旋回したあと、左の補助翼を少し動かして機首を西に向けた。ルイスは、草原のあいだを隔てるポプラの防風林の上空を飛行しながら上機嫌になって、草原で草を食んでいる牛たちの上に降下して牛たちが逃げ惑う様子を見て笑いとばした。ただ、あまりに低空を飛んだためプロペラの風圧で近くにあった風車が羽の向きを変えてしまった。

ルイスは、クッキーの詰まった瓶をもらった少年のように満足な様子で操縦席の背にもたれた。そして無意識のうちに、しばらくのあいだ自分の呼吸をエンジンの規則的な唸り音に合わせていた。まもなく我に返ってみると左の肩に日光が射していて、その温もりで気持ちが穏やかになった。それから丁寧な操縦をしてユタ州ウェンドーバーの基地に向けて飛行を続けた。

＊＊＊

ウェンドーバーでは、第五〇九混成部隊に所属するB－29の整備や太平洋の彼方に輸送する大規模な輸送物資の準備に追われていた。ルイスにとって、八十二号機は自分のために造られた飛行機のような気がしていた。慣らし飛行のためサンフランシスコ沖のファラロン諸島に向けて太平洋の上空を真西に飛行し、それから高度一万メートルで南のバハ・カリフォルニアまで飛行した。この飛行から戻るとき、航空機関士のバッド・ライダーによると、対地速度が時速六六〇キロという驚くべき速度を出していたが、周辺に前線が停滞していたため、カリフォルニア州サクラメント近くのマザーフィールドにある、飛行機専用積込み基地に緊急着陸することになった。このとき、ルイスはB－29を駐機場まで地上滑走するときに、可変ピッチプロペラを試してみるちょうどよい機会だと思った。機体を誘導するジープに乗っていた二人の兵士が驚いたことに、ルイスは八十二号機を易々と後進させながら駐機場へ進め、その様子を見てボブやほかの搭乗員たちは、八十二号機がマニュアルでは勧めていない操縦法まで完璧にこなせることを知った。もちろんマニュアルを作成した設計者たちは、そのような操縦法さえ知らなかった。

五月六日、第五〇九混成部隊所属の八〇〇人の技術者たちがケープ・ビクトリア号に乗船して、シアトルからテニアン島に向けて出航した。B－29は性能上、編隊飛行を組むのが難しかったので、縦列となって一機か二機ずつで洋上を飛行して行った。八十二号機は最後に離陸することになって、ウェンドーバーを飛び立ったのは六月二十五日のことだった。ボブは、離陸するときに右側のブリスターに配置された。「離陸するときに、おさらばを言おう」機長のルイスの声がインターコムから流れた。ルイスは、八十二号機を離陸させるため滑走路の東の端まで地上滑走させてから離陸をはじめ、右翼を下げて管制塔へ「さらばだ、諸君」という意思表示をした。ボブには、ブリスターの窓から滑走路のひび割れが流れ去って行くのが見えた。

「機長、曲芸飛行はやめるんだ！」管制塔から厳しい声が届いた。それから一分も経たないうちに八十二号機は滑走路を離れた。その頃、ティベッツ大佐はテニアン島で待っていた。

テニアン島に向けて離陸した八十二号機はカリフォルニアのマザーフィールドにいったん着陸し、その夜は、基地の作業員たちが八十二号機の救命いかだとパラシュートなどの安全装備が、新しく取り替えられ正しく装着されているか点検しているあいだ、ボブたちは夜どおし立哨の任務に就いた。爆弾倉の中を決して誰にも見せるなとティベッツが命じていたからで、内部には原子爆弾を吊りさげるために、イギリス空軍のランカスター爆撃機に使用されるものを改造した特殊なフックが取り付けられていた。

次の中継場所になったホノルルでも、隊員たちは夜どおし立哨に就いた。日本軍がまだウォッゼ環礁を占拠していて日本軍戦闘機の脅威もあったので、ボブは機銃に弾薬を装塡して機体の尾部に搭乗する準備をした。次のクェゼリン環礁では、海岸線に取り残された難破船、戦車揚陸艦、戦車などに囲まれた仮設の小屋で小刻みに睡眠を取ったが、ひと晩中、ネズミが食べ物を求めてうろついたり不安定な寝床の下を走りまわった。そして夜明け前に、サイパン島から南に四・八キロメートル、グアム島から北に二〇〇〇キロメートルのところにあるテニアン島に向かう六時間の飛行準備を整えた。

12．テニアン島

島の住民と駐屯する日本軍は防御の固い島だと考えていた。海から台地状に盛り上がったテニアン島は、さび茶色の溶岩がノコギリ状に削り取られた絶壁によって囲まれていて、海上から近づくことは困難だった。ただ周囲数キロメートルにわたって連なる城壁のような島の中で二ヶ所だけ、どうにか上陸できる場所があった。一ヶ所は東海岸にあるアシーガ湾だったが、湾の幅は三六〇メートルしかなく、この方面から大規模な攻撃を仕掛けるには狭すぎた。一方、南西にある海岸は幅数キロメートルの暗礁と浅瀬になっていてテニアンの市街地にも近く、沖合には船舶が航行できる海峡がひろがっていた。

一九四四年六月二十四日、日本軍からテニアン島を奪還するため五週間におよぶ戦闘がくりひろげられた。その結果、島を守備する日本軍の戦死者は八〇〇〇人、アメリカ軍の戦死者は一九〇人にのぼった。日本の都市を爆撃するＢ－29の航続距離を考えると、テニアン島はアメリカ軍にとって戦略上是非とも必要だったので、島を占領できたことで東京までの距離が二四〇〇キロメートルに短縮された。テニアン島から海峡を隔てて北にわずか四キロメートルのところにはサイパン島があり、その島での戦闘では二万三〇〇〇人の日本軍将兵が戦死し、一〇〇人が捕虜になった。

五月八日、第五〇九混成部隊に所属する完成したばかりのB-29が一機また一機とテニアン島に着陸してきた。この島を上空九〇〇メートルから眺めると、北飛行場のパッチワークのような格子状の風景は、軍事基地というより駒を並べたゲーム盤のように見えた。第五〇九混成部隊のB-29が着陸したのは、世界最大の軍用飛行場といわれる北飛行場の広大な滑走路だった。飛行場には砕石で舗装された一三〇〇メートルの滑走路が四つ並んでいて、一〇〇〇機ほどのB-29が一五秒おきに離陸することが可能な規模だった。さらに海軍設営隊が灰色の珊瑚を砕いて造った広大な駐機場があった。第三一三爆撃航空団はティベッツの率いる第三九三爆撃飛行大隊を支援する関係にあったが、この時は、すでに北飛行場から出撃していた。一方、西飛行場は補助滑走路で、第五八爆撃航空団がインドから帰投するときに使用された。

テニアン島の上空を初めて飛んだパイロットたちは、島の形を見てマンハッタンを思い出した。そのためホームシックになっていた設計者たちが、島に造られた格子状の道路をマンハッタンの通りの名前に見立てて、四十二丁目、ブロードウェイ、レノックス・アヴェニューなどと名づけた。一方、ティベッツ独立航空隊の隊員たちは、まもなく自分たちに向けられた誹謗中傷を耳にすることになった。またロスアラモスから原子爆弾の部品となる「ブロンクスの積み荷」がテニアン島に届いたことで、マンハッタン計画が完了したことがわかった。

ボブが初めてテニアン島に降り立ったとき、島の区画がマンハッタンに似ていたことよりもマンハッタンの下水道の悪臭を思い出させた。風に乗って漂う悪臭の原因は、島の洞窟に溜まったメタンの有毒ガスが地面に噴き出しているのか、それとも基地の外でサトウキビを栽培している島民が、加工場で匂いの強いアルコールを醸造しているのではないかと思った。

隊員たちがとりあえず落ちつくことになった宿舎は、低い椰子林に囲まれた一画に造られたオリーブ色の真四角なカンバス製の仮設テントだった。島に生息する蚊が早速やって来て、このテント一棟に暮らす人間が六人の男たちだと知って喜んだ。それから二週間後に地上任務の隊員たちは、小綺麗な場所に造られた常設テントに移されたが、食欲旺盛な蚊たちは、新しい場所を探し出して地上任務の隊員たちを悩ませた。一方、搭乗任務の隊員たちは、海軍設営隊が以前使っていたカマボコ兵舎に移り住むことができた。その兵舎は海軍常設隊が第五〇九混成部隊のために通路を舗装して住み心地のよい環境にしてくれていた。そして兵舎の前には、低い石造りの楕円形の囲いの中に花を植えて「第五〇九混成部隊本部」と書かれた三日月型の標識が造られていた。この兵舎の周囲にも同じ形の兵舎が建てられていて、どの兵舎も短い道路を通って行き来でき、出入口の手すりがちがうことを除けば、どの兵舎も同じような外観だった。

兵舎のある敷地は有刺鉄線で囲まれ、周辺には自動小銃を持ったＭＰが二十四時間監視していて、近寄りがたい雰囲気だった。

ボブは、ほかの隊員たちと一緒に二〇人が一組となって、基地の正門に近い士官クラブの裏にある第一兵舎を割り当てられた。食堂は、砕いた珊瑚を敷き詰めた道路を横切ったすぐ前にあったので便利がよかった。また、島に造られた主要道路を通れば、どんな場所からでも飛行場へ行けるようになっていた。海軍設営隊はソフトボールができるようにバックネットまで残してくれていて、ボブたちは自分たちの兵舎の横に馬蹄形ゲームのピットを造った。

第一兵舎は通称八番街百二十五番通りにあって、ルイスの八十二号機の隊員たちだけでなく、スウィニーが機長になったボックスカーの隊員たちの宿舎にもなっていた。ボックスカーの隊員の中にはXB－29で試験飛行をしていたときからの顔なじみもいたが、それ以外の隊員たちは、この兵舎には割り当てられていなかった。消灯時刻になって円形天井の上に吊された電灯が消えると、ネズミたちが走りまわり、軍靴や衣類の中を出たり入ったりして、隊員たちが隠していたチョコバーを食い荒らした。隊員たちの何人かは、パラフィンで包んだチョコレートをネズミに失敬された次の晩には、工夫を凝らして天井から細かい編み目のハンモックを吊りさげ、頭の上にぶらさがったハンモックの中の食料品や煙草をネズミに狙われないよう薄暗がりの中で見張った。

隊員たちは、特別支給されたエアマットレスを、まん中が落ちこんだ狭い簡易ベッドの上に敷いて、むず痒くなるような粗末なウールの毛布にくるまって眠った。

カマボコ兵舎の薄い屋根に初めて石が投げつけられた夜、兵舎の中にいた隊員たちは銃撃を受けたのかと思った。ボブのいる兵舎の隊員たちがドアに駆けつけたときには、石を投げた相手はもう兵舎の前を通り過ぎていて、嘲るような野次だけが遠くから聞こえてきた。相手は爆撃任務から帰投したばかりの、ほかの飛行大隊の連中だった。

「ご自慢の坊やたちがいるぞ……やあい、ご自慢の坊やたち、いつになったら出撃とやらをするんだ？」

第五〇九混成部隊の隊員たちは、実は一度も目にしたことのない連中とも一緒にこの島で暮らしていた。その連中とは五〇〇人ほどの日本軍の敗残兵で、洞窟や林の中にじっと潜んでいて、夜間になるとアメリカ軍の居住区を急襲して物資や食料を略奪していた。

これに対して、各部隊から自発的に集まった隊員たちが捜索隊を編制し、潜伏している日本兵を探し出すことになった。あるときにはボブはシューマード、ネルソンなどと一緒に島の南東部の区域を捜索し、時には、煙草を欲しがって出てきた日本兵を司令部へ連行して行ったが、この捜索も、大抵は日本兵を捕虜にするというよりも日本兵の遺物を借り物競走のように拾い集めて、記念品に持ち帰る結果に終わることが多かった。

＊＊＊

第五〇九混成部隊の一五人の搭乗員の内の一三人（二人はウェンドーバーに残って原子爆弾の部品輸送に従事していた）は、ほかの部隊の歴戦隊員による地上講習を受けることになった。夜間に石を投げつけた者たちにとっては、いつも厳重に警護された兵舎で寝起きし火器を取りはずした新品のＢ－29で、カボチャのような爆弾を時たま投下してくる意気地なしの隊員たちのことが腹立たしかった。
　それにしても隊員たちにとって、くりかえし嘲りの的になることは我慢のならないことだった。島内の司令部の職員が「ご自慢の坊やたち」を侮辱する詩を匿名で作って、それが基地内にひろまっていた。

秘密の皆さん今日もまた、空の彼方へ飛んで行く、
どこへ行くやら誰ひとり、知っちゃいないよ、その秘密。
明日になったらお戻りさ、けれどもどこへお出かけか、
俺たちゃ知らない、その秘密。
出かけた先がどこなのか、訊いちゃならない俺たちに、
訊けば遭うだけ、痛い目に。
けれども真実知る人に、訊いてみなせえ、その答え、
五〇九の皆さんが、戦争勝たせてくれるとさ。
ほかの部隊の出撃は、俺たちゃ知ってるその先を、
第五艦隊ハルゼーが、ジャップの奴らをぶっ叩く、
その日を知ってる俺たちは。

マッカーサーにドーリットル、俺たちゃ知ってるその命令、
ああそれなのに新入りの、奴らが何をしてるのか、
俺たちゃ知らない、その秘密。
今からひと月経ったなら、国に帰れるそのわけは、
五〇九の皆さんが、戦争勝たせてくれるから。

各部隊による実戦の報告会では、ボブたちのことをよく思っていない隊員たちが「甘やかされた連中」を釘付けにして、爆撃任務が敵の対空砲火や敵機との遭遇などでどれほど危険で悲惨なことかを事こまかに説明した。報告会では敵の防空体制や対空砲などについて重要な情報を得ることができたが、第五〇九混成部隊の兵装担当者たちは、B－29の火器装備については自分たちのほうが精通していたので、報告会で教わることはほとんどないと内心では思った。

ティベッツに所属する隊員たちにやっと日本への出撃命令が出されると、隊員たちは歓声を上げた。制空権を失った日本へ向けて洋上を長時間飛行する任務は、日本列島最大の島で首都や主な都市が集中する本州を爆撃することが予想された。

ボブはルイスが機長を務める八十二号機に搭乗していたが、「でかい奴」の準備が整ったときはティベッツが八十二号機の機長になるだろうという予感を以前よりも強くしていた。

隊員たちは、日本への出撃を待つあいだも今までどおり飛行訓練をくりかえした。グアム島へ

短距離の飛行訓練をしたあとは飛行距離をのばして、日本軍が占拠しているロタ島へ通常爆弾を投下した。ただ、飛行訓練の範囲は北東のマーカス島（南鳥島）までの六〜八時間の飛行時間を超えることはなかった。マーカス島は日本軍の飛行基地が健在で、まだ日本軍が占領していた。この島は上空から見ると醜い痘痕面のようだとボブは思った。

一度に二〇〇から三〇〇機を出撃させる第三一三爆撃航空団とはちがって、第三九三爆撃飛行大隊は一機か数機が縦列になって出撃するだけで、特別仕様のB－29を同時に三機以上出撃させることはめったになかった。

飛行前のブリーフィングは、野外劇場のステージにベンチを置いた場所でおこなわれた。機長、航空機関士、情報部の将校たちが搭乗員にそれぞれ指示を伝えたあと、実戦経験のある射撃手たちが自分たちの体験を報告した。「必ず対空砲火の数を数えろ。それから砲煙の色と着弾した位置を記録しろ」この情報をもとにして射撃手は地上にある対空砲の大きさや数を調べて、機長に報告することになった。また今までの実戦経験から、高度九〇〇〇メートルまで届く対空砲は一二〇ミリ砲だけだということがわかっていた。そしてブリーフィングで詳細な報告が終わると、ウィリアム・ダウニーという背の高い痩せた従軍牧師が作戦の成功を祈った。

七月半ばになると、搭乗員たちは日本へ初めとなる飛行任務で重さ五トンの爆弾を一個だけ投下することを伝えられた。その爆弾は、アメリカの砂漠地帯で投下訓練をしてきたオレンジ色のカボチャ型の模擬爆弾で、のちにファットマン（太っちょ）と名づけられた爆弾のことだった。

ジョン・デービス中将は、駐機場に駐めてあるティベッツ所属の奇妙なB－29を自分の目で確かめたかった。デービス中将は第三一三爆撃航空団の司令官として第三九三爆撃飛行大隊を管理する責任は与えられていたが、第五〇九混成部隊に権限を行使することは許されていなかった。

デービスがジープから降りて八十二号機をじっと見上げていると、銃を持ったMPが制止した。

「閣下、この機を点検できるのは所属隊員と許可証を携行する者だけだと命令を受けています」

デービスが声を荒げてどんなに言っても、MPは許可しようとしなかった。

「申し訳ありません、閣下は許可証をお持ちになっていませんので。それでもと言われるのなら命令によって銃を使用することになります」

言い負かされたデービスは、呆れた表情になって怒りを露わにしたままジープに戻り、司令部に行って許可をもらうつもりで急いで立ち去って行った。

＊＊＊

七月二十四日の攻撃目標は神戸の工場施設だった。八十二号機は、本州の「神の戸」と呼ばれた神戸をめざして四国の上空を飛行していた。今回の任務で機長のロバート・ルイスは、搭乗員を次のように編制した。副操縦士にリチャード・マクナマラ、爆撃手にスチュアート・ウィリアムズ、航法士にハロルド・バッド・ライダー、航空機関士にワイアット・ドゥーゼンベリ、副航空機関士にロバート・シューマード、無線通信士にジュニア・ネルソン、レーダー士にジョー・スティボリック、尾部射撃手にボブ・キャロンだった。

テニアン島を離陸したB－29は攻撃目標となる日本の多くの都市に向かう途中、硫黄島上空を通過した。硫黄島は、航法士が初期点と呼ばれる攻撃目標に向けて日本へ飛行する針路を決めるチェックポイントになっていた。硫黄島上空に達するまでにB－29は十分な飛行高度に達していて、それからは燃料効率のよい高度で飛行した。日本上空に接近した八十二号機が初期点に達したとき、インターコムから対空砲火を受けていると伝えられた。ボブは機体尾部の後方に炸裂する対空砲弾を目にしたが、たちまち周囲は煤煙のような黒煙に包まれた。幸い、対空砲弾の破片はひとつも機体に当たらなかった。敵は八十二号機の高度と進路を捕捉して追尾していたが、対空砲はB－29の速度に追いつくことができなかった。ボブは、日本軍がドイツ軍の高射砲を使用していることを思い出し、炸裂する砲弾を数えてみた。四連発弾が五回、そのあと三回だった。一回は不発弾だった。つまり地上には四基の対空砲があるはずだ。ボブは実戦の中で初めて対空砲火の怖さを知ったが、こちらから応射する敵を発見することはできなかった。

ルイスは対空砲火の音を耳にすると体が自然に反応して、いつもの気楽な様子でB－29を体の一部のように操縦しながら対空砲火の弾幕をくぐり抜けた。

大阪の郊外にある日本軍の飛行場は、テニアン島へ帰投する空路の真下にあった。ボブは飛行場に飛行機が並んでいるのを目にしたが、どれも偽装された飛行機ばかりだった。

「機長、少し気晴らしに試射してもいいですか?」とルイスを呼び出した。

「やってみろ」

ボブは一二・七ミリ機銃を数回発射した。薬莢が機体の外に落下していくのがわかった。それから座席にもたれた。

尾部のハッチを開けて機体中央部まで這って行くためには、通路を与圧して酸素を送らなければならなかったので、尾部の隔室に留まることにした。何度かの長距離飛行をくりかえしているあいだには、敵戦闘機が襲ってこない空域まで来ると、襟にムートンの付いた飛行服を着こんで座席を通路側へ跳ね上げ、冷えきった狭い床にもぐり込んで目を閉じて体を休めた。尾部銃座の装置を動かすアンプリダインと発電動機が作動しているときは、冷たい金属部品に囲まれた尾部の内部を少しだけ暖めてくれた。

＊＊＊

「爆弾の投下目標は、状況を見て決めること」とルイスは命令を受けていたので、出撃前のブリーフィングのときに、七月二十六日の西日本沿岸部への爆弾投下は目標が未定と搭乗員たちに伝えた。その日、日本の領空へ入った八十二号機は、山脈を越えて前方にある建物をいったん目標にしたが、無理をしない方がいいだろうとルイスはインターコムで伝えてから、東へ針路を変更し、はげしい空襲を受けたあとの名古屋をめざした。壊滅状態の名古屋は全くの無防備で対空砲火などの反撃はなかったから、爆撃手のウィリアムズがわずかに残っていた無傷の目標を見つけて、オレンジ色のカボチャ爆弾を投下した。

七月二十九日の投下目標は、東京から北に位置する福島県郡山市のアルミ工場だった。出撃直前になって、ルイスは八十二号機の代替機を使うよう命令を受けた。ボブは、代替機の尾部にある一二・七ミリ機銃一基が故障していることに気づき、銃座の中にもぐり込んで故障した箇所を見つけたが、破損がひどくて離陸前に取りはずすことができなかったので、そのままにしておくしかなかった。代替機のB－29は、日本の海岸線に沿って進みながら、低く垂れこめた雲の上を飛行して日本の内陸部に進入した。東京のあたりがぼんやりと見えた。富士山が、雲海の上にそびえ立つ誇り高い番人のように太陽を浴びて輝いていた。その光景はボブを魅了し、息を呑むほどだった。富士山は写真で見たことはあったが、今見ている富士山は天上に仰ぎ見る永遠の神のような姿だった。

郡山市のアルミ工場と、その数キロメートル周囲は濃い霧に包まれていた。爆弾の投下はレーダーを使用せず目視でおこなうという命令だったので、ルイスは投下目標が見えるまで降下してみることにした。

「機長、下方に数機の敵戦闘機です」ボブが伝えた。「トニー（飛燕戦闘機）のようです。旋回しながら上昇してくるので、こちらを捕捉したようです」

「了解。退避して別の目標を探そう」

この日の作戦は、離陸直後からエンジンの調子がよくなかったので、ルイスは無理をするつもりはなかった。航法士が新たに針路を定めたので、B－29は飛燕戦闘機が一機こちらの高度まで上昇してくる前に退避していた。

爆撃手のウィリアムズが、投下目標になりそうな長い土手に沿って走る鉄道線路を見つけた。ルイスは爆弾投下の方位を決めてからウィリアムズに操縦を任せた。「爆弾投下」ウィリアムズが叫んだ。カボチャ爆弾が土手に命中するのがボブからも見え、鉄道線路がマッチ棒のようにバラバラと飛散した。「自分ひとりで土手をこわしたみたいですね、スチュアート」ボブがウィリアムズに言った。

午前二時四十五分に出撃する作戦のときは、夜間に離陸して早朝に爆弾を投下する計画だった。ボブはいつものように離陸前に機体の尾部に入りこんだが、その頃、次のような噂を耳にしていた。過重な搭載をしたB－29が離陸に失敗して墜落した事故（墜落時に滑走路へ投げ出された搭乗員の多くがそばの海に転落して溺死した）が何度もあるのに、尾部の射撃手だけは溺死しないという話だった。その理由というのが、B－29は墜落時に機体後部の補助発電機に近い与圧箇所のところで簡単に破断するので、そのとき空気が尾部の方に溜まるからだということだった。

搭乗員たちが不安に感じていたのは溺死だけではなかった。過重な搭載をしたB－29が離陸に失敗して滑走路で炎上する事故（搭乗員はほとんど逃れることはできなかった）の場合も、誰も予測などできなかったのだ。

＊＊＊

東京ローズは、隊員たちにとって得体の知れない、つかの間の存在ではなく、それどころか隊員たちの心にさまざまな影響を与えた。東京ローズは何人かが一人の女性を演じているらしく、ラジオをとおして十数人もの異なる声で隊員たちの士気を挫くような内容を語りかけてきた。ただ、その内容が逆効果のときもあって、そんなときはアメリカ軍の士気を高めてくれたとして、アメリカ海軍が東京ローズを表彰するという形で応じたりした。テニアン島の隊員たちは、ラジオのダイヤルをまわして、時にはコケティッシュでセクシーな溜息交じりの東京ローズのおしゃべりに耳を澄ませた。そして意図していたとおり、東京ローズの甘い言葉を聞いて隊員たちは国のことを思い浮かべた。彼女は隊員たちを笑わせもし怒らせもしたが、嘘っぽい話については全くの戯言とか品のないものだと言い合った。とはいえ「ブラックアロー中隊（北飛行場の限られた区域の中で厳重に監視されたＢ－29の部隊）のみなさんとオレンジ色のカボチャ爆弾、ようこそ」と東京ローズが放送したときは、さすがに隊員たちも心穏やかではなかった。機密の情報収集は、お互い様だったようだ。

ロリポップを舐めていた少女のシャーリー・テンプルも、いつの間にか大人になっていた。えくぼの似合う活発な十代の頃でさえ、彼女は基地にある野外劇場「パンプキン・プレイハウス」ではリタ・ヘイワースほどの人気はなかった。野外劇場では毎晩のように映画が上映され、天候に関係なく海軍の室内劇場よりも人気を集めた。ボブは、映画を鑑賞しないときには、ほかの隊員たちと大工仕事をして、士官クラブの建物の目立たない建材を取りはずして、それで自分たちの兵舎の裏にポーチを作った。隊員たちは、カマボコ兵舎よりもメーン州の海辺にいるようなポーチがお気に入りで、ポーチの欄干に足を乗せて会話をはずませながら故郷に帰ったような気分を味わった。

ブリーフィングや任務のないときには、隊員たちはテニアン島の晴れわたった空の下を白い珊瑚礁の浜辺まで行って楽しんだ。運のいい隊員は、ホームシックの治療を名目に可愛い看護婦を連れて行った。午後も遅くなって入道雲が夕立を降らせると、石けんを持ち出して冷たい土砂降りの中で体を洗った。

第五〇九混成部隊の隊員たちが任務以外に着る制服は、履き慣らした足首までの茶色の編上げ靴に、陸軍航空軍の作業用ズボンを膝上で切った「テニアン半ズボン」、それに白のTシャツという格好だった。

＊＊＊

＊＊＊

テニアン島の搭乗員たちが自分たちのB－29の機体にノーズ・アート（機首に描く愛称など）を書きこんでいる頃、コロンビア大学のノーマン・ラムゼー教授は、込みいった日程表を今一度チェックしていた。その日程表には、標高二二〇〇メートルのロスアラモスの台地から、原子爆弾の最終部品をテニアン島に向けて運ぶための手順が書かれていた。

オッペンハイマーとロスアラモスの科学者たちは、ハンガリー人のレオ・シラードの発想をもとに、核爆発を起こすのに十分な放射性物質の量を求めるという難題を二年かけて解決した。一方、兵器の専門家たちも原子爆弾を組み立てる見とおしが立って、それがいよいよ具体化されることになった。ボブがウェンドーバーの図書室で独りで空想していた核兵器の完成が、いよいよ現実のものになってきたのだ。

あとはラムゼー博士が、原子爆弾を投下する役目の者たちのところへ爆弾の最終部品を確実に届ける仕事だけが残されていた。

＊＊＊

「量子物理学によって、我々は計り知れない潜在エネルギーを手に入れることができるのである」学生たちを前に仁科芳雄博士が講義を始めていた。角張った顔は生き生きしていて、学生たちに自分の持てるすべてを教えようという熱意が込められていた。仁科は全力を傾けて量子物理学の研究に没頭してきた。留学先のコペンハーゲンで六年間、ニールス・ボーアのもとであらゆることを学んだ。ボーアはアインシュタインに次ぐ類いまれな才能を持つと言われた物理学者だった。

仁科博士は、研究室の助手たちから「親分」という愛称で呼ばれていて、軍部から原子爆弾の製造を委託されていた。仁科は、アメリカがウランの輸出禁止を発動したことを知って、ウランを原料にして原子爆弾を造ることができるかもしれないと考えた。ただ仁科は、軍部が核エネルギーの研究を自分だけに任せてくれるのであれば、そのエネルギーを原子爆弾に応用するのではなく、戦争で破壊された祖国を再建して繁栄を取り戻すために利用したいと内心では思っていた。

仁科は友人の一人に語った。「日本はずいぶん愚かな戦争を始めたもんだね。アメリカの国力と軍事力は、どんなに愚かな人間でも知っているはずだよ。アメリカと戦争をすれば、わが国が破滅することは火を見るより明らかなことだ。今のわたしたちは沈没船に乗っているようなもんだ」

仁科は欧米の精神を熟知していた。そしてアーネスト・ローレンスのもとに留学した助手の協力で完成させた重量二〇〇トンのサイクロトロンが、バークレー放射線研究所でローレンスが造ったサイクロトロンに似ていたことは皮肉なことだった。とはいえ、純粋な科学はいつの世でも政治的な問題とは無関係に存在していた。

四月になって、アメリカに対抗して日本の軍部が原子爆弾の製造を急がせていた計画は非現実的なものになってしまった。ラムゼー博士の日程どおりリトル・ボーイの最終部品がテニアン島へ届けられる四ヶ月前の四月十四日、東京の理化学研究所の施設内にあった仁科博士の研究室は「愚かな戦争」の犠牲となって、空襲によって火炎に包まれたのだ。

13．トリニティ核実験

周囲一三キロメートルしかない火山島の硫黄島は、血みどろの激戦地になった。一九四五年二月十九日に始まり三十三日間におよんだ攻防戦の結果、アメリカ軍に六〇〇〇人の犠牲者と日本軍にはその三倍の犠牲者を出した。硫黄島はアメリカ軍が太平洋を飛び石伝いに日本へ進攻するために欠かせない島だったので、この戦闘では大きな犠牲を払いながらも貴重な勝利を得ることができた。

アメリカ国内では、人々は戦争の辛さを忘れようとして劇場に足を運んだ。三月三十一日、ニューヨークのプリマス劇場でミシシッピー生まれの劇作家で、テネシー・ウィリアムズの名前で知られるトーマス・レイニアが戯曲『ガラスの動物園』を初演し、ローレット・テイラーとエディー・ダウリングが出演した。

また、ロジャースの音楽とハンマースタインの脚本によるロマンあふれるミュージカル『回転木馬』が四月十九日にニューヨークのマジェスティック劇場で初演され、ジョン・レイットとジャン・クレイトンが出演して八八九回にわたって上演された。

当時の風潮は国民の気持ちとよく調和していて、人々は『お久しぶりね』や『時の終わりまで』のような歌のメロディーに心を高鳴らせ、ゴスペルシンガーのマヘリア・ジャクソンがリズミカルに歌う『もの皆は主の御手に』に、肌の色を問わず手拍子を合わせた。魂に訴えるようなマヘリアの歌は、その年にレコードを一〇〇万枚以上売り上げた。

東京の街は、空襲によって黒焦げになった木や砕けた石やコンクリート片が散乱したままだったが、そんな瓦礫のあいだからも黒ずんだイチョウの枝から扇形の優美な葉が誇らしそうに芽吹いていたし、夾竹桃は不敵なほどの勢いで濃いピンクと白の雄々しい花を小旗のように咲かせて、そよ風にゆらいでいた。

ヨーロッパ全土を戦乱に巻き込んだヒットラーが姿を消して、ヨーロッパ各地は穏やかな空気に包まれていた。六年ものあいだ戦争の苦難を味わった多くの人たちは、星条旗にそっくりな赤と白の旗を瓶にあしらった発泡性の甘いコカコーラを味わった。

＊＊＊

四十四歳の天皇の顔には疲労と悲哀の色が濃かった。耐えがたいほどの重圧感によって、身長一五二センチの体重は六五キロから五五キロに減っていたが、死にとりつかれた病気があったわけではなかった。天皇は、戦争のため国民が味わっている苦難に思いを致し、みずからの重圧感を甘んじて受けることを望んでいた。城壁をめぐらせた堀の内側に温室と住まいのある皇居だけは空襲による被害を受けていなかったが、皇居の外にある東京の街は灰燼に帰していた。天皇は連合軍があえて皇居を爆撃しない理由を知っていたが、それでも五月二十五日の空襲のときには天皇の住まいも安全ではなくなった。皇居に誤って投下された焼夷弾が二七棟ある建物の一部を炎上させたのだ。天皇と皇后の良子(ながこ)は、研究用に建てた図書室の下に造られた地下壕に避難した。そして天皇も今や、住まいを失うことの意味を身をもって知ることになった。世の中でもっとも豪華な暮らしをしている天皇でも、平和を買うことだけはできなかった。

天皇は、軍事参議院の者たちが国内の惨状を目にして国民の悲嘆の声をどう感じているのか不審に思うとともに、ひと握りの人間だけが自分より強い権限を行使して、日本という国をいつまでも苦しませているのは一体どういうことなのだろうかと思った。

＊＊＊

物理学者のハーバート・F・ヨークがローレンスと一緒にカルトロンの研究に取り組んでいた晩春のある日、テネシー州のアパラチア山脈に囲まれたオーク・リッジの研究所から電話が入った。電話の用件は「こちらに来るように。我々は君たちを必要としている」という内容で、しかも運転中のすべてのカルトロンを六月中に停止するようにという奇妙な内容だった。今研究している現状を考えてみて、何ヶ月も稼働させているカルトロンを停止させることは非能率だと思ったが、ともかく指示にしたがってカルトロンを停止し、取り出した濃縮ウランをオーク・リッジの「施設Y」へ運び出すことにした。ヨークは、この大がかりで費用のかかる濃縮ウランの移送目的は、ロスアラモスの科学者たちがついに禁断の果実を口にしたからだと確信した。

＊＊＊

暫定委員会は、日本に原子爆弾を投下する最終決定権を握っているという意味では、知恵の樹の下に集まった雑多な人間からなる組織と考えられた。委員のひとりヴァネヴァー・ブッシュ博士は、科学者、政治家、軍関係者という多彩な顔ぶれの委員たちを前に、委員会の目的は原子爆弾を「万一」使用するとすれば「どのように」使用するべきかを立案することだと説明した。

五月三十一日に招集された委員会では、陸軍長官のスティムソンが話をはじめると、ささやき声がやんだ。スティムソンは委員たちを前に歯に衣着せない口調で、自分は原子爆弾を単なる新兵器としてではなく「万物と人類との関係に大きな変化をもたらすもの」と考えていると述べた。そう前置きをしてから、原子爆弾を日本に使用すべきか否かという重大な案件を切り出した。

翌日、ふたたび委員会が招集されたとき、委員たちは「日本に使用すべきだ」という意見で一致していた。さらに、爆弾は「警告なしに」、戦争によって多くの人命が失われる前に、「一刻も早く」投下し、しかも爆弾の破壊力を示すため、甚大な被害を与える目標に投下すべきだという意見で固まった。そして、これ以外の案は「日本を速やかに降伏させるという当初の目的からはずれる」とみなされた。委員会では最終的にこの案を承認し、「我々は戦争を終結させる目的で爆発の威力を示す公開実験はおこなわないこととし、日本に原子爆弾を投下する以外の選択肢は考えていない」と結論づけた。

レオ・シラードは、自分がわからなくなっていた。自分の創り出した原子爆弾がみずからを苦しめはじめていた。原子爆弾はドイツに対する抑止力になると今までは考えていたので、日本に対して投下することは頭になかった。結局、ドイツの狂信的な指導者がいなくなったことで、暫定委員会は新たな目標を検討せざるを得なくなったのだ。その結果、日本に原子爆弾を投下する決定をくだした暫定委員会は、シラードたちの冶金研究所が原子爆弾は日本に投下せずに公開実験にすべきだと、トルーマン大統領に嘆願したことと真っ向から対立することになった。冶金研究所の科学者たちは公開実験によって爆弾の破壊力を示せば、日本の戦意を喪失させるのに十分な効果があると考えていた。

一九二七年にノーベル物理学賞を受賞した冶金研究所の責任者アーサー・ホリー・コンプトンは、暫定委員会の科学顧問団の集まりにオッペンハイマー、テラーそのほかの科学者たちと一緒に出席したとき、その席上で受け取った暫定委員会の大統領宛の提言書を自分たちのメンバーに読み聞かせた。

戦闘に加わった人間たちは、その国の一部だと考えられ、彼らが祖国のために身命を賭す以上、今回の兵器を使用するのは当然のことです。要するに、速やかに勝利できる手段を我々が手にしているのに、これ以上まだアメリカ人の血を流さなければならないのでしょうか？　否です！　アメリカ人の命を少しでも救うことができるのであれば、この兵器を使用するべきであり、それも直ちにそうすべきです！　この想いは大多数のアメリカ人、とりわけ太平洋のタコツボ陣地や艦船で戦っている息子たちを送り出した人たちの切なる願いだと我々は考えています。

コンプトンは、暫定委員会の提言書を大統領に提出したのはスティムソン陸軍長官だと確信した。

ロングアイランド島のブルックヘイブンでは、マーシャル将軍の指揮下で「オリンピック作戦」と名づけた日本本土上陸作戦を十一月一日に決行する計画について軍内部で検討されていた。そして、この大規模な作戦によって「戦争神経症」という戦場での外傷体験から発症するおそれのある、数千人のアメリカ軍兵士を治療するための仮設の医療施設まで、すでに建設が始まっていた。

＊＊＊

ジョージ・マーシャル将軍は、九州へ三方面から上陸する作戦を慎重に検討していた。マーシャル将軍には沖縄戦でアメリカ軍に多大な犠牲者を出した記憶が生々しく残っていた。一九四五年四月一日、連合軍が沖縄の西海岸に上陸をはじめたとき、兵力は日本側のほぼ二倍だった。六月二十二日、太平洋艦隊最高司令官チェスター・ニミッツ海軍大将が沖縄戦の勝利宣言をしたものの、日本側に一三万人の犠牲者が出た一方で、アメリカ側にも四万八〇〇〇人の犠牲者を出したのだ。そして、多くの犠牲者を出して島内の掃討をまだ続けている七月二日に、早くも陸軍司令官ダグラス・マッカーサー大将は沖縄に新たな空軍基地を造成した。マーシャル将軍は沖縄戦で日本軍が徹底抗戦したのを知りすぎるほど知っていた。一方で日本の「太陽」は極東アジアの頭上にしばらくのあいだ輝いていたが、大多数の日本人は大東亜共栄圏がすでに瓦解してきたことを心の中で感じて取っていた。

大東亜共栄圏構想は、日本人のために考え出されたものではなかった。しかも軍部は事実をねつ造し、硫黄島と沖縄での戦いはアメリカ軍を本土におびき寄せて壊滅するための大作戦の捨て石に過ぎないという虚構を平然と発表した。

マーシャル将軍が日本本土への上陸作戦を検討していた頃、日本の陸軍指導部も反撃の計画を立案していた。それは「帝国陸海軍作戦計画大綱」と名づけられたものだったが、その作戦内容は表題とは似ても似つかないものだった。この大綱によると、神風特攻隊が洋上の敵兵力の四分の一を撃破したあと、残った上陸部隊の四分の一を陸軍が撃破し、さらに残った敵を水際で殲滅するという計画だった。外務大臣の東郷茂徳(しげのり)からすれば、その「作戦」なるものは信じがたいほど馬鹿げたものだった。

日本陸軍は、なりふり構わず藁にもすがる想いだった。軍部は一九四五年の初夏に、敵の上陸部隊を撃退するため老若を問わず大規模なゲリラ部隊を編制しようと考えた。陸軍は、体を動かせる国民を総動員して、絶望的で狂信的な作戦を指揮しようとしていた。日本国民は、個人が選択する自由などなかった。

＊＊＊

七月四日のアメリカ独立記念日には、国民たちは自由を祝った。レオ・シラードも、アメリカに帰化した市民の一人として参加した。この日には、多くの母親、子供、祖父母たちがピクニックに出かけ、外地で戦っている愛する人たちに想いを馳せた。国内の主だった街の通りには星条旗が掲げられ、音楽隊が威勢のよい行進曲に合わせて元気に行進した。また、この年の独立記念日には首都ワシントンにアメリカ、イギリス、カナダの三首脳が集まって、戦争終結の方策について協議した。

その方策の中には、マリアナ諸島と沖縄から出撃したＢ－29によって、本州と九州に大規模な爆撃をおこなって日本軍の士気を弱める計画も含まれていた。包囲された日本はすべての方面で身動きが取れない状態となっていて、あらゆる物資が欠乏していた。日本軍の兵士たちは一日にわずか一杯の米飯と大豆かすだけで耐え忍び、女性たちはサツマイモの蔓、桑の実、カボチャ、トチの実などを乾燥させ粉末にしたもので粗末な食事を作った。さらに、栄養不足と不衛生な環境のため赤痢や胃腸病が蔓延した。一九四四年の初秋頃から、ほとんどの工場では爆弾の製造に必要な塩化ナトリウムをはじめとする原材料の深刻な不足に直面していた。

「わが国は、勇敢さのほかは、すべてが不足していた」東京にあった大本営の陸軍中将、有末精三は語った。

そのような日本の情勢の中で、東京ローズはラジオで「こっちへ来て、わたしたちを捕まえてごらん」と挑戦するように語った。

＊＊＊

トルーマンは、手すりを握ってタラップを渡り終えると、気持ちを落ちつかせた。タラップを降りたトルーマンに向けて、重巡洋艦オーガスタの甲板上に整列している水兵たちが一斉に敬礼した。一九四五年七月十五日、オーガスタは、これから始まる三者会談を前に不安を抱いてベルリンを訪れるトルーマン大統領を、アメリカからベルギーのアントワープまで送り届けることになっていた。ルーズベルトが急死して、わずか三ヶ月のあいだに、トルーマンは平凡な政治家から一躍にして、三大国（アメリカ、イギリス、ソ連）の指導者の一人になったのだ。それほど高い地位にのぼり詰めながら、これから始まる有利な交渉に、なぜ不安を抱くのだろうか？ アメリカからアントワープまでの航海中は、陽気な楽団、一流の映画、甲板上での散策など心をなごませてくれるものが用意されていたし、新たに任命された国務長官のバーンズから助言を受けながら、核実験の成功というカードを手にして有利な交渉を進めることができるはずだ。

ジェームス・フランシス・バーンズは、サウスカロライナ州チャールストンの民主党員として十年間、連邦議会に所属したあと、しばらく最高裁判所の陪席判事に就いていたが、国務長官に任命されてからは、とりわけロシアとの関係についてトルーマンに多くの助言を与えた。そして、自分がトルーマンから全面的な信頼を得ることができれば最大限の協力を惜しまぬつもりだった。

ルーズベルトが死去して数日後、バーンズはトルーマンに大統領としての政治的手腕を身に付けさせようとした。副大統領が空席のため大統領の次席の立場にあったバーンズは、原子爆弾は単に戦争を終結させるためだけでなく、より有効な政治手段として用いるべきだとトルーマンに語り、原子爆弾を他国との外交交渉に利用する必要があり、日本との和平交渉で一方的に有利な立場に立って、ロシアが満州と日本へ介入することを防ぐことができると説明した。

＊＊＊

シカゴ冶金研究所の科学者たちが原子爆弾の使い方について再考するよう大統領に嘆願しなが

ら、原子爆弾の製造にも懸命に取り組んでいた頃、この爆弾の装置はニューメキシコ州で高い関心を集めていた。オーク・リッジから運ばれてきたウラン235はオッペンハイマーの研究チームが必死で集めたもので、そこから九六〇〇キロメートル彼方にある太平洋のテニアン島まで運ばれることになっていたが、空輸するには相当な危険を伴うので、グローヴス少将の部下で機器の修理に秀でたロバート・R・ファーマンが船舶による輸送方法を考えついた。

七月十四日、ニューメキシコ州アルバカーキに黒色の目立たない一台のトラックが到着し、警備兵を乗せた七台の車が横づけされた。トラックは、オーク・リッジからジェメス山脈を越えサンタフェを経由してアルバカーキまで、丁寧に梱包されたリトル・ボーイの砲身部分を運んできたのだ。アルバカーキからは陸軍の輸送機がサンフランシスコ近くのハミルトン飛行場まで特別な積荷として空輸し、そこからは陸路でメア・アイランドの海軍のドックまで運ばれ、四・五メートル四方の得体の知れない木箱とウラン235の弾頭を収めたバケツの形をした円筒が、重巡洋艦インディアナポリスに積みこまれた。このウラン弾頭の標的になるもう一方のウラン235の部分は、あとでウェンドーバーから送られることになっていた。こうして「ブロンクスの船便」と暗号名を付けられたスパイもどきの輸送作戦が始まった。

＊＊＊

ヨーロッパの各地には戦争の爪痕が遺されていたが、ベルリンに近いバーベルスベルク郊外にあるポツダムのカイゼルストラッセ二番通りにある屋敷は、一面の廃墟の中にあらわれたオアシスのような場所だった。ポツダムに到着したトルーマンは、茂って手入れの行き届いた立派な庭園の中にある漆喰造りの三階建ての屋敷に落ちつき、屋敷の「小ホワイトハウス」で執務することになった。そして、翌日には典型的な英国紳士ウィンストン・レオナード・チャーチル卿と初めて面会した。

ロスアラモスの研究所にいる科学者たちはトルーマンに会ったことはなかったが、世界中の科学者たちが半分も集まったこの研究所では、来たるべきポツダムの会談でトルーマン大統領が交渉の切り札にするはずの原子爆弾の製造に向けて懸命に取り組んでいた。

ロスアラモスの科学者たちは二年ものあいだ、さまざまな放射性物質の臨界状態について実験を重ねてきて、オッペンハイマーは、この実験のことを「竜の尾をくすぐる」と表現した。科学者たちは、地の果てのようなアラモス渓谷の「オメガ」で放射性物質を使ったロシアン・ルーレットを試みていた。そこでは実験が失敗しても、ほかの研究施設を危険にさらす恐れは少なかった。しかし、ルイス・スローティンは、この目に見えない放射能の初めての犠牲者になった。スローティンは、臨界前状態にある二個の半球を徐々に近づけていって臨界状態に達する距離を測定しようと、竜の尾をくすぐっていた。放射性物質の半球をゆっくりと動かしながら慎重に近づけていたとき、手に持っていたドライバーがすべり落ちて半球同士が接触し即発臨界が起きた。

スローティンは、その場にいたほかの科学者たちの安全を考えて、とっさに素手で二個の半球を引き離した。それから黙って座ったまま、ほかの科学者たちが浴びた放射線量の計測を始めた。スローティンの生命は考えるまでもなかった。尾をくすぐられた竜は、スローティンに飛びかかって死の炎を噴きかけたのだ。

＊＊＊

オッペンハイマーは神経過敏になっていた。ウラン235の量に限りがあるように、時間にも限りがあった。事実、リトル・ボーイについては時間が迫っていた。ウラン爆弾は、いずれ日本のどこかに投下してその威力を確かめることになるだろう。ウラン235の量はリトル・ボーイで使用する量しかなかったから、あとはウラン爆弾より複雑な構造のプルトニウム爆弾を使って公開実験をすることになるだろう。このプルトニウム爆弾はファット・マンと名づけられていて、内部構造のためカボチャのような形をしていた。そして、クラウス・フックスがウラン爆弾の秘密情報をロシアに流したように、デビット・グリーングラスはプルトニウム爆弾の青写真をロシアに譲り渡していた。プルトニウム爆弾は、砲身型のウラン爆弾とはちがい、爆弾内部を圧縮して起爆させる仕組みの爆縮型だった。

巨石群のようなオーク・リッジの研究施設では、プルトニウムを使った核実験をおこなうために必要なウラン238は抽出が比較的容易だったので、核実験は七月十四日に予定されたが、オッペンハイマーが性急だと反対したため、グローヴスは七月十四日の予定を見合わせて七月十六日に延期した。

オッピーは、精神的に打ちひしがれてボロ切れのようになった心を鎮めるときには、しばしば次の詩の一節を思い浮かべた。

我が心を打ち砕け、三位一体の神よ、御身によりて、
我を打ち息を吹きかけ御身の明かりで照らさんとするは、我を矯めんとするためなり、
我を起こし立たせんとするために、我を投げ、押し曲げよ、
我を壊し吹き飛ばし焼き払いて、我を新しき人間に造り替えよ

ジョン・ダンの形而上的な詩の一節は彼の心に響いた。その詩に触発されて、オッペンハイマーはプルトニウムを使った核実験を「トリニティ」と命名した。この名前は実験責任者のケネス・ベインブリッジが選んだ実験場にふさわしい気がした。ベインブリッジはアラモゴードの北東九六キロメートルにある、二九×三八キロメートルの平坦な砂漠地帯ホルナダ・デル・ムエルトを核実験場にしたいと考え、オッペンハイマーもロスアラモスの研究施設から南に三三〇キロメートルのこの場所がふさわしいと同意した。

ホルナダ・デル・ムエルトは「死者の旅」を意味するスペイン語で、そこはテキサス州エルパソとニューメキシコ州北部とのあいだにある細長い乾燥地帯で、容易に人間を寄せつけない場所だったが、昔から冒険心のある勇敢なスペインの探検家たちや、風景の美しさに無関心な開拓者たちを圧倒させるところでもあった。ここに足を踏み入れた者は、一片の雲もない空の下で体力を失い、口は渇ききって暑さで顔は腫れあがり、吐き気を催すほどになって、わずかな油断が命取りになるような自然環境だった。ホルナダの西にある紫色をした玄武岩の山々も、生きとし生ける物を拒んでいた。この静まりかえった場所では、真昼の熱気がゆらめくばかりで、耳の長いジャックウサギが灌木のアトリプレックスのわずかな隠れ場所に体を休め、焼けつくような岩と元気のない白いユッカの下ではサソリが夜の訪れを待っていた。毒蛇のサイドワインダーは焼けた砂地に体を左右にくねらせた痕を残しながら、強烈な太陽の日差しを避けていた。

グローヴス少将は、いつものように虚勢を張って予定の前日にトリニティの実験場に着いたが、その日は、まるで自然が彼に刃向かうかのように暴風雨となり、関係者たちは雨で水浸しになった実験場の周辺や絶え間ない稲妻を心配そうに眺めていた。

オッペンハイマーは、実験の結果を気にするあまり、失敗するのではないかという不安を強めていた。眠れぬ夜が続いたため顔には疲労の痕が刻まれ、五二キロの体は骨だけのようになっていた。グローヴスは、やせ細ったオッペンハイマーが実験装置の様子を確かめようとして、高さ三〇メートルの鉄塔に登っていく姿から目を離さなかった。鉄塔の上にはグレープフルーツほどの大きさのプルトニウムの球体が、今まさに生まれ出ようとするゾウガメの卵のように特殊な箱の中に大切に納められていた。そして鉄塔から数千メートル離れた場所には、まもなくこの世に出現する新兵器の威力を測定するため、地震記録装置、分光器、地震計、電離箱、そのほか種々雑多な装置が設置されていた。

不発に終わるのか、それとも炸裂するのか？　失敗か成功しか考えることはなかった。エンリコ・フェルミは、この世界に解き放たれた新たな力が制御できない反応を起こして、雪だるまのように膨張していくのではないかと恐れた。この実験は、地球の地図上にわずかな油の染みを残す程度の規模で終わるのか、それとも地球全体の大気を燃やし尽くしてしまうのか。「馬鹿げたことだよ」フェルミの同僚たちは言った。

グローヴスにとって、実験が不発に終わるということは頭になかった。そんな結果になれば、国防省が巨費を投じてきた計画を調査している連邦議会は、核実験は結局のところグローヴスが指揮した愚かな計画だったとして歴史に書き加えることだろう。グローヴスが、あと味の悪くなるそんな考えを振りきるようにして、水たまりの中をざぶざぶ歩きながら実験場を点検しているあいだ、古参の物理学者、化学者、冶金学者たちは賭けを始めていた。それは爆発の威力がTNTに換算してゼロか、それとも四万五〇〇〇トンに相当するかという賭けだった。「万一成功すればの話だがね」責任者のオッペンハイマーは悲観的な予想をしていた。

ロシア人の親しい友人ジョージ・キスチャコフスキーが励ますように言った。「いいかいオッピー、実験が成功したら、君は僕に一〇ドル払うんだ。もしも失敗したら、僕は君に一ヶ月分の給料を払うことにしようじゃないか」

オッピーは、一日経ったコップのセルツア炭酸水のように、なんともいえない不安な想いにとらわれて、実験装置のように内側から爆発しそうな気分だった。もしも装置に何か異常が発生して核連鎖反応が暴走をはじめたら、爆心からわずか一万メートルのところにある観察壕の中にいる自分は一片の乾物になってしまうだろう。しかし、そんなことは今はどうでもよいことだった。

嵐は、ホルナダの大地の上だけでなく科学者たちの心の中にも吹き荒れていた。七月十六日の夜明け前、グローヴスは挑むように空を睨んだ。午前四時ちょうど、関係者たちは義務を果たそうとするかのように意を決した。グローヴスが指示を出した。「実験開始、一時間三十分前」

コンパニア・ヒルにある鉄塔から北西三二キロメートルのホルナダのはずれでは、政府の要人たちが壕の中でうつ伏せの格好になったまま爆発の瞬間を観察しようとしていて、閃光が見えたあとに初めて立ち上がって保護眼鏡を取ってもよいと指示されていた。クラウス・フックスは、自分で計算した結果にもとづいて爆発による危険がおよばない観察地点を見つけていた。待ちに待った瞬間だった。自分の赤ん坊であり怪物でもあるこの爆弾の誕生の瞬間をクラウスは一瞬たりとも見逃したくなかった。パーソンズ大佐も同じ想いだった。兵器の専門家だったパーソンズは、観測装置を積んだB－29の機内で天候が許すかぎり爆発の結果を上空から測定するつもりだった。一方、管制室の無線通信は当てにならなかった。カリフォルニアのラジオ放送局の電波と実験場で使用する無線とが混線し、放送局の「ボイス・オブ・アメリカ」が流れてきて実験場の通信員を混乱させた。

「点火十分前」拡声器が伝えた。

＊＊＊

第五〇九混成部隊のカマボコ兵舎の中でボブがラジオのダイヤルをまわすと、東京ローズの甘ったるい声が流れてきた。東京ローズは、勇敢な神風特攻隊員を誉めたたえて、アメリカ軍の艦隊に甚大な被害を与えて沖縄の占領を遅らせたと語っている。東京ローズの言葉は、兵舎の中で軍靴を磨いたり、妻や恋人に手紙を書いてクッキーの箱を内地に送り届けようとしていた隊員たちの心に沁み入ってきた。

「あなたたちは、自分たちが何をなさっているのかご存じないのよ」東京ローズは罵るように言った。「あなたたちも、二度とお母さんに会えなくなるわよ」

＊＊＊

トルーマンは手の内にあるエースカードを見せなかったし、必要なときにはスターリンの手にコールすることもできた。核実験が成功すれば、ヤルタ会談で決めたロシアとの合意を遵守することもロシア側に求めることも必要なくなるだろう。ロシアは四十年前に日本から奪われた領土を取り戻したいがために、対日戦に参戦して連合軍を支援する見返りとして、東ヨーロッパにおける権益をトルーマンに認めてもらいたがっていることを、スティムソンとバーンズの二人は疑わなかった。

「わたしの思いどおりに核実験が成功したら、必ずロシアの奴らを打ちのめしてやる」トルーマンがバーンズ国務長官に打ち明け、バーンズもそれを願っていた。

スティムソン陸軍長官は、万一核実験が不成功に終わったら、そのときはロシアを参戦させるべきだとトルーマンに助言した。「いずれにせよロシアは対日戦に参戦するでしょう。スターリンは両賭けをして、すでに日本との不可侵条約を破棄しています。ロシア軍が参戦して満州の日本軍を撃破すれば、わが軍が日本本土へ侵攻することは容易になるでしょう」スティムソンはそう助言したが、その当然の結果として、アメリカが共産主義勢力を容認することになるという点にかんして二人の考えは一致した。できればロシア軍を自国内に留めたまま、敗戦後の日本を民主主義勢力に取りこむことが好ましいことだった。

トルーマンは、スターリンとの会談でポーカーフェイスをとおして、どのようにしてハッタリをかけようか試してみるつもりだった。

＊＊＊

クラウス・フックスの顔は、まもなく誕生する核兵器の父親となる満足感で輝いていた。ロスアラモスの理論部門の責任者ハンス・ベーテは、核開発に「多大な貢献」をして爆弾の製造を推進させたフックスの理論を高く評価していた。スターリンも、核兵器にかんする高度の機密情報をロシアの情報機関にいち早く流してくれたフックスを讃えていた。フックスは、ロシアが核開発で技術的に後れを取っている立場から抜け出して、核開発競争でアメリカと肩を並べることを期待して機密情報をロシアに流していた。一方、ロシアでは早くも一九三〇年代には独自に核開発を進めようとして、国家経済最高評議会が物理学者アブラハム・フェデロビッチ・ヨッフェの核開発研究に資金を投じて、レニングラードとハリコフに研究施設を造っていた。

一九四一年十二月にアメリカが日本に宣戦布告をした四ヶ月後、スターリンはモスクワ近くのボリンスコイで科学者たちを前に核兵器の製造を命じた。責任者のイーゴリ・クルチャトフは、優秀な頭脳を持つロシア人と捕虜にしたドイツ人の科学者たちを自分で選んで研究にあたらせた。そしてこの科学者たちが造ったサイクロトロンを稼働させながら、そのあいだにクラウス・フックスが持ち出したアメリカ側の機密情報を自分たちのデータの埋め合わせにして研究を続けていた。

＊＊＊

「十秒前、」三……二……一……。ホルナダ・デル・ムエルトで原子が分裂した瞬間、それは突如、音もなく、「周辺の丘が眩しいほどの光に包まれ、まるで誰かが太陽のスイッチを点灯したような」光景として物理学者オットー・フリッシュの目に映った。

その瞬間、オッピーの中では成功か失敗かという想いが一緒になって、爆心地の鉄塔のように溶け合った。人類が今までなし得てきたすべてが些細で無価値なもののように思われた。閃光がオッピーの意識を貫き、ヒンズー教の聖典「バガヴァッド・ギーター」の預言者の言葉が刻みこまれた。

一千もの太陽の輝きが
一度に天空に発するならば、
壮麗な力となるであろう……
わたしは死せる者となり、
世界は破滅するであろう

一九四五年七月十六日月曜日の朝、タイムズの科学担当記者ローレンスは、熱狂した様子で次のように記した。

直径数キロメートルの巨大な火の玉が出現したと思うと、それは濃い紫色からオレンジ色に変わって上昇しながら、どんどん膨張して行き、まるで壮大な力が数億年の呪縛から解き放たれたようだ。

しばらくのあいだ、時の始まりと終わりが交ざり合ったような静けさがあった。と突如、天空が裂けるほどの轟きがして虚空が崩壊し大地がはげしく震動した。爆心地から北西に三七〇キロメートルのところにあるギャラップという町では、家の中の食器や窓がガタガタと鳴った。アマリロで空を眺めていた人たちは、太陽に似た奇妙な光を目撃した。ある盲目の老婦人は、不思議なことに「光」を感じた。トリニティは、その名に恥じなかったのだ。

＊＊＊

スティムソン陸軍長官は、古びた貸別荘の一室でトリニティ実験の結果を待っていた。七月十六日午前七時三十分に知らせが届いた。胸が高鳴った。電文に目をとおしたスティムソンは落ちつきを取り戻してから、ワシントンのジョージ・ハリソンから届いた電文をベルリンからポツダムに戻ったばかりのトルーマン大統領に送った。

今朝、手術が済みました。診断についてはまだ十分わかりませんが、手術の結果は満足のいくもので、想像以上です。関心が高いことなので、地元の新聞報道も必要です。グローヴス医師は満足そうで、明日には戻ってきます。最新情報は逐一お伝えするつもりです。

七月十七日、実験を見届けたグローヴスはワシントンへ戻った。この日、ドイツにある連合軍司令部では最高司令官ドワイト・アイゼンハワーが、スティムソンと一緒に「すてきな夕食」を終えて「すべてがすばらしかった」ところだったが、夜のしじまを破ってハリソンから第二報の電文が届いた。

グローヴス医師が今、熱狂した様子で戻ってきて、あの坊やは兄さんと同じくらい体つきがいいと言っています。あの子の目の輝きは、ここからハイホールドの方まで見分けが付くほどです……

「趣味の悪い比喩だ」とアイゼンハワーは言ったが、スティムソンは実利的に考えていた。新たな情報によって次第に詳細がはっきりしてきた。ハリソンが電文で「ハイホールド」と書いたのは、ロングアイランドのハイホールドにあるスティムソンの屋敷を示したもので、トリニティ実験での爆発の威力が今や疑いないことを知らせるつもりだった。それから数日経った七月二十一日土曜日の昼前、スティムソンはグローヴスと副官トーマス・ファレル少将が骨折って起草した核実験の報告書を受け取った。

その威力たるや空前にして壮大で、美しく、強大で恐るべきものと呼んでよろしいでしょう。かつて人類が創造した中で、これほど途方もない威力を示したものはありません。太陽の何倍も大きな灼熱の光によって国中が照らされたようです。その光は黄金色に輝き、紫色、青紫色、灰色、青色が混ざり合っていました。周囲の山々の頂上、谷間、尾根が鮮やかに美しく照らし出され、その光景は言葉で表すことはできませんが、想像していただけるにちがいありません……。爆発から三十秒後に、すべての物を吹き飛ばすほどの爆風が襲ってきて、それからすぐに、この世の終わりを告げるようなすさまじい轟音が響きわたり、全能の神に備わった偉大な力の領域に人間があえて踏みこむ冒瀆を犯したのだと感じました。

トリニティ実験は、人類が禁断の実に誘惑された初めての時を刻んだのではなく、全能の神が人間に想像力とそれを実現する能力とを吹きこんだのだ。報告書を読み終えたスティムソンは、原子エネルギーの強大な力についてはわかったが、トリニティ実験のあらゆることが理解できなかった。「どんな火薬を使ったのか？　それは取るに足らないことか。電気制御とは何のことなのか？　それも無意味なことか」とにかく、この核実験は今回の戦争をひっくりかえすことになったのだ。

ファレル少将の詩的な賞賛の言葉はトルーマンを「ひどく活気づかせた」が、スティムソンは別の報告書にも注意を向けてみた。報告書の中には、戦争がこのまま続けば一九四六年三月までに七〇〇万人の日本人が餓死すると試算したものや、政府は戦費に毎月七億ドルを投じていると公表したものもあった。グローヴスの報告書には、原子爆弾を使用すれば七日以内に戦争を終わらせることができるとあった。

トリニティ実験の成功を知らせる第一報を読んだトルーマンは、念には念を入れようと思った。今まで抱いていた漠然とした不安はポツダムの湿った夜の空気の中に霧散して全く消え去ってしまい、新しく生まれ変わった気分だった。

チャーチルも、原子爆弾の完成がまちがいないとわかって元気づいた。後日、チャーチルは次のように回顧している。「際限のない大量殺戮を未然に防ぎ、戦争を終わらせ、世界に平和をもたらし、苦しんでいる人々に癒しの手を差し伸べるために、わずか数発の爆弾を使用して圧倒的な威力を示すことは、あらゆる苦難と危険を乗り越えた誕生の奇跡のようだ」

＊＊＊

グローヴス医師がニューメキシコで難しい手術をやり遂げようとしていた頃、スターリンは医師団から実際に医学的治療を受けていた。病名については極秘にされていたが、軽い心臓発作を起こしてポツダムへの出発が遅れただけで、二人の巨頭を相手に交渉するには支障ないと本人は考えていた。

スターリンが七月十七日の会談に遅れて到着することは、トルーマンにとっては好都合だった。トルーマンとチャーチルがポツダムの小ホワイトハウスで初めて会談したとき、トルーマンはスターリンを昼食に招待しようとした。そのときスターリンは丁重に断ったが、トルーマンは「貴殿がお望みなら、お出でいただけるはずですが」と高飛車な言い方をした。

相手を出し抜こうとするゲームが、すでにはじまっていた。二羽の雄鶏が互いに虚勢を張って体を膨らませながら睨み合った。会談前の公式の写真撮影のとき、核実験の成功に気をよくしていたトルーマンは、当然のように三人の真ん中に位置を占めた。撮影のときはトルーマンを中央にして白い軍服姿の顔色の悪いスターリンが左に立ち、肥満したチャーチルが右に立って、トルーマンが手を交差して三人が互いに握手をし合ってポーズを取った。シャッターが押されると、トルーマンはスターリンの方を向いて、いかにも勝ち誇ったような笑顔を見せた。

三人の握手は、まもなく日本にポツダム宣言の内容を伝えて和平交渉をはじめようという意思表示ではなかった。あくまでも日本に対して最後通牒を告げる手段を手にしたという意味だった。

すなわち、直ちに降伏するか、さもなければ原子爆弾を投下して「たちどころに徹底的な破壊」の目に遭うかのどちらかだという、あからさまな警告をすることだった。その日遅く、トルーマンは日記に長々と予言めいた書き出しのあと次のように記した。「……我々は、日本に対して降伏して助命嘆願するよう警告するつもりだ。日本はそれに応じないだろうと思うが、応じる機会は与えてやるつもりだ」手にした力というものは、気分を浮き立たせるものであり、また耽溺しやすいものでもあった。さらにトルーマンは、宣言文にはスターリンが署名できないよう巧妙に手はずを整えた。

円卓会議の席上、二人とも相手の持ち札はわかっていた。トルーマンは、日本とロシアのあいだに交わされた通信内容を傍受していたので、日本の駐ロ大使が和平交渉のためロシアに仲裁を願い出ているのに、スターリンが仲裁を引き延ばしていることは承知していた。

スターリンも同様に、トルーマンの交渉の切り札を一枚抜き取っていた。トリニティ実験の結果についてはロシアの秘密情報部員からすでに報告を受けていたのだ。トルーマンは、会談での駆け引きに使おうとしていた極秘のカードが、すでにスターリンの手に渡っていることに気づいていなかった。

トルーマンはトリニティ実験が成功した満足感に、まだひたっていた。チャーチルは次のように語った。「わたしは最初、そのことが理解できませんでした。トルーマン大統領が核実験の報告書を読んだあと会談に臨むようになって、それまでとは態度がすっかり変わったのです。ロシア側に対して、こちらの要求を呑むよう迫り、会談全体を取り仕切るようになったのです」

＊＊＊

アラモゴードの科学者たちがトリニティ核実験のデータを解析していたとき、その場を訪れたビル・ローレンスが、科学者たちのなかからハーバード大学の化学教授ジョージ・キスチャコフスキーを脇に呼び出した。「教えてもらいたいのですが、このたび起きたことをどのように考えたらよいのでしょうか」キスチャコフスキーが快く答えた。「地球が存在することをやめて世界の終末が訪れる刹那に、このたびわたしたちが目にしたと同じ光景を最後の人間もきっと目にするだろう、とわたしは思っています」

キスチャコフスキーは続けて「このたび起きた光景を、もっと明るく希望に満ちた表現で言いあらわすとすれば、キリストの再臨を目撃したということになるでしょうか」と語った。チャーチルは、ポツダム会談ではトルーマンとはちがった筋書きを考えていた。チャーチルは自分が目撃していない核実験の光景を「怒れる神の再臨」という言葉で表現した。

キスチャコフスキーは、ローレンスが納得して立ち去ったあとオッピーの背中を叩いた。「なあ相棒、僕は君から一〇ドルいただくことになったね」

ロシアでは駐ロ大使の佐藤尚武が和平を望む天皇からの提案内容を、皇族の近衛文麿が知らせてくるのを一日千秋の思いで待っていた。佐藤は、いつまで待ってもロシアが和平交渉の仲介に応じてくれないことに苛立って、七月二十日に外務大臣の東郷茂徳に打電した。

本使はもとより敵の本土上陸のことありや否やを知らずといえども、またそのことなかるべきを断言するだけの確信を持ち合わさず、敵のレイテ、フィリピン上陸作戦の徹底ぶりをもってすれば地理的条件の相違あるも、むしろ上陸を覚悟するを要すべきを信ず。しかして上陸決行の日ありとせば、そはわが抗戦力を徹底的に潰滅せしめたる後のことたるべきこともまた明らかなり。（中略）戦争終結の暁には国内各方面に徹底したる改革を施し一般政治を民主化し官僚の跋扈独善を排して、真に君民一如の実を挙ぐるに努むるを要すべく、また満州事変以前よりあまりにも外交を軽侮し、国際関係に無頓着なりしことがすなわち今日の禍いを招きたる原因たり。かつまた戦後の日本は常時国際関係の風波にもまれながら活路を見出すの困難に遭遇すべきに想到し、将来外政に重点を置く底の最善の政治組織を採用するを緊要とすと認む。

東郷は佐藤からの電文の内容に切迫したものを感じ取った。佐藤は、日本は「今や帝国はまさ

＊＊＊

に文字どおり興亡の岐路に立てり」と述べ、「しかしながら国家の命脈はこれによりて継がるべく、かくして数十年の後再び以前の繁栄を回復するをうべけん」と訴えていた。

チャーチルは、ポツダム会談中の七月二十二日の昼食会の席で、くつろいだ様子のトルーマンに話しかけた。トルーマンはチャーチルが何を考えているのかわかっていた。二人とも、原子爆弾を投下すれば、マーシャル将軍が計画している日本本土への大規模な上陸作戦を取りやめることができると考えていたのだ。

「今や悪夢のような光景はすべて消え去って、そのあとには一度か二度の強烈な打撃によって戦争が終わるという明るく輝かしい未来がひろがっていた。おまけにロシア人の助けも必要でなくなる。日本を敗戦に追いこむためにロシア軍の支援はもはや必要でなくなるし、おそらく大量殺戮が長引くこともなくなるのだ。我々はロシアを頼みとする必要はなくなったのだ」トルーマンは日記にこう記した。

「一度か二度の強烈な打撃」の用意はすでにできていた。誰もが願う「明るく輝かしい未来」を実現しようとしてテニアン島ではティベッツの隊員たちが訓練に励んでいた。

14. ポツダム宣言

一九四五年七月二十二日

愛するケイへ、

やあハニー、今日も元気かい？　ぼくの方は気分は最高だ。なにしろ昨日の午後、基地へ戻ってみたら、君から三通も手紙が届いていたんだからね。一通は、ウェンドーバーから転送されてきたもので、あとの二通は七月八日と十一日の日付の分だった。その内の一通に写真を何枚か送ると書いてあったけど、こちらにはまだ届いていないんだ。だから届いたら知らせるよ。ジュディの洗礼も無事に済んだみたいで、ぼくも嬉しい。そのときの写真が届くのを心待ちにしている。ぼくも洗礼のとき一緒にいたかったよ。それにしてもアイスクリームでジュディのお祝いをするなんて羨ましいな。ああ、ぼくもそいつを食べて新鮮なミルクをたっぷり飲みたかった。昨日の夜はビールを二本支給してもらったし、今夜は何かジュースをもらえるらしい。

きっと今に嬉しい品物がこちらに届くだろうと楽しみにしている。お父さんが手伝ってくれて、ありがたいことだね。ジュディを医者のところへ連れて行くと書いてあるけど、あとの手紙には結果が書いてないよ。医者が君に心配をかけなければいいんだけど、まだ大変なのかい？　大丈夫だという返事を待っているけど、こちらへ届く郵便物は山のようだし、昨日は一週間ぶりに郵便物が届いたんだ。たぶん郵便物は、そんな風にこちらへ届くんだ。リーダーズダイジェストも一緒に送ってくれると、みんなが喜ぶんだけどな。何しろ、こちらでは読み物が手に入らないんだ。それと髭剃り用の鏡と枕カバーを送ってもらえないだろうか？ ハニー、君もきっと元気なんだよね。本当は君と一緒にジュディの世話ができたらと思っている。ぼくだってジュディが大騒ぎをせずにオムツを替えてやりたいけど、あの子がそんな突飛な「排泄装置」を持っているのならオムツを替えるのは、ひと苦労だろうね。でも君がジュディの世話で忙しいのも悪くない気がするんだ。だって遠いところで嫌な想いをしているぼくのことを、そのときは忘れることができるんだからね。とはいっても君がぼくに会いたがっているのはよくわかっているし、ぼくだって君とジュディにとっても会いたいんだ。ジュディは可愛いだろうな。あの子も、いつか君のハイヒールを履いて面白がるような時が来るんだろうね。

昨日の任務は午前二時の起床だったけど、順調だったよ。離陸してからは、とても忙しかったんだ。ぼくの受け持っている機銃の調子が悪くて飛行中に修理をしなければならなかったんだ。ぼくは痩せているから都合がいいんだ。でなかったら銃座の中に入りこんで修理なんかできやしないよ。何とか修理はできたけど、射撃をする敵があらわれなかったから的を見つけて撃ってみたんだ。

ハニー、テニアン島はサイパン島からほんの四キロメートルばかりのところで、マリアナ諸島にあるんだ。グアム島から北に二〇〇キロメートルのところだから、地図を見たらわかると思う。

ぼくがどこにいるか手紙に書いた箇所は検閲でカットされると思う。初めの頃は検閲官も構わないと言っていたのに、あとで郵便で送るときになって、だめだと言ってきた。どうせ大したことは書いていないんだから、検閲なんて重要だとは思わないんだけどね。

さてハニー、今朝はこれから出かけて機銃の清掃をしなくちゃならないので、そろそろペンを置くことにする。

くれぐれも気をつけて、皆さんにもよろしく。アギーにも体に気をつけるよう伝えてほしい。トラクターのまわりをうろついちゃだめだよ。可愛いジュディに山ほどの熱烈なキスを。そして君にも。いつも返事を待っている。ぼくにとって君からの手紙がなによりなんだからね。それじゃあ。

ぼくからすべての愛を込めて
ボブ

海外の戦地にいるアメリカ人にとって、本国から届く手紙は心の支えになっていた。生と死の狭間にいる将兵たちと内地の人たちは手紙で想いを伝え合おうとした。誇り、情熱、後悔、失意などをしたためた手紙が本国と外地のあいだを行き来した。検閲官の目にさらされ、地球の半ば反対側にある軍の郵便局宛てに出された手紙は、ボロボロになりながらも、受け取った相手の目を輝かせ、温かな笑顔にさせた。どんな手紙にも、愛、怒り、思いやりなどが、上手な表現で、あるいは平易な言葉や俗っぽい言葉を使ってなんとか相手に気持ちを伝えようと、したためられていた。そして届いた手紙は、日付毎に分けられ、ヒモでくくって束にされ、帽子箱、靴箱、タンスの引出し、旅行鞄、枕の下、写真の横などに大切に納められた。また、切り取った髪、リボンやレースの切れ端、新聞の見出し、押し花、香りを付けたハンカチ、絹のショーツ、一度も会ったことのない子供のスナップ写真なども、手紙と一緒に往復した。

軍の指導者たちも、言葉の力が人の心を動かすことは以前からよくわかっていた。一九四五年六月二日のサタデー・イブニング・ポスト紙の表紙に、軍は全国民に宛てた公開書簡を掲載した。背景には独立記念館を印刷して愛国者たちが訓示と資金援助を訴えている体裁になっていた。

アメリカ国民の皆さんへ

皆さま方の息子、夫、兄弟たちが今日も前線で勝利を願って戦っています。彼らは自由と平和な世界が訪れることを願って戦っているのです。わたくしどもはアメリカ軍を指揮する者でありますが、皆さま方ができるかぎりわたくしどもに力を貸していただき、できるだけ戦時国債を購入して下さるようお願いする次第です。必要な軍事物資のためだけでなく、戦争を早く終わらせて皆さま方の家族が一日も早く帰国できるよう支援をして下さい。

GCマーシャル、ウィリアム・D・リーヒ、ダグラス・マッカーサー、E・J・キング、ドワイト・アイゼンハワー、C・W・ニミッツ、H・H・アーノルド新聞、雑誌、掲示板、ラジオなどが戦意高揚のために大きな役割を果たした。色鮮やかな描写やスローガンによって国民の戦意を高め、実際にあった出来事や物語などによって国民たちに訴えかけた。このような宣伝活動は気の利いたものが多かったが、中にはあくどい表現のものもあったし、その両方を兼ね備えたものもあった。しかし穏やかな表現は、めったになかった。

あなたは命がけですか？　わが軍の兵士たちは、沈みつつある太陽の岩だらけの島々に上陸し、戦い、そして勝利するのです。彼らの中には命を落とす者もいます。それは、あなたのためにです。あなたは命がけですか？　答える必要はありません。あなたに良心があれば、第七次戦時国債を使って何をしなければならないか、わかるはずなのですから。戦いが終わるまで頑張りましょう。もっと国債を買いましょう。

アメリカの国民は、矛盾する内容の二つの宣伝広告を目にすることもあった。ひとつは「工場を稼働させて労働者の雇用を守るため」お金を使って消費を奨励し、今ひとつは「節約をし「何度でも使い」「使いきる」ことを奨励していた。消費者は事あるごとに次の言葉を思い出した。

家庭で使い古した油脂を活用することは戦時の主婦のつとめです。五〇〇グラムの油が戦争に勝利するために役立つのです。

わたしたちは戦争の真っ只中にいるのです。毎週水曜日が古紙の回収日なのを忘れないように。

紙は、くず鉄や金属類と同じように戦争を遂行するために重要な資源だった。さまざまな装備品や武器弾薬を包装するのに使われたし、偵察写真に使う印画紙は不足していた。

このような耐乏生活にもかかわらず、国民は平和な時代には味わうことのなかった活気を経験していた。戦時労働力委員会は、失業者に仕事を見つけて給料をもらえるよう援助した。誰も知らないことだったが、ニューヨークでは一万人もの物理学者、化学者、化学技術者、電気技術者、大工、レンガ職人たちが原子爆弾を製造するため懸命に働いていた。そのうちの七〇〇〇人は「高度の機密保持を必要とし戦争遂行に貢献する仕事」に就くため、マンハッタンのW・L・マクソン・コーポレーションから引き抜かれた人たちで、ワシントン州パスコにあるマンハッタン計画の施設とテネシー州オーク・リッジの研究施設に送られた。

愛国心に富んだ労働者たちは戦争を嘆いていたが、一方で徴兵を忌避する者たちに対しては憎しみを抱いていた。たとえばオースティンにあるテキサス大学では、若い科学者たちが原子爆弾を極秘に研究するため徴用され、この科学者たちも国内で働く労働者にはちがいなかったが、仕事の内容については誰にも話すことができなかったため、周囲から白い目で見られていた。戦争遂行のため懸命に働いているように見えない人たちは「怠け者」「ごまかし上手」「兵役忌避者」

などというレッテルを貼られた。

　産業界では兵器や軍用品の製造のほかにも、さまざまな製品を大量に製造していた。家電メーカーのケルビネーターや自動車メーカーのビュイックは、ハイヒールを履いたすてきな女性が製品を宣伝し、燃料ブランドのテキサコは、石油スタンドに「お墨付きの清潔なトイレ」を設置して宣伝に利用して消費を促進しようとした。煙草メーカーのフィリップモリスは、「喫煙をする知的で教養のある男女」の仲間入りをしたい人たちに「喉に刺激のない品質のよい煙草を楽しむ」ことができる製品を宣伝した。宣伝広告には次のような文句が書かれたものもあった。「太った男性になってはいけません。この『ブレーサー』で大きくなったお腹を引っこめましょう。この商品は、あなたをよりよく見せ、体つきをよくする、すばらしいサポーターベルトです」。街に出て楽しもうとするには体をスリムにする方がよかった。ダンサーのアーサー・マレーは、ダンスが下手な人でも「どんなダンスフロアでも格好よく見える」よう婦人用のミドリフをあつらえて、それを身につけると「軽やかに、しなやかに自信たっぷりな気分」になれると語った。

　国民たちは、旅行が禁止され燃料は配給という時節だったが、ジーン・ケリーとフレッド・アステアは、エナメル革の靴を履いて、めかしこんだ帽子姿で激しく踊りまわって歌とダンスの模範を示した。

　ニューヨークの五番街ではビジネスマンたちが四八ドルを払って、季節に合った夏向きのダブルのウーステッドに身を包んで身なりを整えていた。アイオワ州デモインでは、中流階級の人たちが丈夫なギャバジン製の服を身につけて雑貨店で買い物をし、鉄鋼会社のリパブリック・スチールは「ダビュークの女性は如何ですか?」という文句で宣伝活動をした。アイオワ州ダビュークに暮らす女性たちの服装も、トラックと列車のおかげで高速道路によって、ファッションの中心地ニューヨークからアメリカ大陸の中心部にあるダビュークのデパートまで、瞬くまに最新ファッションの衣装が届けられるようになったのだ。このように、あらゆる物が道路と鉄道によって運ばれて輸送需要が多くなったため、高速輸送の運送会社は原材料を工場へ運ぶ輸送網を追加して、工場から軍用製品を遅滞なく運び出せるようにした。

保険会社は各世帯主に的を絞って「自宅の裏庭は国家の最前線の一部だと考えましょう」と宣伝して契約者を増やそうとした。良心に訴える宣伝方法は、世帯主である夫や父親の協力が兵器を製造する以上に重要だと語っていた。「国家が強いということは、国民が強い」ということなのだ。保険会社は、保険に加入した人は家族を守るだけでなく国を守ることにもなると訴えて、保険料の一部を国家防衛に役立てると約束した。

一方で人々は、平和な時代のことを懐かしく想い出して、かつての暮らしにあった懐かしい品物を手に入れようとした。子供たちは、時には待ちどおしくなる景品を手に入れたくて一生懸命にボックス・トップを集め、若い主婦たちは、デル・メイズというトウモロコシのメーカーに一〇セントの切手を送って、のどかな田舎の風景が描かれた懐かしいポスターをもらった。ポスターには、お祖母ちゃんがトウモロコシを美味しそうに食べている孫を嬉しそうに眺めている絵が描かれていた。

しかし、離ればなれになった家族や父親のいない息子たちのことを毎日のように思い出すことは郷愁ではなかった。新聞には、戦争で毎週のように一〇〇〇人のアメリカ人が命を落としていると書かれていた。それは新聞、ラジオ、手紙などが人々に伝える中で、もっとも痛ましい知らせだった。

＊＊＊

七月二十四日、暫定委員会で原子爆弾の使用について検討していたジョージ・L・ハリソンから、待ち望んでいた知らせがトルーマンに届いた。その知らせは暫定委員会の議長をしているスティムソン陸軍長官を通じて送られてきたもので、原子爆弾はすでに使用できる段階になっていると記されていた。すべてが整ったのだ。トルーマンは日記に記した。「わたしは、もう決めていた」

投下目標の候補となる四つの都市を最終決定する役目はグローヴス少将に委ねられた。グローヴスが盗聴防止装置の付いた電話でジョージ・C・マーシャル将軍にそのことを伝えると、マーシャルは君に一任すると返事をした。

翌日、グローヴスはポツダムにいるトルーマン大統領に宛てて、原子爆弾の投下命令を下す旨を打電した。「第二〇航空群所属の第五〇九混成部隊により、一九四五年八月三日以降の目視投下が可能な天候条件の日に、広島、小倉、新潟、長崎のいずれかの都市に初めての原子爆弾を投下する予定」

日本で七番目に大きな、広さ一九平方キロメートルの広島の市中では、ぞくぞくと集まってくる大勢の兵隊たちの様子を見て、市民たちは不安げな様子だった。軍隊が増強されたことで広島は原子爆弾の投下目標に選定される一因になったのだから、結局、市民たちの不安は的中することになった。

京都は、投下目標としてまさに選定される寸前だったが、スティムソンが個人的な理由で反対したため候補地からはずされた。スティムソンは、フィリピン総督に在任していたとき妻と一緒に日本を訪れて、京都の卓越した美しさと宗教的文化的に豊かな街の風景に心を奪われていたので、京都に爆弾を投下して壊滅させれば人類全体の損失になると主張して、京都へ投下することに反対した。それに京都のような工業地帯も軍事施設もない都市を無差別に破壊することは道徳的にも許されないし、アメリカの信用を落とすことになるのは言うまでもないことだった。若い頃には聖職者になる夢を抱いていたスティムソンにとって、京都へ原子爆弾を投下することは考えられなかったので、京都は難を免れることになった。

広島県は日本に四十ほどある行政区のひとつで、広島市は河口の三角州にできた都市だったので、まるで水の中に浮かんでいるように見えた。街の三方は緑豊かな丘や山に囲まれて、お椀のような地形だったから、原子爆弾の威力を高めるには都合のよい地形だと科学者たちは考えていた。しかも広島市の防空体制は市の北にある二葉山に設置された二十一基の対空砲台だけだった。

空襲に対する不安を募らせていた広島市民たちは、とりわけ子供たちのことを心配して、二万五〇〇〇人の子供たちが、郊外に住んでいる伯母、伯父、友人たちのところへ疎開して行った。そして年長の生徒たちはそのまま市内に残って、兵器を製造したり防火帯のがれきを片づけたりする作業を毎日八時間も続けていた。

＊＊＊

長年の経験は大事だった。第五艦隊司令長官の海軍大将レイモンド・A・スプルーアンスは、海軍での長い経験からインディアナポリスが悲劇に見舞われるのではないかと危惧していた。この重巡洋艦は高速の大型艦だったため、数千キロメートルの海路をリトル・ボーイの部品を運ぶために選ばれたが、鉄塔のように高い索具を備えていたため艦の重心が非常に高かった。そのため一発の魚雷で撃沈される恐れがあった。すでにインディアナポリスは沈没の危機に瀕したことがあった。沖縄で、一機の神風特攻機が体当たりして九名の乗組員が犠牲になり、船体は大破した。その後、特攻機が激突した左舷艦尾を修理して新型のレーダーを装備し乗組員も補充したあと、リトル・ボーイの部品を積んで太平洋の西にあるテニアン島に向けて出航したのだ。

艦長のチャールズ・バトラー・マクベイ三世は、甲板の上に括り付けられ海兵隊員が警備する棺のような松材の木箱と、船室の床にボルトで固定された重さ一三〇キロの鉛のバケツを見て、細菌兵器ではないかという気がして、嫌な気持ちがしていた。

七月二十六日、インディアナポリスがテニアン島の沖合一キロメートルの洋上に投錨した頃、オーク・リッジの施設では爆弾に収める濃縮ウラン235の残りの四〇パーセントが取り出され、アラモゴードへ空輸された。それからオッピーと助手たちがひと晩中かかってウラン235を三つに小分けし、航空輸送司令部のC－54双発輸送機ダコタ三機に積みこまれてテニアン島へ向かった。

ベルリン時間の七月二十六日午後七時、トルーマンの側近が報道関係者に向けて、ポツダム宣言の内容を今から二時間二十分後に発表すると伝えた。スティムソンは、宣言文に書かれた「無条件降伏」という言葉は日本側との和平交渉を困難なものにすると主張したが、トルーマンは無条件降伏に拘った。まもなくポツダム宣言の全文はサンフランシスコのラジオ放送局から発信され、東京時間の七月二十七日午前七時には日本側でも放送内容を受信した。

その日のうちに東郷外務大臣は、アメリカ、イギリス、中国の三ヶ国が日本に対して「戦争を終結する機会を与える」ために書かれた英文のポツダム宣言文を天皇に奏上した。それにしても、この宣言文は全く奇妙で不可解な内容だった。全軍の武装解除による無条件降伏を求めていながら、皇室については一言も言及されていなかったのだ。そしてスティムソンが危惧していたとおり、天皇の地位をどう取り扱うかという問題が和平交渉の妨げになった。日本としては領土を失うことは忍従するだろうが、天皇制を解体することについては拒絶する可能性が高かった。スティムソンはさらに、宣言文の中の「これらの目的が達成されれば占領軍は直ちに撤退するであろう」という「占領軍」という語も表現が強すぎると考えた。

ともかく日本側がどう出るかだった。日本政府が直ちに応じないことは明らかで、時間を稼ぐにちがいなかった。とりわけ佐藤駐ロ大使がロシアの仲裁を取りつけるまで時間稼ぎをする可能性があった。総理大臣の鈴木貫太郎はあいまいな態度ながら宣言に同意したが、軍部は強硬姿勢を貫き直ちに宣言を拒絶すべきだと主張した。

翌二十八日、日本の新聞各紙は検閲を受けたあとの宣言文を掲載した。検閲によって修正された宣言文には、「日本国民を奴隷にするものではないし日本を滅亡させるものでもない」という条項と、「降伏によって軍隊は武装解除となり軍人たちは家庭に戻れる」という条項は削除されていた。

鈴木首相は二十八日午後からの記者会見に臨むときは気が重かった。鈴木は記者団に口を開いた。「政府としては、何ら重大にして価値あるものとは認めない、よって黙殺するほかなく、断固として戦争完遂に邁進するのみである」

この報道内容は、平和と死闘とのあいだにある、深い裂け目に架かった危なっかしい橋の上を日本に渡らせることになった。外交官の加瀬俊一が後年述べたように、不適切であいまいな言葉は「コメントを差し控える」という意味にも受け取られた。「黙殺」という言葉は「軽蔑した態になった。
度で黙ったままでいる」という意味に解釈されたのだ。このことは日本側にとって致命的な誤算

主戦論を主張する報道機関は宣言文の内容に全く耳を貸そうとしなかった。新聞の全段大見出しには「笑止！」という言葉が載り、ポツダム宣言は日本政府としては馬鹿げた内容であり「無視」するとの決定がなされたと報道した。

「日本側の拒絶によって、わたしたちは、最後通牒がどのような意味かを知らしめるしかなかったのだ……」スティムソンは二年後に回顧している。

「このたびの報道内容は、和平を模索していた我々を困惑させる遺憾なものであり、わが国はもっとも不利な状況に陥った」東郷外相は程なくしてそう記した。控えめな表現が不利な結果を招いたのだ。そして、偶然にも日本とアメリカの双方が「竜の尾をくすぐる」ことになった。誇りと文化という両国が一致することのない二つの臨界量が混ざり合って、臨界状態に達しようとしていた。

日米双方とも、お互いを出し抜くために奔走していた。アメリカの情報部は日本での報道内容が検閲を受けた宣言文だと知って、完全な宣言文を印刷したビラを日本にある十二の主要都市に上空から一万枚ばらまいた。日本の国民は、残骸の散乱した通りや路面電車の中でビラを読み、自分たちの国が勝利がまぢかどころか敗北の瀬戸際にあるということを知らされた。しかも日本が降伏すれば圧政的な指導者から解放されて、息子や父親が家庭に戻って日本を再建することが

できるとアメリカ政府は約束しているのだ。ビラの宣言文には「日本は、天皇を破滅の縁に追いこむような愚かな考えの軍国主義者たちによって支配され続けるのか、それとも理性ある道を歩むのか決断する時が訪れ」、降伏する以外に「日本が完全な壊滅状態になる」ことから救う手立てはないと書かれていた。それは説得力のある言葉だった。

日本で隣人同士が自国の行く末についてささやき合っていた頃、イギリスでは人々が政治上の出来事について冷静な様子で話し合っていた。イギリスでは総選挙の結果、クレメント・R・アトリーの率いる労働党がチャーチル首相の保守党に勝利して国内は慌ただしく、党首のアトリーはチャーチルの次席としてポツダムへの途上だった。

一九四五年七月二十七日

愛するケイへ、

やあハニー、今夜も元気かい？　ジュディも元気にしているだろうか？　七月十八日付の君からの手紙がもう一通届いた。君から届く手紙は最高だ。なにしろ君とジュディのことがいっぱい書いてあるんだからね。ハニー、数日前に届いた手紙にはジュディの写真を送ると書いてあるけど、まだ届かないんだ。どうやって送ってくれたんだろうか？　君が言うように、ジュディは可愛いんだろうね。きっと世界中で一番可愛いだろうな……。

一九四五年七月二十八日

昨夜は手紙を続けて書こうと思ったんだけど、眠たくて仕方がなかったから今朝書くことにした。昨夜は、入隊してあんなにぐっすり眠れたことはなかったんだ。昨日は軍隊用の新しいエアマットレスを支給されてね、それを硬い帆布のベッドの下に敷いて寝ると雲の上に浮かんでいるみたいだったよ。

飛行任務は一日おきにあるので、昨夜は任務があると思っていた。二回目の飛行のときは対空砲火に遭わなかったから一回目の飛行のときよりは安全だった。敵の戦闘機もあらわれなかったしね。ぼくたちがこんなに日本を破壊しているのに、奴らはどうして戦うのをやめようとしないのか理解できないよ。上空から日本の飛行場をいくつか見たことがあるけど、どの飛行場もめちゃめちゃになっていた。アメリカが日本に送った今度の最後通牒を見て、もう勝つチャンスはないんだとわかってもらいたいもんだよ。

ところで、昨夜ぼくたちはすてきなショーを観たんだ。「モーガンズ・クリークの奇跡」に出演したエディ・ブラッケンと、ドナルド・オコーナーと何度も映画で共演しているペギー・ライアンが出ていたんだ。あまり演技の上手じゃない女の子もいたけど、みんなセクシーで、いろんな場面で見せつけるんだ。スラックスとセーター姿で動きまわる子もいたんだから、ぞくぞくしたよ！　ペギー・ライアンはセクシーな演技をするし、ブラッケンはとても愉快だったよ。

母さんは、旅行の規制が緩和されて少し涼しくなったら、すぐにでもジュディに会いたくてカンザスへ行くつもりらしい。父さんも仕事が数週間暇を取れれば一緒に行けるだろうと母さんが言っていた。二人とも君からの手紙でジュディの様子を聞くのが何より嬉しいみたいだ。病院の支払いは、ぼくが思っていたよりずっと安くすんでよかった。ジュディの入院や薬代など全部でいくらかかったんだい？

ハニー、ラジオの調子が悪いのは、たぶん新しい真空管を正しい箇所に取り付けていないせいかもしれないよ。だめになった真空管のところに新しい真空管を番号のとおりに正しくソケットに取り付ければ、うまくいくはずだけど。それでも調子が悪いんだったら、店に持って行って修理をしてもらうしかないと思う。

昨夜は君のすてきな夢を見たよ。三日間の休暇をもらって一緒にソルトレークシティーへ行って楽しい時間を過ごす夢だったんだ。一緒にウェンドーバーへ行ったときみたいにね。

手紙に書いてあった君の詩は気に入っている。どれも君の想いがしっかり伝わってくるよ。ぼくは自分の想いをうまく表現できないけど、ぼくの手紙を読んでくれたら、ぼくがどんなに君とジュディのことを愛しているか、どれほど君たちに会いたいと思っているか、わかってくれるはずだ。

こちらではみんなが朝から晩まで、すてきな音楽を楽しんでいる。サイパン島にある放送局は主な番組を全部くりかえし流してくれるし、レコードで音楽もたくさん聴くことができるんだ。兵舎の仲間の一人が立派なラジオを持っていて、暇さえあれば聴いているよ。

クリスから長文のすてきな手紙をもらったよ。その週のうちにみんなで彼の家に泊まって、週末にはリンブルックへ行くそうだ。部屋を探すつもりらしいけど、このご時世だから部屋を見つけるのは大変だと思う。

君とジュディに一〇〇万回のキスと僕から愛を込めて。いくらでも手紙を書いてほしい。ぼくも手紙を書くから。じゃあ、さようなら、愛しい君へ。

ぼくから愛をこめて。
ボブ

ボブがケイに手紙を書いていた七月二十八日日曜日の早朝、アメリカ陸軍航空軍のB－25爆撃機がエンパイア・ステート・ビルディングの七十八階から七十九階のあいだに激突し、飛散した機体が地上の通りに落下して、そのときちょうどビルの下を教会へ向かっていた一〇人の歩行者たちは、その惨状に声を失った。この事故で、B－25爆撃機の三名の搭乗員は全員が死亡した。

一九四五年七月二十九日

愛するケイへ、

やあハニー、今夜も君と可愛い娘は元気にしているかい？　今日の夜、任務から戻ってみて君からの手紙は届いていなかったけど、昨日の午後に一通届いていたんだ。

ところで、今夜はひどく疲れているんだ。飛行時間が十三時間半以上だったし、そのあいだ八時間半もずっと飛行機の尾部にいたんだからね。だけど、そこからの眺めは、ほかでは味わえないような光景なので、別に嫌ではなかったんだ。ただ、そこはガラクタみたいな物がたくさんあって息もできないほどだし、脚を伸ばすことなんて、できっこないんだ。ところで飛行任務は、あと三十二回の予定だ。この調子で行くと、そんなに長くはかからないだろう。非番で一日ほど夜に休みが取れるのは悪くないけど、二日あれば、もっといいんだけどね。ぼくは三十五回の飛行任務をしたいんだ。そうすれば君とジュディのところへ戻れるんだからね。ジュディがまだ小さな赤ちゃんのあいだに会いたいんだ。その頃の赤ちゃんって本当に可愛いからね。自分の子供が二歳か三歳になるまで会えない人のことを考えると、本当に気の毒だと思う。

君からの手紙を毎日受け取るなんて無理な話なんだ。一日か二日か辛抱すれば君からの手紙が定期的に届くんだからね。ただ一度だけ一週間待ったことがあったよ。ウェンドーバーから転送されてきた手紙も全部こちらに届いているはずだ。ハニー、ぼくは君からの手紙を何よりも大切に思って待ち望んでいるんだから、これからも定期的に送ってほしい。

冬になってから、ぼくの家族が君たちをリンブルックに呼んで一緒に過ごしたいそうだけど、君がひとりで旅行するのは無理なんじゃないかと思う。母さんが、バスか鉄道で君とジュディを迎えに行くにしても、君が列車に乗って行くのは賛成できない。ジュディはまだ小さいんだから、とても無理だと思う。母さんが君たちを迎えに行くんだったら、プルマンの寝台列車でカンザスまで来てもらって支度をしてもらい、それから君たちも母さんと一緒に寝台か個室でニューヨークまで行けるだろうけど、それは旅行規制が緩和されてからの話だ。だからハニー、母さんがカンザスへ行くつもりなら、君の気持ちがはっきりするまで今年の冬にニューヨークへ行こうなんて思わないでほしい。ぼくが母さんに手紙を出して、君のニューヨーク行きの事情を伝えるつもりだけど、きっと母さんもわかってくれると思う。母さんも君にひとり旅をさせようなんて思ってないはずだからね。

さてハニー、今夜はこれでペンを置くよ。体に気をつけて、いつものように元気で過ごしてほしい。ご家族の皆さんにもよろしく。ジュディをきつく抱きしめて、パパからのキスを。君にも一〇〇万回のキスを。それじゃあ、さようならハニー。

君とジュディへぼくから愛をこめて

ボブ

インディアナポリスのマクベイ艦長は、怪しげな積荷が下ろされて、ほっとしていた。しかし彼が安堵したことは誤りだった。インディアナポリスからリトル・ボーイの重要な部品が下ろされてから四日後のこと、スプルーアンス海軍大将のもっとも恐れていたことが現実となった。七月三十日の深夜、波静かなインド洋の海上を一隻で航行していたインディアナポリスの付近には、もう一隻の艦船がいた。インディアナポリスは対潜水艦用の音波探知機を搭載していなかったため、日本海軍の伊58潜水艦が密かに追尾しながら、魚雷攻撃の狙いを定めていることに気づいていなかった。伊58は、一三〇〇メートルの距離から六発の魚雷を発射し、命中した魚雷によって電力装置が破壊されたためSOSを発信することもできず、一二分後には艦尾を三〇メートル持ち上げて噴煙をはげしく上げながら沈没した。一一九六人の乗組員の内で生存者はわずか三一五人だった。ニューヨーク・タイムズは「まもなく平和の訪れようとする夜明け前に起きたインディアナポリスの沈没は、海軍史上もっとも暗い一ページを記すことになる」と悼んだ。

日本政府は連合軍からの最後通告を拒絶

アン・キャロンは、一九四五年七月三十日月曜日の新聞の見出しを夫に読み聞かせていた。この見出しの言葉はアンの心に深く刻みつけられた。見出しの内容はわずかだったが、心に強く訴えるものがあった。アンだけでなく国中の母親たちは、各地で戦っている息子が無事に帰ってくることを願い、幾度となくロザリオの珠を数えては息子の無事を祈っていたのに……。「めでたし、聖寵充ち満てるマリア、主 御身とともにまします……」そう母親たちが聖徒と天使に祈るのに、いつまでも訪れない平和はどこにあるのだろうか？ アンは、息子が一日も早く任務を終えて戻ってくることを願った。

アンは、そのあいだにも、手紙の表に四角い検閲済みの風変わりなスタンプが押されて届いた息子からの手紙を整理した。手紙は、罫線のない紙に几帳面に整った字体で（それは息子がエンジニアだからだと思った)、検閲にかからないような内容についてだけ書かれていた。自分の任務が、どこで、何を、何のために、ということは本人が上手に伏せていたので、検閲で削除された箇所のある手紙は数通だけだった。ジョージとアンが知っていることは、ティベッツ大佐がウェンドーバーの第五〇九混成部隊に息子を引き抜いて、今では極秘の任務に就いているらしいということだけだった。

その晩、アンがお気に入りの椅子に座って新聞の見出しを目にするまでは、心は軽かった。トルーマン大統領が日本は最後通告を受諾するだろうと述べていたからで、ジョージは、これで戦争が終わるだろうとお祝い気分になり、週末にはふたりだけで何か特別なことをしようと言った。アンはキャピトル・シアターに行って上映中のフランク・シナトラ、ジーン・ケリー、キャスリン・グレイソンが出演する『錨を上げて』を観たかった。ところが、日本が和平交渉を拒絶したという悲観的な見出しを読んで、ふたりのお祝い気分はたちまち消え失せてしまった。

言葉というものは、文章や会話や暗号のどれであっても、お互いが考えを伝え合うものだ。日本は、独自の情報収集能力だけでなくニューヨーク・タイムズ、コリアーズ、ライフ、サタデー・イブニング・ポスト、タイムなどの内容を分析して、アメリカの軍事力、部隊の動き、戦争による犠牲者の数などの情報収集をしていた。

広島でも、英語のできる日本人がアメリカからの放送内容を監視していた。昼夜を問わずアメリカのニュース放送、コメディー、ドラマ、音楽番組まで聴き取って、アメリカ側の弱点を見つけ出し戦争を有利に進めようと考えていた。一方、日本の国民がアメリカの短波放送を聴くと死罪に値するほどの処罰を受けたから、多くの人たちは、そんな危ない橋を渡ろうとはしなかった。

＊＊＊

ポツダム会談が閉会する八月二日の夜明けまで、数時間しか残されていなかった。「極めて強力な新型爆弾」のことを熱心に訴えたアインシュタインの書簡がルーズベルトに届けられてから、六年の歳月が流れていた。原子爆弾の製造を承認したルーズベルトは、すでにこの世になかったが、原子爆弾の使用については、その後も検討が続けられていた。アメリカの力を誇示するため当初はドイツへ使用することが考えられていたが、ドイツが降伏した今、使用する対象は日本に向けられていた。新しく大統領になったトルーマンは核実験の成功に気をよくしていて、潜在的脅威であるロシアを出し抜くつもりだった。強気のトルーマンが手にする原子爆弾はダモクレスの剣のように、今まさに使用される寸前まで来ていた。

ヤルタ会談の入場券を手にするよりずっと前から、スターリンのシンパたちはドイツの東側に盛られたデザートに目を付けていた。万一、ある国の指導者が厳粛に取り決めたあとでデザートを切り分けようとするつもりなら好きにするがいいのだ。トルーマンには自分だけのご馳走があって、シェフは最後に飛びきり美味しい一口大の料理を用意していた。しかもその料理は豪華な銀の皿に盛られて運ばれるのだ。

トルーマンの態度は、さらに強硬になっていった。ロシアはまもなくアメリカという好敵手を知ることになるだろう。トルーマンは若い頃から優柔不断な生き方をしてきたが、ポツダム会談が閉会する頃には、スターリンと肩を並べるまで強気で大胆な対外交渉を発揮できるようになっていた。「ところで、」という言葉で話題を転じてから、スターリンの通訳に向けて話しかけた。

「我々は極めて強力な新型兵器を保有しているのです」

「アンクル・ジョー」と呼ばれたスターリンは、ロシア国内の輸送機関にかんする問題と鉄道の複線化計画に没頭していたが、トルーマンが公にした新型兵器の話に対して、それが駆け引きだと気づいていたので、「その新型兵器とやらは日本に対して効果的に使用されることでしょう」と淡々とした調子で応じた。スターリンが少しも動揺した様子を見せなかったので、トルーマンは当てがはずれた。スターリンの冷静な態度が理解できなかったが、それはフックスがすでに原子爆弾の機密情報をロシアに流していたからで、トルーマンの秘密のレシピはフックスの手で、核料理を担当するロシアのコックたちに手渡されていたのだ。

原子爆弾を話題にしたのにスターリンが平然と応じたため目論見ははずれたが、トルーマンは全く困った様子を見せなかった。失望した素振りを見せずに前にも増して自信たっぷりな態度で「わたしはもうじき日本を苦境に陥れるつもりです」と語った。一方のスターリンも着々と作戦計画を進めながら自信たっぷりだった。

ロシア軍が満州へ侵攻する予定日まで、わずか一週間しかなかった。

15. 原爆投下命令

トルーマンがポツダムをあとにした八月二日、ティベッツはテニアン島に戻っていて、土壇場でまとまったポツダム会談の共同声明が世界中を駆けめぐった。その頃、佐藤駐ロ大使と東郷外相は頻繁に電報でやりとりをしていた。東郷は慎重に言葉を選ぶ人間だった。東京帝国大学でドイツ文学を専攻し、自分の経歴をあえて犠牲にしてドイツ人の女性と結婚していた。またヨーロッパやアメリカにも知人が多く、西欧思想にも深い見識を持っていた。そんな東郷は「欧米諸国と戦争をする危険を冒してはならない」と政府に対してくり返し忠告してきたが、その言葉に関心が払われることはなかった。軍事面と政治面に手腕を発揮した東郷だったが、虎視眈々と日本に狙いを定めるロシアに対しては考えが甘かった。

東郷はモスクワの佐藤に「我々が戦争終結の交渉を進める時間は数日しか残されていない」と打電した。「勅旨にしたがって、目下のところ戦争終結のためロシアに調停を依頼することで意見を同じくしている。現状ではポツダム宣言の内容をもとに交渉を検討する方向に傾いている。もしも我々が一日無駄にすれば、わが国は千年にわたって後悔することになるかもしれない」

あまりにも長い時間が無駄に費やされていた。そして無駄な時間が過ぎ去った結果、日本への原子爆弾投下という事態に至ったのだ。テニアン時間の八月二日午後零時十五分、原子爆弾の最後の部品が空路で北飛行場に届き、厳重に警備された第五〇九混成部隊の敷地内にある建物に慌ただしく運びこまれた。

バンダ海では、アメリカ海軍第七艦隊の駆逐艦シャレットとコナーが一隻の日本の病院船を拿捕し、連合軍の港へ曳航していた。病院船の船室の隅や人目につかない至る場所に武器弾薬が隠されていたのだ。

＊＊＊

トルーマンは、四半世紀前にミズーリ州ジャクソン郡で司法官を選出する選挙のとき、ひなびた田舎の村々に宣伝ビラを配ったことがあったが、このたび命じた宣伝ビラは全く性質のちがうものだった。八月四日に広島の上空にばらまかれた宣伝ビラには、市民に対して次のような警告文が書かれていた。「このまま戦争が続けば日本は滅びます。祖国のために命を投げ出すことは困難ではありませんが、本当の忠誠心とは戦争を終わらせて国の復興をめざして努力することです」

時間は止まってはいなかった。刻々と、あの連鎖反応に向かって進んでいた。

＊＊＊

八月四日のテニアン島は、すでに午前中には蒸し暑く不快だった。午後三時に予定されたブリーフィングのためルイス大尉が歩いて行くときには、ベルトを締めた軍服の襟が汗で黒く滲んでいた。情報司令部の隣にある第五〇九混成部隊のブリーフィング用の小屋の入口で、搭乗員たちはカービン銃を持ったＭＰに身分証明書を提示して入室した。ロタ島への試験飛行からちょうど戻ったばかりのボブたちも飛行服姿のまま入室した。部屋の壁には「不用意な会話は命を危うくする」と書かれた紙が貼ってある。椅子に腰掛けたルイスはティベッツとパーソンズの表情を見て、いよいよ作戦がまぢかに迫っていることを感じ取った。そして、この日のブリーフィングは、まさにルイスの感じたとおりになった。

第五〇九混成部隊の一五名の搭乗員のうち七名が出席した。数人の機長と士官たちがくつろいだ様子で前のベンチに腰かけ、下士官兵たちはうしろの椅子に席を占めた。情報部の士官が二人がかりで前に置かれた黒板の覆いを取ると、引き伸ばされた偵察写真が貼ってあった。ボブは、よく見ようとしてブルックリン・ドジャーズの野球帽のつばを少し押し上げた。偵察写真は日本の都市の航空写真で、街のあいだを何本も川が流れているので、ひろげた手の指のような地形だということがわかった。「河川の自然な姿」……ずっと以前に読んで忘れていた本の中の言葉がつかの間意識の中によみがえってきた。

ボブはティベッツ大佐の話に耳を傾けた。隊員の誰もが例の「でかい奴」をいつ投下するのか待ち望んでいて、今まさにティベッツはそれについて演壇から話しはじめた。幸運と技術の総仕上げとして、十一ヶ月にわたって受けてきた特別任務の訓練と、入念に整備された飛行機が戦争を終わらせようとしているのだ。「この任務をやり遂げたら、諸君は空軍の中で最も賞賛される隊員になれるんだ」ティベッツが真剣な表情の中に少し笑みを浮かべて言った。

ティベッツが話し終えると、パーソンズがあとを継いで話をはじめた。「諸君が投下することになる爆弾は、戦史に新たなページを記すことになる。今までに造られた兵器の中でもっとも大きな破壊力を持っていて、四・八キロメートル以内にあるすべての物を破壊し尽すと我々は考えている」そして「爆弾が投下されたあと何が起きるか誰にもわからない。この爆弾は一度も実戦で試されたことがないんだ」と付け加えた。重苦しい部屋の中にささやき声が聞こえた。

パーソンズは、先頃ニューメキシコで実施されたトリニティ実験では、実際より威力を抑えた同じタイプの爆弾を地上三〇メートルのところで爆発させたと説明してから、その威力の様子を目の前にいる隊員たちに見せることにした。部屋の明かりが消された。スクリーンに映写機から映像が流れはじめたが、突然、映写機が大きな音を立てて空まわりをし、フィルムが歯車にからまってしまった。慌てて映写技師が映写機を止めると、パーソンズは落ちつき払った様子で映写機のかわりに白黒のスライドを持ち出し、黒ずんで奇妙な雲が立ちのぼる噴煙の柱が写った写真をスクリーンに映し出した。キノコのような形をしたその噴煙が一体何なのか誰も見当がつかなかったが、八月四日に試験飛行で投下した発煙弾などよりもっと強烈な印象を与える光景だった。

パーソンズは、この兵器はＴＮＴ火薬二万トンに匹敵する威力があるとしか説明しなかったが、ということはヨーロッパ戦線に今まで投下してきた九〇キロ爆弾の二〇万発分に相当するのだ！　こんな光景が、まもなく日本の上空四五〇メートルで起きることになろうとは想像もできないことだった。

パーソンズが搭乗員たちに色付きの保護眼鏡を配った。レンズには紫色以外の光をカットするためキニーネの結晶が封入してある。パーソンズは自分で保護眼鏡を着けて鼻筋のところにあるつまみを調節して、もっとも暗い状態になるようやって見せた。それから話の最後に、機長たちに対して爆弾の噴煙には近づかないよう忠告した。噴煙は放射能を含んでいるからだ。

誰もが予期していたことだったが、この一発の爆弾を投下するＢ－29は八十二号機だった。爆弾が炸裂したときの影響や衝撃波については不明だったので、八十二号機には護衛戦闘機を付けないことになった。また日本軍は上空に飛来する単機のＢ－29に対しては警戒をしなかったので、八十二号機の後方に二機の観測機だけが随行することになった。二機の観測機のうち、チャック・スウィニー少佐が操縦するグレート・アーチストには爆発の様子を観測する装置を搭載し、ジョージ・マーカード少佐が操縦する九十一号機の機体下部には、爆発の様子を写真に撮るためＫ－17カメラが取り付けられた。

さらに、三機の気象観測機が八十二号機の離陸前に先行して、三つの目標都市の気象状況を無線連絡することになっていた。クロード・イーザリー大尉が操縦するストレート・フラッシュは第一目標の広島、ジョン・ウィルソン少佐が操縦するジャビット三世は第二目標の小倉、ラルフ・テイラー少佐が操縦するフル・ハウスは第三目標の長崎へ向かい、各都市の上空の雲量情報を八十二号機のティベッツが受け取ることになっていた。さらに七機目のトップ・シークレットはチャールズ・マクナイト少佐が機長をつとめることになり、トップ・シークレットは硫黄島にある爆弾移送基地で待機することになっていて、万一、日本へ向かう途中で八十二号機にトラブルがあったときには交替機として使われることになった。

ブリーフィングの部屋の中は、しばらく静まりかえっていた。全員の目がティベッツに注がれていて、ティベッツがようやく口を開くと緊張した空気が和らいだ。ティベッツは「これからやろうとしていることに比べたら、今まで諸君がやってきた訓練は取るに足らないことだ」と言って、「わたしは今まで諸君を指揮してきたことを誇らしく思うし、この任務によって少なくとも半年は戦争を早く終わらせることを誇らしく思っている」と語った。そして終わりに「今回の任務の内容については諸君たち同士でも話し合ってはならないし、任務が完了するまでは本国に手紙も書いてはならない」と隊員たちに忠告した。

＊＊＊

日本では、台風が日本列島を通過するため「Bさん」の襲来はしばらくないだろうと人々は安堵していた。台風は八月五日の日曜日には日本列島から遠ざかって各地は風雨が弱まっていたが、一方のテニアン島では活動の嵐が強まっていた。この日の早朝、テニアン島にファレル将軍が到着した。

「閣下、明日の作戦で原子爆弾を搭載したB－29が離陸に失敗して滑走路の端で墜落したら、爆弾が炸裂して島全体が吹き飛ばされることになります」パーソンズ大佐が言った。

「ああ、わかっているよ。」将軍は少し考えこんだ様子で応えた。「じゃあ、どうすればいいのかね？」

「そのことです。仮に飛行機の中でわたしが爆弾を最終的に組み立てることにすれば、いったんテニアン島を離陸したあとは、万一最悪の事態になったとしても核爆発は起きないはずです」

「それはいい考えだ。墜落したら飛行機はもちろんだが、隊員も爆弾も、それに君まで失うことになるが、この島は吹き飛ばされなくてすむというわけだ。それにしても君は、離陸したあとで部品のすべてを正確に組み立てることができるのかね？」

「一日かけて練習してきましたので」

＊＊＊

今回の任務に先立って予定された早朝の試験飛行に向かうため、機長のルイス大尉は、人通りの多い交差点を乳母車を押して渡るように、八十二号機を滑走路にゆっくりと地上滑走させていた。ルイスは手のひらが汗ばむのを感じた。

八月五日午後三時半、保護シートに包まれたリトル・ボーイが台車に載せられ八人のMPに警護されながら、厳重に警備された技術区域から逆子出産のように明るい日差しの下に姿をあらわし、地面に掘られた一・八×四メートルのピットにゆっくりと下ろされた。ティベッツは側に立ってパイプをくゆらせている。地上隊員たちが八十二号機を牽引してきて、ピットの横で機首に「エノラ・ゲイ」という名前を書き加えた。それから機体を一八〇度まわして、ピットの真上に跨がるように固定した。ある隊員の目には、リトル・ボーイはヒレの付いた長いクズ入れのように見えた。鈍い艶出しをした表面には、「天皇ヒロヒトへ　インディアナポリスの兵士たちより」という言葉が書きなぐってあった。エノラ・ゲイの機体からリトル・ボーイを吊り上げる留め金が下ろされ、爆弾と鈎が鉛直線上になるように油圧式ウィンチで慎重に操作をしながら、リトル・ボーイはエノラ・ゲイの爆弾倉に牽き上げられた。

翌日の出撃までの、ぎりぎりの時間の中でおこなわれていた作業は、爆弾の搭載だけではなかった。電子制御装置は、飛行中の操縦機能、レーダー、敵に対する防御手段、通信装置、爆弾投下装置などをコントロールしていた。電子制御装置を扱う役目は部隊内のほかのB－29と同じように専任の搭乗員が受け持つことになっていて、エノラ・ゲイではジャコブ・ビーザー中尉が選ばれた。ビーザーは残り二日のあいだに、リトル・ボーイに内蔵されたレーダーシステムを設定する重要な作業をやり遂げなければならなかった。リトル・ボーイには、敵のレーダー照射によって内蔵された計器の周波数が妨害されて、爆弾が早期に炸裂しないよう精巧な防御装置が取り付けられていたが、さらに日本の南方上空を飛行する連合軍の飛行機に対しては、敵のレーダーを攪乱するために細長い小型の錫箔片を空中へ散布するよう命令がくだされていた。このように、リトル・ボーイが投下されるまでは、すべての配線系統とヒューズを何度もチェックし直さなければならなかった。

午後四時十五分、スティボリック、シューマード、ネルソン、ドゥーゼンベリ、ボブたちがほかの隊員たちとソフトボールをしていると、作戦本部から呼び出しがあった。作戦本部にはティベッツ、ルイス、ヴァン・カーク、フィアビーが待っていて、ボブたちが汗まみれのテニアン・シャツ姿のまま集まってくると、写真班がスピードグラフィック社のカメラを構えて、並んで立っている士官たちの前にしゃがんで並ぶよう指示をした。

出撃予定のB－29には、夕食までに給油と点検作業がおこなわれた。そのとき部隊名を示すためエノラ・ゲイの垂直尾翼に書かれていた丸の中に黒い矢のマークが消され、かわりにRと書き換えられた。ティベッツ独立航空隊がテニアン島に到着したとき、驚いたことに東京ローズが「『ブラックアロー（黒い矢）飛行大隊』と『パンプキン』の皆さん、ようこそ」と放送したので、ティベッツは日本側が今回の作戦任務十三号のことを知っていると思い、垂直尾翼のマークを書き換えるよう命じたのだ。

ティベッツは頭の中で明日の任務の手順を確かめたあと、仮眠を取ろうとした。しかし無駄だった。眠りに落ちようとすると、ぼんやりとした意識の境目からさまざまな想いが果てしなく訪ねてきた。

＊＊＊

パーソンズ大佐は、慎重で洞察力のあるジェプソン少尉にせき立てられながら黒板に自分用の作業手順を熱心に書き記していた。二人の目的はエノラ・ゲイが離陸してから機内にあるすべてのコネクタ、スイッチ、監視装置が必要なときに目に届くか確認しておくことだった。パーソンズは、耐えがたいほど暑い爆弾倉の中に入りこんで、長いあいだリトル・ボーイの内部にある尖った部品を手で触りながら、精密に造られた起爆装置に配線された接続部分をつないだり、はずしたりしていた。その作業にかかりきりになったので、潤滑のため内部に塗られた黒鉛で体中が黒鉛まみれになった。パーソンズは、グローヴス少将が飛行中の機内で起爆装置をセットする方法を認めてくれないだろうと思っていたので、この方法はパーソンズとティベッツとファレル将軍だけの小さな秘密だった。

作家のビル・ローレンスは、このたびの作戦任務をテーマにした又とない作品を書こうと思って搭乗を希望したが断られたので、もうひとり意気消沈しているルイス大尉に取りいって別の方法を考えついた。「わたしのために飛行日誌を書いてくれませんか?」ローレンスは、操縦士から副操縦士に任務を交替させられてがっかりしているルイスにノートブックを手渡した。

懺悔室ではスティボリックが仕切りの向こうにいる神父に十字を切ってささやいた。「お許し下さい神父様、わたしは罪を犯してしまいました……」スティボリックは、これから起きようとするすべてのことに自分もかかわると考えていた。兵舎の中では、ボブが乱雑になっていた毛布をひろげて寝台に横になり、白く塗られた円天井の裸電球をじっと見つめていた。電球の明るさのせいなのか、心はそこから遠く離れ去って、モナークパスの雪の中にいるケイの姿を思い浮かべていた。ふたりだけで過ごした時はまたたく間に過ぎ去って、今ではボブも父親になっていた。ネルソンは片肘をついてリーダーズダイジェストを読みながら時を過ごしていた。シューマードは部屋の明かりに背を向けて、寝台の中で膝を抱えるようにして、わずかの時間でも眠ろうとしていた。

「ドッグ・パッチ・イン」では、士官たちが陶器の皿に卵、ソーセージ、ブルーベリーのパンケーキのほかに、給食担当官のペリーが特別に作ったバイキング料理を盛りつけていた。ペリーはティベッツの好物のパイナップル・フリッターも忘れていなかった。下士官兵たちは軍隊用の金属製の食器セットに料理を取って食事をした。ボブは早朝の飛行任務の前にいつもするようにパンケーキを腹いっぱい詰め込んだ。搭乗員たちが機内用の袋詰めの軽食を受け取っている様子を見て、ペリーと給食担当の職員たちは、今回の任務が終わって帰投したときに祝賀パーティーを開こうと考えついた。

ルイスが時計を見ると午後十一時二十六分で、そのとき一五人の搭乗員のほとんどは礼拝堂にいた。誰もが今までの飛行任務のときと同じように、礼拝室の中で静かに座っている。ある者は説教壇の方をまっすぐ見ていたが、心は別なところにあった。またある者は目を閉じて静寂と平穏の中にひたっている。ただこの夜の静寂は、いつもと何かちがっていた。

「わたくしたちと同じように、この者たちにも汝の勇気と力を示し給え。そして汝によってこの者たちが一刻も早くこの戦争を終わらせることを」従軍牧師のトーマス・ダウニーが祈りを捧げ、一同が「アーメン」と唱えた。

礼拝を終えたボブ、シューマード、ネルソンの三人はブリーフィング用の小屋に続く狭い通路をぶらぶらと並んで歩いていたが、誰も口を開かなかった。ほかの搭乗員たちも三人の前後を黙って歩いている。南国の闇夜の中を歩きながら、足の下では砕いた珊瑚のざくざくという音だけが聞こえて、その音が、みんなの頭の中に鳴り響いている鈍い音をかき消してくれた。

暗闇の中からブリーフィング用の小屋に入ると、部屋の明るさが目に眩しかった。部屋の中ではティベッツが、作戦任務十三号を担当する飛行士らと今回の任務について細かな打ち合わせをしている。気象担当士官は、投下目標の上空を覆っている雲は明け方には消えるだろうと予想している。射撃手たちは機銃に装塡する一〇〇〇発分の弾丸を確認することになった。航続距離一七〇〇キロメートルを飛行するには二万八〇〇〇リットルの燃料が必要だったが、エノラ・ゲイが安全に離陸できるためには二万六〇〇〇リットルの燃料しか積めなかった。それでも機体重量は過重だった。ブリーフィングの最後に、敵を攪乱するためにエノラ・ゲイのコールサインが「ビクター」から「ディンプル」に変更された。ティベッツは「任務を全うしろ。命令には従うこと。手を抜くな。山勘でするな」と隊員たちへ最後の訓示を与えた。

搭乗員たちは飛行バッグと救命胴衣を受け取り、救命胴衣のポケットにパラフィンに包んだ釣り針と釣り糸、非常食、水浄化剤を詰めた。それから小型の救命いかだにつなぐことのできるパラシュートを身につけた。機体尾部の隔室は狭いので、ボブは予備の胸掛型パラシュートだけにした。どの搭乗員も飛行服のポケットにお守りを忍ばせていた。ティベッツは小箱を携えていて、箱の中には十二個の青酸カリのカプセルが入っていた。それは万一、捕虜になったときに搭乗員が服用するためのものだった。

八月六日午前一時十二分、グレート・アーチストと九十一号機の搭乗員たちがトラックに乗りこんだ。それから三分後に六輪トラックが到着して、エノラ・ゲイの搭乗員たちが乗りこんだとき、その服装は今までとちがって格好がさまざまだった。ティベッツは隊員たちが規則を無視してどんな格好をしていようが能力には関係ないと考えていたので、階級に関係なく誰もが袖口をまくり上げ、襟をはだけ、帽子を斜めにかぶったりして、ほかの部隊では見ることができないような格好をしていた。帽子の種類も自由で、ヴァン・カークは、この日のために制帽のかわりに先の尖った「前後に長い」舟形帽をかぶった。スティボリックは、おしゃれなニットのスキー帽で、その帽子はウェンドーバーのときからのお気に入りだった。ボブは、おなじみのブルックリン・ドジャーズの野球帽で、ボブ・フィンチが戦地で役に立てばと提供してくれたものだった。しかし、搭乗員たちのそんな格好は表向きだけのものだった。みんな自分たちの個性を主張してはいたが、全員の心はひとつだった。

ストレート・フラッシュ、ジャビット三世、フル・ハウスの三機が滑走路に向けて地上滑走をして午前一時三十七分、北飛行場の二四〇〇メートルの滑走路から離陸して行った。爆弾投下は目視投下にかぎると命令されていたので、この三機が報告してくる目標都市の雲量が重要だった。午前一時五十一分、トップ・シークレットが硫黄島へ向けて飛び立った。

ティベッツは、グローヴス少将は何事もやり遂げる人物だと昨年までは思っていたが、横柄なグローヴスが作戦任務十三号の現場に立ち会うことはないと思っていた。駐機場の周辺はMGM（メトロ・ゴールドウィン・メイヤー）社の映画セットのようだった。エノラ・ゲイの機体は眩いばかりのスポットライトに照らされて暗闇の中から登場したスターのようだし、周囲に集まった一〇〇人ほどの科学者、軍関係者、整備士、地上任務の隊員たちは演出家、製作者、舞台係、技術担当などのようだった。その頃、グローヴスは本国で「後世のために」全力を尽くしていた。

ボブは、報道関係のカメラマンや軍のお偉方を避けて、エノラ・ゲイの機体の下の方へ歩いて行った。爆弾倉の中には「仕掛け」がしっかりと収まっている。この爆弾は、今までの訓練で投下してきた模擬爆弾とは少しだけちがっている。突然、ボブは我にかえったようにあたりを見まわした。これまでの十一ヶ月間は警備が厳重だったため、見てはならないものは見ないようにする習慣が身についていた。それが奇妙なことに今は平気で見ることができるのだ。そう思いながら、この危なっかしい「仕掛け」をもう一度ちらりと見てから、計画どおり成功することを願った。それはワシントンからロスアラモスに至る数千人の人たちの願いでもあった。

誰かがボブに近づいてきた。第五〇九混成部隊に所属するジェローム・J・オシップという写真班の将校で、作戦がどんな結果になろうとも歴史的な出来事を自分で記録写真に残そうと考えていた。オシップは重くて扱いにくいK－20カメラを抱えていて、カメラの目盛りは位置が動かないように医療用テープで固定してあった。オシップはエノラ・ゲイに一緒に搭乗して自分で写真を撮るつもりだったが、直前になって搭乗を断られていた。

「ほら、」オシップはK－20カメラをボブに押しつけて言った。「ピストル型のシャッターの引き金をこういう具合に引くんだ……絞りは変えるんじゃないぞ……これを使って、おまえが見たものは何でも撮ってこい」

おかげでボブは両腕が役目でいっぱいになった。機内に持ちこむ荷物はカメラだけでなく、駐機場の整備用テントに置いてある灯油と、切削油に浸けておいた機銃の部品も取り出してこなければならなかったのだ。

ボブはエノラ・ゲイの前輪部分にあるハッチから乗りこまなかったので、パーソンズが爆弾倉に収まっているリトル・ボーイの様子を一刻ごとに監視する複雑な計器盤を目にすることができなかった。そのかわり後方のハッチから乗りこんで胸掛型パラシュートを身につけたあと、機体尾部に行く狭い通路の入口にカメラ、防弾チョッキ、機銃を先に入れて、それらを押しこみながら少しずつ這って行き、補助発電機と酸素タンクの横を通り過ぎて尾部の隔室に入った。それから台座に機銃を取り付けていると、こっちへ戻ってこいと誰かが大声で叫んでいるのが聞こえた。

「二列に並んで……下士官兵たちは前列にしゃがんで」眩いほどの明かりの向こうから誰かが指示している。ボブは帽子のつばを少し上げてみて、それがスティボリックだとわかった。スティボリックは楽しそうな様子だった。

「もっと……もっと詰めるんだ」誰かわからなかったが、別の者が叫んだ。ボブは、ヴァン・カークのブーツが、しゃがんでいる自分の腰のあたりに触れるのを感じたので、士官の中には下士官兵をブーツで蹴とばしたい者がいるんだろうと少し愉快な想像をしてみた。もちろんブリーフィングのあとのちょっとしたやりとりから、ヴァン・カークがブーツで自分を蹴とばすような人でないことはわかっている。それにハンサムでいつも笑顔をたやさず、温厚で、ゆったりとしていながら自信のあるヴァン・カーク大尉が好きだった。ヴァン・カークの人柄はティベッツにとってても重要だった。ヨーロッパ戦線でティベッツの航法士だったが、能力がすぐれていたからこそティベッツは第五〇九混成部隊へ加えたのだ。

午前二時二十分、ティベッツは報道陣とのやりとりを中止させた。任務を予定どおりに進めて行く必要があった。搭乗員たちがタラップを上がって機内へ入ろうとすると、カメラマンや軍担当の記者たちが飛行服を引っ張って引き戻し、「これを身に着けて行って下さい」と言いながら、ブレスレット、腕時計、指輪などの装身具を次から次へと手渡して、それらを歴史的な作戦任務十三号の記念品にしようと考えた。

ボブは、酸素記録表の中にお守りとして入れていたケイとジュディの写真を指で軽く叩いた。それからヘッドホンを着けてスイッチを「インター」に入れ、ティベッツからのチェックに「了解」と応答した。尾部の隔室を与圧するための太さ一〇センチの管のバルブ機能も正常だった。酸素圧計の目盛りは一八六キログラムを示していた。それから酸素マスクを着けて吸いこんでみて、正常に機能していることを確かめた。補助発電機に供給されるガソリンとオイルも十分だった。緊急用のガソリンを二リットルほど入れて補助発電機を作動してみたあと、二連装機銃のうしろに腰をおろした。

「離陸準備に入る」インターコムからティベッツの声が響いた。ボブは、ゆっくりと手順どおりチェックリストに目をとおした。第五〇九混成部隊のどのB－29も通常の飛行で四五〇〇キロから九〇〇〇キロも過重な状態で離陸していたが、六五トンのエノラ・ゲイは、リトル・ボーイと予備燃料との兼ね合いから七〇〇〇キロの重量超過が限界だった。そのためティベッツは細心の注意を払って操縦するつもりだった。

ドゥーゼンベリが離陸前のチェックをしていた。

午前二時二十七分、ティベッツが第三エンジンの始動を命じた。ドゥーゼンベリが第三エンジンを始動させて計器盤の数値に目を凝らした。計器盤の左手にある前部と後部の油圧計は正常値を示している。それからエンジンを毎分一〇〇〇回転まで上げて、発電機の磁石とシリンダーヘッドの温度が一五〇度以下を示していることを確かめた。これらの温度は巡航速度で飛行中は二三二度を超えないことになっている。計器盤の中央にあるタコメーターの真下にはマニホールド内の圧力計と、その下に燃料圧計が並んでいる。

「第三エンジン、作動良好」ドゥーゼンベリが報告し、「第四エンジン、始動用意完了」と伝えた。

「第四エンジン始動」ティベッツが命じた。

第一、第二エンジンも始動して真空圧とシリンダー内圧が正常であることを確かめてから、ドゥーゼンベリは離陸のためフルブレーキのままエンジンを二七〇〇回転まで上げた。それから四つのスロットルレバーを同時にゆっくりと倒して七〇〇回転まで下げ、地上滑走のできる状態にしてからティベッツに操縦を任せた。

操縦士と副操縦士は、それぞれのジャイロコンパスをチェックして正常に機能していることを確かめた。フィアビーが爆弾倉の扉を閉めた。車輪止めが除かれ非常ブレーキが解除されていることを再確認して、ティベッツは管制塔に地上滑走と離陸許可を要請した。

「ディンプル八十二号より管制塔へ」「テニアン北管制塔よりディンプル八十二号へ。A滑走路（Able）から東方向へ離陸せよ」

このA滑走路は「役に立たないDisable」の「D」滑走路と名づけた方がよさそうだった。滑走路の端には黒焦げになった四機のB－29の残骸が破壊された石棺のように積み上げられていて、昨夜墜落した機体の片づけがまだ終わっていなかった。滑走路の誘導灯のあいだには、墜落時に急行できるよう消防車が何台も間隔をあけて待機している。

ティベッツは前もって副官のトム・クラッセンに命じて、科学者と軍関係者を北飛行場から離れた安全区域へ立ち退かせていた。それでも数人の科学者はエノラ・ゲイの積荷のことが気がかりで、管制塔から出て行くことを拒み、島の中でここ以外に場所はないと言い張った。

午前二時四十五分、ルイスはエンジンに微かでも異常音がないか注意深く耳を澄ませていた。エンジンのわずかな異常音でも、搭乗員が「あの世に行く」重大事故につながることがあるからだ。B－29は、離陸するときにエンジンの強力なトルクのため機体が左側に向く癖があった。ウェンドーバーで飛行訓練のとき、ティベッツは第五〇九混成部隊のパイロットたちに、離陸時に右側の車輪にブレーキをかけてトルクを落とすと失速する危険があるので、その操縦法は忘れろと教えていた。そのためパイロットたちは初めに左エンジンのスロットルを上げて離陸するようにした。離陸許可を受けて、ティベッツは時速一二〇キロのまま方向舵を十分利かせながら右のスロットルを全開にしていった。エノラ・ゲイは断崖のすぐ向こうにひろがる真っ暗な太平洋に向かって、どんどん速度を上げていった。ボブの眼下に見える誘導灯の明かりが一瞬のあいだに次々と闇の中に消え去っていく。操縦桿を握るルイスの手は早く機体を持ち上げたくてむずむずしていたが、ティベッツは辛抱している。エノラ・ゲイは、まだ離陸できる速度に達していない。時速三三〇キロになった機体が風を切って疾走した。あと数メートルで滑走路が途切れるとルイスが観念したその瞬間、車輪は滑走路から離れ、機体は月のない海面の上に浮かび上がった。

離陸したエノラ・ゲイは、北北西に針路を取って飛行を続けた。一二人の搭乗員から安堵の溜息がインターコムを伝ってひろがり、機内の緊張がゆるんだ。少し前にリーヒ提督が、一個で戦争を終わらせる爆弾の話を「科学者の夢」と決めつけていたが、それも夢ではなくなってきた。エノラ・ゲイは、胴体の中につなぎ止めた夢ではない現実を日本へ向けて運んでいた。

ルイスが車輪を格納してフラップを上げた。ボブは車輪が格納されるいつものゴトンという音を聞くと、ドゥーゼンベリに補助発電機を停止すると伝えた。

エノラ・ゲイが離陸したあと、二分間隔でグレート・アーチストと九十一号機が離陸して行った。

＊＊＊

エノラ・ゲイが向かっている一〇〇〇キロメートル彼方には硫黄島があった。エノラ・ゲイの前方には、黒いビロードのような暗闇が搭乗員たちを包みこむかのように一面にひろがっていた。このたびの極秘任務についてささやき合う人は、この世にひと握りしかいなかった。ちょうどその頃、国内のアメリカ人たちは明るい日差しの中で昼食をとっていたが、太平洋の彼方で今まさに進行している作戦については何も知らなかった。暗闇は日本人たちの周囲も包みこんでいて、ろうそくを灯すだけでは心もとないほどの闇だった。ロシアは不機嫌そうに黙りこんだままアメリカに先を越されたことを嘆いていた。世界中が不機嫌そうに押し黙っていた。

＊＊＊

ボブは隔室にあるレーダーの電源を入れた。レーダーが作動するには十五分かかる。画面の横にあるつまみをまわすと、見慣れた輝点とウイングの画面が浮かび上がってきて、十字線が自動的に点灯した。あとは手動で輝点の大きさを調節し、画面を見ながら敵機の翼幅をセットするとコンピュータが自動的に射程範囲を決めてくれる。この装置はよくできていたが、できれば使わないで済むようにしたいと思った。

テニアン島を離陸してかなり経った頃、ボブはティベッツに機銃の試射をしたいと願い出た。銃座は上下左右に滑らかに動いて、一二・七ミリ機銃を数回発射してみた。金属質の乾いた連射音が機内に響きわたった。いつも機銃をきれいに拭いていた（余分なオイルが残っていると高高度では凍結した）ので、隔室の中は火薬、硫黄、焼けたオイルの匂いが微かに漂うだけだった。機銃の状態が良好なのを確かめたので、日本に近づくまで機銃用の電源は切ったままにして、足元の床に対空砲弾が下から命中した場合に備えて防弾チョッキ（着用するとぎこちなくなる）を敷いた。防弾チョッキを床に敷くのは、搭乗員たちのあいだで、お決まりのジョークがあって、こうしておくと「金玉」を守るのに具合がよかったからだ。

ティベッツは燃料の消費を抑えるため飛行高度を一五〇〇メートル以下に保って操縦した。上昇しなければならない時までは燃料消費を抑える必要があったし、低高度では機内を与圧する必要がなかったので、パーソンズとジェプソンが爆弾倉の中で作業をすることができた。

機体中央部では、シューマード、スティボリック、ビーザーが「ジョージ」と呼ばれた自動操縦装置が作動する振動を感じとったが、機体尾部は振動がひどいので、その微かな振動を感じとることはできなかった。

機体中央部の監視位置の近くには、ケイの写真を中に入れたプラスチック製のチェックリストが掛かっていたが、それとは別にハッチのそばにはヌード写真も貼り付けてあって、その写真の女性を隊員たちは「ウェンドーバーのメリー」と名づけていた。ウェンドーバーの基地へ招集されたばかりの隊員たちにとって、ウェンドーバーのメリーは寂しさを紛らわせてくれる女性だった。明るく陽気でセクシーなハイヒールを履いた、やせ型のメリーは、ウェンドーバーの近くにある山々の壮大な自然を背景に写真撮影のポーズを取った。ボブはメリーのヌード写真が搭乗員たちを元気づけてくれると思ったのだ。

以前、カリフォルニア州マザーフィールドにある空軍専用の積込み基地で、メリーのことが話題になったことがあった。この基地で八十二号機の救命いかだ、パラシュートなどの安全装具を点検する仕事を受け持った二人の女性が、ボブから詳しい説明を聞きながらエノラ・ゲイの機内を案内してもらった。ティベッツから爆弾倉は決して見せるなと厳命されていたので、女性たちは機体前部から狭い通路を通って中央部にたどり着いた。「あれは誰ですか？」女性の一人がウェンドーバーのメリーの写真を見て尋ねた。「ぼくの妻だよ」ボブは、ちょっとした嘘をついた。「奥さんのヌード写真を持っていらっしゃるの？」「もちろんさ。お守りにね。ぼくは外地へ行くことになっているんだ」

人間は誰しも自分にどれほどの幸運が備わっているのかわからなかったから、ボブは母親がくれたロザリオも身につけていた。しかし二人のメリー（ウェンドーバーのメリーと聖母マリア）を一緒に身につけることはさすがに控えていた。

エノラ・ゲイが硫黄島を目指して飛行している頃、シューマードは爆撃手の席の隅にレースのシルク・ショーツを二三枚隠しておいたことを急に思い出した。シューマードは性病について書かれた本のあいだに挟んでおいたとばかり思っていた。それまでは目標に狙いを定めたり対空砲火や敵戦闘機に応戦することなどをあれこれ考えていたのだが、ショーツのことが気になりだした。「戻ってくるぞ……戻ってくるぞ……無事にな」シューマードはそう自分に言い聞かせながら、あのショーツは、どこに置いてあっても幸運をもたらしてくれるはずだと思った。スティボリックのスキー帽はソルトレークシティーで買ったもので、ボブの野球帽のように野暮ったい代物だった。フィアビーのところにはホテル・ユタのロビーの写真が一枚貼ってあって、その写真にあるホテルはフィアビーが個人的に広報活動をするためのオフィスにしていた場所で、この写真がお守りだった。ネルソンは無線通信装置に善行章のリボンを貼り付けて、これが自分の安全を保証してくれると考えていた。八十二号機の機首のところに誰かがラックニスでキスマークを描き、その横に「ドティ、オマハで一度だけ」とサインがしてあった。隊員たちがそれを讃えるときは、右手を高く掲げて「オマハでもう一度」と一斉に叫んだ。

＊＊＊

午前三時〇分、エノラ・ゲイに搭載されたリトル・ボーイが万一誤って炸裂しても、テニアン島に被害がおよばない空域に達したので、パーソンズは、ひんやりした狭い爆弾倉の中に細い体をすべりこませて通路をゆっくりと進んで行き、そのあとにジェプソンが進んだ。数日前に、もう一人の電子担当士官とコイントスをして勝っていたら、モリス・ジェプソン少尉は原子爆弾の起爆装置を調整しなくて済んだはずだったが、今は外科医パーソンズの手術室助手になっていた。二人は三十分ほどかけて、リトル・ボーイの中のウラン235を二つに分離している二重プラグの安全装置を半分だけ作動させて、リトル・ボーイと機体前部にある電子制御装置とを配線で接続した。ただもう一ヶ所の重要な電子回路は接続せずにおいた。この回路だけは、硫黄島上空でほかの二機と合流したあとでジェプソンが接続して、緑色の安全プラグを赤色の起爆プラグに交換することになっていた。そしてジェプソンは不要になった緑色のプラグは記念品として持ち帰るつもりだった。

パーソンズとティベッツは、万一リトル・ボーイを投下できなかったときは、エノラ・ゲイが飛行可能なかぎり爆弾をテニアン島へ持ち帰る危険を冒すよりは、海上へ投棄することを互いに確認し合っていた。

16・目標は広島

エノラ・ゲイは、しばらく高度を上げないまま機内の与圧もしなかったので、ボブは飛行時間が長いときにいつもするように、尾部から機体中央部に移動して、ほかの搭乗員たちと雑談をはじめた。

夜食のパンケーキは、あっという間に平らげていたので腹が減っていた。シューマードとスティボリックも腹を空かせていた。機首の方には士官たちのために給食担当官のペリーが作った昼食を積みこんでいたので、ボブは、それがなくなる前に分け前にありつこうと機首まで細い通路を這って行った。ペリーは搭乗員たちが食べ過ぎるのを気にして、戦闘糧食として、半分に切り分けた七面鳥のサンドイッチにリンゴやオレンジを用意していた。機首まで行ったボブは、残り物のサンドイッチとフルーツを受け取ると、ふたたび通路の中に入って食料を自分の前に押して行きながら、のろのろと這って機体中央部まで戻った。

ジェイク・ビーザーは疲れていたので、中央部の通路の前に横になって三時間半も眠っていた。ボブは手に持っている食料を手っ取り早く運ぼうと考えて、リンゴを何個か通路の出口の方へ向けてころがしたので、一個が通路の前で眠っていたビーザーの頭に当たった。

ビーザーは、ちょうど目を覚まさなければならないときだったので、起き上がってブラックコーヒーを飲み、眠気を覚ました。それからすぐに日本側の無線通信の周波数が、リトル・ボーイの近接信管の周波数に近いかどうかを調べはじめた。もしも近接信管と同じ周波数の信号が地上から跳ねかえってきて回路が閉じる現象が連続して起きると、リトル・ボーイは爆発する。離陸する直前、ビーザーは極秘の周波数が記された小さな薄い紙片を渡された。その紙片は、万一、捕虜になったとき飲みこむよう命じられていた。

戦争の最中でも、上空数千メートルでさえ油断してはいけなかった。ボブは、ズックでカバーした水筒を腰にさげて尾部から中央部に持ってきていた。それから水筒が自分のものにまちがいないか何度も確かめた。それというのも、搭乗員たちが小便するのに使う古い水筒と、水を入れた水筒とを取りちがえることがよくあったからだ。ボブは離陸前に、水を入れた水筒がいつもの場所に置いてあるのをしっかりと確かめておいた。

午前四時二十五分、シューマード、スティボリック、ビーザーの三人がボブに小便の入った水筒を飲ませようとからかっていると、通路の入口にティベッツが黒い髪があらわれた。ティベッツは、そこの四人に一人ずつ話しかけてからボブの横に座りこんだ。

「ボブ、今日の朝、我々が何をしようとしているか考えたことがあるか?」

「大佐、我々は秘密を厳守するよう命じられていますので何も考えていません」

「そのことは、もういいんだ。今は目的地に向かっている途中なんだからな。考えていることを言ってみろ」

「化学者の恐ろしい夢でしょうか?」非常に大きな爆発力のある兵器を搭載していると聞かされていたので、そう言ってみた。

「いや、正解とは言えんな」

そのときボブは急に思いあたった。ローレンスのサイクロトロン、原子の分裂、核分裂と呼ばれる反応過程などについて本に書かれていたのを思い出して、それに関係ありそうだと思いついた。

「じゃあ、物理学者の恐ろしい夢ですか?」

「そう言っていいだろう」

それから五人は少し言葉を交わしたあと、ティベッツはまた狭い筒状の通路に入りこんで機体前部へ戻ろうとした。それを見たボブがティベッツの足を持って引っ張った。そんなやり方は下士官兵が自分の指揮官にする行為として許されるものではなかったが、ボブは以前からティベッツが並の指揮官でないことを知っていた。足を引っ張られて、ティベッツがあと戻りしてきた。

「なんだ?」

「大佐、今日の朝、原子を分裂させるんですか?」

ティベッツはボブが物理学に興味を持っていることを知っていたので、その質問にはさして驚かなかった。「そのとおりだ」そう答えてから、あとは何も説明せずに、また狭い通路に戻って行った。それからしばらくしてティベッツから機内の搭乗員たちに向けて、エノラ・ゲイは世界で初めてとなる原子爆弾を運んでいると伝えられた。

機体中央部にいる搭乗員の中でビーザーだけは、ウェンドーバーにいた頃から核兵器の秘密についてはいくらか知っていたが、今ではスティボリック、ボブ、シューマードの三人も、いつもの任務のときのように真剣な表情をして互いに顔を見合わせていた。三人が今まで訓練してきたときは「原子」という言葉が使われることはなかった。搭乗員たちは物理学者ではなかったが、無知ではなかった。四人は、出撃前のブリーフィングのときに核実験の模様を映し出したスライドについて話し合った。その規模についてはともかく、あの立ちのぼった噴煙を見ると何か爆弾が破裂したみたいだった。そしてティベッツの話を聞いてからは、その新型爆弾のことが今までより理解できるようになった。「世界で初めての原子爆弾……」その言葉には、とてつもない響きがあった。ティベッツとパーソンズは、これで戦争が終わるだろうと言っていたし、狭い機内で額を突き合わせている四人も、そのことを願っていた。

ティベッツは高度を上げ始めた。機内が与圧状態になるとボブは尾部に留まらなければならないので、ハッチを開けて細い通路を這って行き、尾部に戻ると隔壁の背の横木に掛かっている小さな折りたたみの木製シートをひろげて腰をかけた。木製シートには布製のクッションが付いていたが、体重が軽い者は体が沈まなくて具合が悪かったし、安全ベルトを締めるとさらに動きづらかったので、安全ベルトは悪天候のときだけ締めるようにしていた。しかし、この日だけは留め具を緩めにして安全ベルトを締めて照準器を覗けるようにした。

硫黄島上空まであと一時間の頃、エノラ・ゲイの右の地平線上に月が輝いて見えた。ボブは隔室の中からネプチューンの首飾りのような銀色に輝く下弦の月に見とれた。しばらくすると漆黒の闇が急に明るくなって、眼下に見える海面がきらきら輝いて見えはじめた。水平線に近い空が赤く染まりだして、空にきらめいていた星が見えなくなって闇の中からエノラ・ゲイの機体が浮かび上がり、銀色の機体が朝日で黄金色に輝いた。

スティボリックがレーダーに硫黄島を捉えた。午前五時二十分、予定どおり三分後に三機のB－29が硫黄島上空で合流した。エノラ・ゲイの機体には何も問題なかったので、硫黄島で待機していたチャールズ・マクナイト大尉が操縦するトップ・シークレットは不要になった。エノラ・ゲイは高度二八〇〇メートルで左へ旋回し、グレート・アーチストと九十一号機はエノラ・ゲイと離れて散開したあと、三機は日本に向けて飛行を続けた。

パーソンズとジェプソンは、リトル・ボーイの生命維持機能を監視する高さ七六センチ幅五〇センチの計器盤にじっと目を凝らしている。爆弾内部の砲身部分と電子回路は監視装置と臍帯のようにつながっている。そして高度九四〇〇メートルの上空で爆弾倉が開いてリトル・ボーイが落下すると同時に、臍帯によってつながっている配線は引きちぎられ、爆弾内部の起爆装置が作動する仕組みになっている。

「この緑色のランプはどういう意味なんだ?」ルイスが運動がてら操縦席から席を立って、二人のところへ来て訊いた。

パーソンズがそっけなく言った。「ルイス大尉、点灯しているランプが全部緑色なら順調ということだが、いくつか赤色に変わったら、まずいことになるんだ」

ジェプソンは搭乗員たちが黙りこんでいるのが苛立たしかった。ネルソンは読書をしている……読書をだ！　自分が本を読む気になったとしても『ウィリー・カーター』には気をつけろ』なんて読まないはずだ。ほかの搭乗員たちは無理やり陽気な気分になろうとして、重苦しい沈黙の空気の中でわざと大げさな笑い声を上げたりしている。

ボブは立て続けに煙草を吸った。外地ではどんな銘柄でもよかった。ジッポのライターに入れた一〇〇オクタンの航空燃料で火を点けた煙草の先が炎で赤くなった。すぼめた唇のあいだから、ゆっくりと細い煙を吐き出し、狭い隔室の中に紫煙が立ちのぼって頭の上でたゆたう様子を眺めた。ラッキー・ストライクとライターは、コンバーチブルのダッシュボードにいつも置くように照準器の横にある狭い棚に置いてある。ライターの液が少なくなると、時々、航空燃料を拝借していた。離陸前の点検で地上作業員たちが主翼の下部にある燃料バルブを開いて中に溜まった水抜きをするとき、バルブの緩み防止の蓋を持参の工具を使ってはずし、漏れ出した燃料を数滴ほどライターに注いでからバルブを閉めた。

尾部の中がプレキシグラスから差しこむ日差しで温室より暑いくらいになったので、飛行服のジッパーを腰までさげてTシャツ姿になった。首にかけた聖母マリアの「奇跡のメダイ」が、いつものように認識票の鎖と絡み合っていた。右の手首に着けた身分証明用のブレスレットは、入隊して初めてのクリスマスに母からプレゼントされたもので、昇ってきた太陽の日差しで輝いていた。裏には部隊の記章、氏名、認識番号が刻まれている。左の手首には革バンドのスイス製の高級腕時計を着けていて、入隊するときにマクソン社から贈られたものだった。マクソン社のレンガ造りの大きな建物の中で、並んだ製図台で仕事をしていた頃がずいぶん昔のように思われた。ウェンドーバーがニューヨークの懐かしい風景から遙か彼方の世界だとすれば、テニアン島は、どう喩えればいいのだろうか？　そして自分たちの「目標」となる日本の、まだどこかわからない都市は、どう喩えればいいのだろうか？　そんなことを想いながら座っていたシートから尻をずらしたとき、右の腰に吊した四五口径の回転式拳銃に目が留まった。万一、飛行機が敵地に墜落したら捕虜にされる可能性があったので、これを使うことになるのだろうか。

細かい手作業で色づけをしたケイの白黒写真が、振動する隔室の中で一緒に震えていた。几帳面で精確な製図者の技術を利用して、油絵の具で手の込んだ繊細な色づけをするのは楽しかったし、隊員たちのために彼らの持っている写真に色づけをすることは、デートのときのように楽しい気晴らしになった。

シューマードは機体の右側にある監視用の小窓から外を覗いてエンジンの状態を監視している。その小窓は本来は半球型銃座のブリスターがある場所だったが、ほとんどのB-29では半球型銃座を取りはずして監視用の小窓にしていた。シューマードは高級士官が自分のかわりにエノラ・ゲイに搭乗させろと言っても断っただろうし、もう自分は機上の人となっていて世界で初めての原子爆弾を投下する途中だったのだ。

ルイスは、作家のローレンスが自分に依頼していた飛行日誌を付けるため、目で確認できる周囲の状況を観察していた。そして「高空に薄いすじ雲と、低空に若干ある雲のほか、天気は良好」と飛行日誌に記した。

リトル・ボーイの二重プラグをジェプソンが交換して、リトル・ボーイの設定が完了したとパーソンズが機内に伝えると、ルイスは哲学的な想いにとらわれた。「爆弾は、今や飛行機とは全く独立した存在になったんだ。それは不思議な感じだ。爆弾が我々とは無関係な一個の生命を持っているようだ」

＊＊＊

午前七時九分に広島で発令された空襲警報はストレート・フラッシュの飛来によるものだった。ストレート・フラッシュを探知した日本の防空本部は、領空にしきりに飛来してくる単機のB－29と同じように脅威とみなさず空襲の恐れはないと判断した。そのため警報のサイレンは数分間だけの「弱い」警戒警報だけで終わり、空襲の危険はほとんどないと市民に伝えていた。とはいえ広島のラジオ放送は空襲警報によって番組が中断され、人々は防空壕を出入りした。

午前七時二十五分、エノラ・ゲイが高度七九〇〇メートルから上昇している途中に、ボブはインターコムからストレート・フラッシュのイーザリー機長の声を耳にした。ネルソンがストレート・フラッシュから発信された周波数七三一〇キロヘルツの暗号無線通信を受信した。

暗号文は「全高度にわたり雲量は十分の三以下」と報告したあと「助言・第一目標に投下」と伝えていた。

この瞬間、広島への投下が決定した。ティベッツの予想していたとおりだった。ルイスは敵味方識別装置のスイッチを切って、地上の目標物に目を配った。眼下には四国が見えてきて、その彼方には瀬戸内海がひろがっていた。

ヴァン・カークが風速と偏流を計算して方位を三四四度に定めた。陸地が見えてからエノラ・ゲイは高度九三〇〇メートルまで上昇して、東へ針路を取った。

午前八時五分、ヴァン・カークが照準点まであと十分と伝えた。

ボブは防弾チョッキを着こもうとしたが難しかったので、床の上の例の場所に戻した。それから敵戦闘機や地上からの対空砲火の黒煙がないか周囲に目を配ったが、幸いなことに何も見えなかった。ボブは、零戦の機銃弾や対空砲弾が、大きな鯨に撃ち込む銛のようにリトル・ボーイに命中して爆発したらどうしようかと頭がいっぱいだったので、安堵した。

ルイスには対空砲火よりも気がかりなことがあった。高校時代にフットボールの花形選手だったルイスは、真正面から取り組むつもりだったので戦闘機や対空砲火には対応できたが、乱気流となると、そうはいかなかった。原子爆弾が爆発して広い地面（とくに水に囲まれた）が熱せられると、その熱によって上空に予測のできない乱気流を起こすのではないかと、ずっと考え続けていたのだ。これから十分後に起きる事態と危険な急降下急旋回に挑もうとしながら、ルイスはリンドバーグの言葉をはっきり思い出した。「機体の姿勢制御と高度に十分気をつけるように。急降下のときには十分な速度が出せるか確かめること……」

イーザリーの暗号文は正しかった。広島の上空は「風の流れによって一六キロメートルにわたり雲の切れ間ができていた」とルイスは飛行日誌に走り書きした。呪われた広島の街が、雲の切れ間から差し込む太陽の光を浴びている。

フィアビーがM－9Bノルデン爆撃照準器に特注で取り付けた当て物に額を押しつけた。正確な爆撃航程と爆弾の投下点を決めるため、ジャイロスコープで機体を水平に保ちながら照準を定めるノルデン照準器を、フィアビーはどの爆撃手よりも巧みに操作した。ほかの部隊の爆撃手は目視投下を二〇回とレーダー投下を五回ほど訓練してからノルデン照準器で確認したが、フィアビーや第五〇九部隊の爆撃手たちは八ヶ月にわたり目視投下を週三〇回と、レーダー投下を六〇回も訓練をしていた。そして日本へ試験飛行をくり返しているあいだに、フィアビーはどんな爆弾でも「漬け物樽」の中に落とせるほど精密な投下ができるまでになっていた。

ヴァン・カークは針路を方位二六四度に変更した。午前八時十二分、高度九四〇〇メートルで相生橋から二六キロメートル東に設定された投下点を確認し、「投下点」とティベッツに伝えた。

フィアビーとルイスは爆弾投下と操縦を分担しておこなったが、フィアビーとティベッツはこの二つを一緒におこなった。

午前八時十三分三十秒、フィアビーがノルデン照準器に額を押しつけて集中しているのを見て「あとは任せたぞ」とティベッツが言った。フィアビーは照準器を最終調整してから、設定がずれないように補助翼を操作した。

「保護眼鏡を着けろ」インターコムからティベッツの声が機内に流れた。ティベッツは、保護眼鏡を着けると何も見えなかったので額の上に押し上げた。ルイスは飛行日誌に「目標に投下するあいだ、しばらく中断」と急いで書きこんでから保護眼鏡を着けた。

フィアビーは、もう保護眼鏡をはずしていた。ファインダーの中に色とりどりの広島の街並みがあらわれてきて、カラーのニュース映画をスローモーションにしたように、ゆっくりと流れていく。フィアビーは、その光景を大リーグの野球に見立てた。戦争は人々の眠りの夢を覚ますものだったが、今彼は別のゴールをめざしていた。フィアビーが低周波信号のスイッチを入れた。信号音は機内の搭乗員たちの耳にも届き、これで今から十五秒後にリトル・ボーイが投下されることになる。信号音はエノラ・ゲイの後方一・六キロメートルと三・二キロメートルを飛行しているグレート・アーチストと九十一号機も聴取し、気象観測機の三機と硫黄島のトップ・シークレットの無線通信士も聴取した。

フィアビーが照準点に決められていたT字型の相生橋に全神経を集中した。照準器の中に見える相生橋が東から西へゆっくりと動きながら十字線の上に来た。フィアビーは息を浅く吸い込んで止めた。午前八時十五分十七秒、爆弾倉の扉が勢いよく開き、留め具から放たれたリトル・ボーイは監視装置とつながっていた配線を引きちぎって落下し、信号音が途絶えた。

「爆弾投下」フィアビーが大声で吐き出すように言った。

急に五トンも軽くなったエノラ・ゲイが跳ね上がった。

「うまくいったぞ」フィアビーがインターコムに向かって言った。しかしリトル・ボーイはこれで自由の身になったわけではなかった。ハリー・トルーマンにとって、それは上空九六〇〇メートルからリトル・ボーイを落下させて二億ドルを賭けるという世界最大の大ばくちで、その賭け率を言い当てる者は誰もいなかった。

ティベッツはエノラ・ゲイを右に急旋回させて速度を上げるため、機体を六〇度に傾け急降下した。重力加速度のためボブは風防ガラスに身動きできないほど押しつけられたので、地平線の方にカメラを構えようと体を動かそうとしたが無理だった。

ティベッツが、ボブに何か見えるかと訊いた。何も見えなかった。ボブはグレート・アーチストが左旋回して、爆発時の効果を測定する装置を収めたパラシュート付きの円筒を投下するのを知っていたが、それも見えなかった。

＊＊＊

「広い」「島」(広島)はテニアン島とは一時間の時差があったが、文化と思想の点ではアメリカとは遠くかけ離れていた。それが今や「永遠に隔たった場所」になろうとしていた。街が朝の眠りから目覚めると、疲れきった母親が畳の部屋の障子を開けて、まだ楽しい夢を見ながら眠っている二人の子供を起こした。起きる時間はとうに過ぎていた。母親は、多くの広島市民たちと同じように中國新聞に書かれた記事を信じていた。軍部の作戦では、敵をできるだけわが方に引きつけて日本に上陸してきた敵に対して、竹槍、旧式の銃、石礫、肉弾戦によって戦えば大日本帝国は必ず勝利するのだという。

少年たちは、もう長いあいだ学校へは行かずに防火帯を作る作業のため、毎朝、大急ぎで起床した。数千人もの人たちがおびただしい量のドングリの実を集めてきて、それを食用の穀粉にしたり、昆虫、水草、カボチャの茎などを炙って食べた。至るところの地面を畑にして耕す人もいた。人々は飢えのため痩せて目は落ちくぼんでいた。市内にある二十三ヶ所の病院と診療所、それに三十二ヶ所の救護所には、毎日のように胃病と急性下痢の治療を求める人たちで溢れかえっていた。

長さ一二〇メートルの相生橋は本川(ほん)と元保川(もとやす)とを跨ぐように架かっている。相生橋から四五メートルのところには市役所があり、熱心な平和主義者で反軍国主義者だった粟屋仙吉市長が、市の統計担当者から報告書を受け取ったところだった。それによると八月三日現在、七万軒以上の木造家屋が取り壊され、疎開した人々のあとに二十八万人の民間人が市内に留まっていると考えられた。市内に留まった民間人の多くは三菱重工業に勤めていて、そのほかに東洋工業では一万人が毎週六〇〇〇丁の小銃を造るために働き、日本製鋼とその下請工場では神風特攻機の部品を造っていた。

相生橋から九〇メートル下流の元保川沿いには「燃料会館」が県内の燃料を管理して配給していた。飛行機の部品を製造する工場と同じように、日本自動車燃料会社やアルミ工場、化学工場などが広島市内を流れる川岸に多く点在していた。

相生橋から八〇〇メートルたらずのところには、四〇〇年前に建てられた広島城が今も堀に囲まれて遺されていて、城内には陸軍第二部隊の四万人が駐屯していた。広島城の内部と地下には武器と軍需物資が保管され、民間の防空本部や市内の対空砲を管轄する司令本部があった。また広島城の周辺には二〇ほどの小さな工場が立ち並んでいて、そこでは大砲が造られていた。

＊＊＊

午前八時十六分、投下されたリトル・ボーイの起爆回路がすべて閉じられ、その瞬間、爆弾は目標の相生橋から二四〇メートルはずれた島(しま)病院の上空五四〇メートルで炸裂した。

エノラ・ゲイからリトル・ボーイの臍帯が引きちぎられてから四十三秒後、目も眩むような閃光がボブの目を貫いた。視力が少し戻ってきて右の窓から外を見ると、青い空しか見えなかった。

と突然、向こうから圧縮された空気の不気味な球体がこちらに迫ってくるのが見えた。球体はSF映画の半流動体のようにすべてを呑みこもうとするような恐ろしさだった。面食らってわけのわからない警告を搭乗員たちに伝えようとした瞬間、激しい衝撃が襲った。

航空機関士のドゥーゼンベリはエンジンに何か衝撃があったのかと思ったが、落ちついて調べるとエンジンはすべて正常に作動している。

ところが次の瞬間、ふたたび衝撃が襲ってきた。ボブは叫び声をあげて警告したが、初めの衝撃から四秒後に跳ねかえってきた衝撃で機体が跳ね上げられた。

リトル・ボーイは、熱と爆風による破壊という当初の目的を達成した。ウランの核分裂が人の細胞構造に変化をきたすという二次的な影響は、あとになって初めてわかったことで、そのときは軽んじられていたし不明のことが多かった。

爆心地にもっとも近い生存者は「ピカ」（閃光）を目にしただけだった。「たくさんの太陽が一度に輝いたような光」とローレンスはトリニティ実験について書き記したが、その光景は広島でも同じだった。爆心地からさらに離れた場所の生存者は「ドン」（腹に響くような衝撃音）という音を耳にした。その音は「一〇〇個の雷が一度に鳴り響いて大地が揺り動かされたようだった」と語られた。それでもトリニティ実験の規模は広島の「ピカドン」の半分ほどで、両者に共通することといえば、爆心直下から放射状にひろがった様子だった。重みで車軸が押しつぶされた車輪のように爆心地点は陥没し、その周囲では生命は全く死滅し、熱線によって一瞬で蒸発しなかった物も、いくつもの台風を一緒にした威力のように爆風と衝撃波によって粉砕された。

ボブは狭い隔室の中で慣れないK－20カメラを外の光景に向けて構えようとしたが、機銃の照準器と窓枠が邪魔になり右側にある緊急脱出用の窓からしか写真が撮れそうになかったので、すぐにティベッツに報告して機体を五度から一〇度ばかり旋回してもらうよう頼んだ。すると広島というか、広島のあったらしい場所（ルイスは目の前で街が消え失せたと記録している）の方角が目の前にあらわれてきた。「飛行機が何機か見えます……流れ出る溶岩の外側には飛行場と港の一部が見えます。いえ……溶岩というより泡立った糖蜜のようです。それが街の上空にどんどんひろがっていって、周囲の山麓に這い上がっています」熱で溶けた大地と金属が一緒に混ぜ合わさって巨大なエネルギーとなり、それが周囲にあるすべての物質を消滅させていた。

「なんてこった、こっちに来るぞ」ボブは独りで呟いたが、すぐに思い直してティベッツに伝えた。「大佐、こちらに近づいてきます……噴煙の頂上が近づいてきます」ティベッツは直ちに針路を変えた。

「これで戦争が終わるんだ」この光景を目にした十九歳のネルソン上等兵は声に出して言った。

「こんなにもの凄い力で脅せば、敵は従うしかないんだ」

「大釜のようだ」シューマードは、色とりどりの雲を煮立てて不気味な醸造物を造っている大釜を連想して、ぞっとした。「あの噴煙の中にあるものは、死だけなんだ」そう呟いたとき、「すべての日本人の霊が天に昇っている」という声が聞こえたような気がした。

煤煙と蒸発した物質と土とが一緒に巨大な渦巻きとなって上空に舞い上がり、その渦巻きの頂は巨大な傘が開いたようになって、破壊された街を覆い隠した。広島の街はホルナダ・デル・ムエルトのように焼け焦げた砂漠になっていた。

＊＊＊

ボブはフィルムがなくなるまでシャッターを押しつづけながらティベッツから命じられたように噴煙に目を注いでいた。それからしばらくして噴煙が見えなくなったときには、エノラ・ゲイは広島から南に一時間半経過した上空を飛行していた。地平線の彼方では巨大な海獣がまだ立ち去っていなかったが、広島は上空の層雲に遮られて、もう見えなかった。ボブが航法士のヴァン・カークにそのことを伝えると、広島は我々の五八四キロメートル後方だと教えられた。ボブは、その数値を地球の曲率から計算し直して、実際には広島はここから六一〇キロメートルの地点だろうと思った。ティベッツが高度九四〇〇メートルで水平飛行に移ったとき、噴煙は自分たちの頭上までのぼっていたから、噴煙の高さは一万五二〇〇メートルほどになる。

ティベッツは今回の作戦が今までの飛行任務と変わらないほど簡単に済んで、拍子抜けした気分だった。とはいえ、すべてが自分の緻密な計算によってなされたのだ。「さあ飛ぶのよ。あなたなら大丈夫よ」エノラ・ゲイ・ティベッツは、いつも正しかった。ヨーロッパとアフリカ戦線での任務、試験飛行、それに今回の作戦任務十三号の長い準備期間のあいだのすべてにわたって、ティベッツは自分の身を案じることはめったになかった。その証拠に自分が「大丈夫」なら隊員たちも大丈夫だった。エノラ・ゲイは八十二号機にぴったりの名前だった。

搭乗員たちは単調なエンジン音をかき消すように喋りつづけている。静寂のままでは自分たちが目撃したおぞましい光景と恐怖心を和らげることができなかったのだ。ティベッツが、昨年の九月一日にコロラドスプリングスに呼ばれて原子爆弾の投下任務を命じられてから、今日までの慌ただしかった日々は、この歴史的な瞬間のためだった。科学者たちはやり遂げたし、ティベッツもやり遂げた。ただ、これは日本に致命的な打撃を与えたのだろうか？　それとも満身創痍の相手が立ち上がって、よろめきながらも戦いを続けようとするだろうか？　しかし原子爆弾を投下したのに日本がまだ戦争を続けるなんて考えられないことだ。どんな戦争でも想像もできないことをもたらすものなのだ。ティベッツの願いは機内の全員の気持ちと同じだった。事実、誰もが平和の達成とその代償について想いをめぐらせていた。みんなの想いを現実に引き戻すように、ボブが口を開いた。

「大佐、このたびのことをやり遂げるのに、どれだけの人間がかかわったのでしょうか？」

ボブがティベッツに次から次へと質問を浴びせた。一体どのように始められたのか？　どれだけの費用がかかったのか？　中心となった人物は誰なのか？　かかわった科学者たちのほとんどが移民だということは皮肉なことではないか？　そんなボブの質問に、ティベッツは辛抱強く丁寧に説明をしていった。

　不思議なことだったが、搭乗員の誰もが、原子爆弾が完成するまでの経緯を知りたい気持ちと、原子爆弾によって戦争が終わってほしいと願う気持ちにとらわれていながら、いつの間にか原子爆弾のあの爆風と衝撃波の中を生き抜いたのだ。エノラ・ゲイの精神は全員とともにあった。

＊＊＊

「二時の方角に戦闘機！」

　ボブは、緊迫したその声が誰のものなのかわからなかったが、慌てて壁際の計器盤に向かってコントロールスイッチを全部オンにした。

「何があったんだ？　電源を入れたのは誰なんだ？」航空機関士のドゥーゼンベリがインターコムに向かって怒鳴った。ボブのところにある二個の発電機と電流計には四〇〇アンペアが流れていて、二個の発電機には一度に電流が流れないように一〇秒あけてスイッチが入るようになっていた。とはいえ、機銃が発射できるようになるまで一〇秒間を三回も待つのはひどく長く感じられた。

　幸い敵機が接近してきた様子はなかった。ボブは念のためもう一度機外を見まわしたが、二時の方角には何も見えなかった。周囲にはグレート・アーチストと思われるB－29が遠くに一機見えるだけだった。その光景を見ていると、エノラ・ゲイがグレート・アーチストと一緒にテニアン島への空の旅を楽しんでいるように思われた。

テニアン島まであと三十八分の上空で、ティベッツはテニアン島の北飛行場から発信されたファレル准将の祝電を受け取った。ボブは機銃を作動させる電源を止め、尾部にある装備品を収納して補助発電機を始動させた。エノラ・ゲイが着陸すると歓迎の出迎えを受けることが予想されたので、グレート・アーチストと九十一号機はエノラ・ゲイを先に着陸させた。

エノラ・ゲイが息詰まるような緊張の中を離陸してから十二時間十三分後に飛行場に着陸してくると、滑走路の周囲に集まって歓声をあげる数百人の士官や下士官兵たちから熱烈な歓迎を受けた。誘導路には軍服姿の高級将校たちの一団も集まっていた。

ボブがハッチから機外へ出ると、すぐにMPの運転するジープに乗った写真班のオシップが横付けしてきて、ものも言わずにボブからK－20カメラをむしり取った。それからグレート・アーチストと九十一号機に取り付けてあったK－17カメラの撮影済みフィルムも取り出すと、世界で唯一の出来事を記録したフィルムをすぐに現像処理するため大急ぎで立ち去った。

航空団のデービス司令官が降りてきた搭乗員たちの前に出て、ポール・ウォーフィールド・ティベッツ大佐に殊勲十字章を授与すると言った。ティベッツはそのときパイプを手で弄んでいたので、デービス大将がティベッツのそばに近寄ってきたのに気づいて、慌ててパイプを左の袖に隠した。戦略航空軍司令官のカール・トゥーイ・スパーツ大将がティベッツと握手をしてから、飛行服の胸に殊勲十字章のメダルを着けた。長年にわたって旧知だった二人は数歩下がって敬礼を交わした。そしてほかの搭乗員たちには銀星章が授与された。

後年、徹底主義のグローヴスがティベッツを賞賛した。「君と第五〇九混成部隊のおこなったことは完璧だったよ」原子爆弾の投下作戦は、それを構成する多くの要素が精確に機能し合いながら動きまわる一個の生命体のようだった。

搭乗員たちは、これまでの飛行任務のときでも作戦が終了すると、しばしば医務室で診察を受けていたが、今回の第五〇九混成部隊の医療関係者たちは、搭乗員たちが長時間にわたる高高度での任務による身体的影響について診察する以外に、精神的な影響にも関心を持っていた。そのため医師たちは心理的に効果のある麻酔薬として、上等なバーボンウイスキーを治療のために処方した。

その日の午後、医師たちが搭乗員たちのところへ来て手早く診察を済ませると、そのあとは肩の凝らない雰囲気の報告会が開かれた。テーブルの上には喉の渇きを癒すためにレモネードと、希望者には少しアルコールを混ぜたものも用意された。

ボブは、いける方ではなかったので、スパーツ大将と向かい合わせのテーブルの末席近くに座っていた、情報部将校へイズン・ペイエットの右に腰をおろした。そして、ドゥーゼンベリが面白半分に自分の頭を刈ったことを恨めしく思いながら、ブルックリン・ドジャーズの帽子を取らずにいた。あのとんでもない出来事はシューマードの思いつきで、「魚雷ジュース」をしこたま飲んで酔っ払ったドゥーゼンベリを焚きつけて、散髪代が助かると言ってボブの頭を刈らせたのだ。おかげで頭は大海原に島々が点在したようなひどい虎刈りになった。ある隊員はボブの頭は「ブラックフット・インディアンの頭と草の生え始めた草原を混ぜ合わせたようだ」と言った。「ボブ……！」向こうの席に座っていたティベッツが、帽子をかぶったままのキャロンを注意した。

ボブは、仕方がないという態度で、しぶしぶ帽子を持ち上げながら、そこに居並ぶ司令官たちの方に自分の頭を見せた。

「帽子をすっかり取らせたいんですか、大佐？」

スパーツ大将がボブの頭をしげしげと見た。それから部屋中が大笑いに包まれた。可笑しさをこらえながら、スパーツが言った。

「曹長、帽子はかぶったままでよろしい」

＊＊＊

逃がした魚は大きいという喩えのように、エノラ・ゲイの搭乗員たちが原子爆弾のすさまじい威力を語っても、報告会の質問者にとっては信じがたい誇張された話のように思われた。爆弾が投下された時刻も、驚くほど正確だった。エノラ・ゲイは目的地まで六時間もかけて飛行したのに、予定されていた爆弾投下の時刻からわずか十七秒遅れただけだった。

報告会が終わる頃には、第五〇九混成部隊のために給食担当官のペリーが用意した手の込んだバーベキューの祝賀会もすでに終わっていたので、空腹に耐えきれなかった搭乗員たちは、わずかに残っていた料理をかき集めて、ほかの隊員たちと夜中まで飲み食いした。

写真班ではオシップ大尉がK－17カメラの七〇ミリネガを拡大ルーペで確かめていたが、ひどくがっかりしていた。機体に固定されたカメラはうまく撮影できてはいたが、原子爆弾が炸裂した光景を捉えたものは一枚もなかったのだ。フィルムは、どれも飛行機が旋回して退避行動を取っているときに撮影されたものばかりだったので、斜めになった水平線や地上が写っていないものばかりだった。そうだK－20カメラが残っていた！　ネガを見たオシップは飛び上がるほど喜んだ。ライトテーブルに置いたネガには原子爆弾によるすさまじい噴煙が写っていて、ひとコマごとに噴煙が高くのぼっていく様子が撮られていた。オシップは、その中からもっとも鮮明なネガを選び出すと、大急ぎで印画するよう命じた。そして世界中がこの写真を見るまで待っていろよ、と心の中で叫んだ。

＊＊＊

その頃、スティムソン陸軍長官は、トルーマン大統領と一緒にポツダムから帰国途上のアメリカ海軍重巡洋艦オーガスタの中で、広島に投下された原子爆弾の第一報を待っていたが、「馬鹿げたこと」が大方失敗に終わるのではないかと思っていた。

三日前の八月二日、プリマス沖に停泊中のイギリス海軍巡洋艦で開かれたトルーマン大統領の歓迎昼食会の席で、アメリカ海軍のリーヒ提督がイギリス国王ジョージ六世に「わたしは、あれはうまくいかないだろうと思っています。わたしにとりましては科学者の単なる夢物語だという気が致します」と断言した。

「提督、それについて、ちょっと賭けをしてみませんか?」ジョージ六世が言った。

グローヴスは何事についても待つことが嫌いだった。とにかく行動あるのみだった。待つことは時間の浪費だと考えた。それで何か行動しようと思って、陸海軍カントリークラブのテニスコートで汗を流すことにした。そして、原子爆弾投下の結果がわからないままプレイを続けていくうちに、戦争を終わらせるためには「ワンツーパンチ」がもっとも理に適っているという確信をますます深めた。「一発目の原子爆弾(なぜ成功の知らせがこんなに遅いんだ?)は日本に対して、それがどんなものかを示してやればいいんだ。そして二発目を投下して原子爆弾がもっとあることを知らせてやるんだ。そうなれば日本は降伏するしかないんだ」

＊＊＊

トルーマンは、日記帳に次のように書き記した。「ポツダムから帰国する旅の四日目、世界中を震撼させる歴史的な知らせが届いた。オーガスタの乗員たちと一緒に昼食をとっているとき、ホワイトハウスのマップ・ルームの当直士官フランク・グラハム大尉がわたしに電文を手渡した」

陸軍長官から大統領宛
ワシントン時間八月五日午後七時十五分、広島に大型爆弾を投下
完全なる成功との第一報
先の実験をはるかにしのぐ結果

「歴史上最大の出来事だ」いぶかしそうな目で自分を見ている水兵たちに向けて、トルーマンが大きな声で言った。「これで家に帰れるぞ」

終章　帰　国

ボブや仲間の下士官兵それに上官たちは、まだ帰国できずにいた。無邪気なルイスは、エノラ・ゲイが広島に原子爆弾を投下して「ヒロヒト・ハイウェイ」をテニアン島に向けて帰投するまでには、日本が降伏したというラジオ放送があるものと期待していたが、そんな放送は流されなかった。

ルイスと同じように日本の降伏を待ち望んでいる数百万人のアメリカ国民に対して、トルーマンはラジオで語った。「原子爆弾は、何の警告もなく真珠湾を攻撃し、アメリカ軍の捕虜を飢えさせ暴行し処刑し、戦時国際法を遵守しなかった者たちに対して使用された」のであり、「我々は、戦争を起こした日本の軍事力を徹底的に破壊し尽くすまで原子爆弾を使用するつもりです。我々を止めることができるのは日本が降伏することだけなのです」

＊＊＊

アンとジョージは、ラジオでトルーマン大統領がB－29一機が日本に原子爆弾を投下したと語ったとき、それまで何時間もパジャマとガウン姿のままだった。「太平洋上には何百機、いやおそらく数千機のB－29がいるはずだ」ジョージがそう言ったとき、アンは、このたびのことが息子の部隊と関係があるような気がした。しばらくして爆弾を投下したB－29の機長の名前が放送された。ポール・W・ティベッツ大佐だ。

陸軍航空軍がエノラ・ゲイの搭乗員たちの名前を発表したとき、ニューヨークの各放送局は搭乗員の中でニューヨークに関係のある者を探し出して放送した。「ニュージャージー出身のロバート・ルイス大尉は副操縦士で、リンブルック出身のジョージ・キャロン曹長は尾部射撃手です。この二人は広島に原子爆弾を投下したB－29に搭乗していました。なお陸軍航空軍は現在まで二人が生存しているかどうかについては明らかにしていません」

アンには搭乗員の中にボブがいることはわかっていた。ラジオで搭乗員の名簿に「キャロン」の名前が放送されると、すぐに報道関係者から電話がかかり出した。アンとジョージはパジャマ姿のままひと晩中、同じ問い合わせにくりかえし同じ返事をした。記者たちは二人が話す内容を走り書きして新聞記事にするため大急ぎで印刷にまわした。

同じ頃、戦時情報局は日本国民に向けて降伏を勧めるビラを日本語で書いて数百万枚印刷し、直ちに日本上空へ散布するために運ばれていった。

日本ではサンフランシスコのラジオ放送局が流したトルーマンの放送内容を受信していた。東京では外交官の加瀬と政府の関係者たちが色を失っていた。一発の爆弾で広島市が壊滅したのだ！　狼狽しながらも、一発でTNT火薬二万トンに匹敵する破壊力をもった爆弾とは一体どのようなものかを突き止めようとした。Ｂ－29が投下する通常爆弾による被害状況はこれまでも把握されていたが、それが今回は、たった一発の爆弾で……？

日本陸軍の畑元帥は、広島市から一・六キロメートル離れた作戦本部から、今朝のＢ－29による爆撃の「被害は軽微で、身を守らなかった者だけが負傷した」と報告した。

このような幻想は、それからも続いた。八月六日午後六時の東京のラジオ放送局は、取るに足らないニュースとして「八月六日午前八時二十分に数機のＢ－29が広島市に焼夷弾と爆弾を投下した模様です。被害の詳細は目下調査中です」と、現実とはほど遠い内容を伝えた。

一方のアメリカ軍は広島市の六〇パーセントは消滅した、と厳しい現実を伝えていた。またマニラと沖縄から日本に向けて流されるアメリカのラジオ放送局は、日本の指導者たちが降伏すれば今回のような殺戮は中止すると放送したが、日本陸軍が通信を妨害したため、その内容を日本の国民が耳にすることはなかった。

「このまま戦争を継続することは集団自殺に等しい行為です」加瀬は政府に訴えた。良識ある者は降伏を望んでいたのだ。さらに加瀬は表立って口にできないようなことを言った。「陸軍の人間には良識は通用しません。相も変わらず破滅の道を突き進んでいるだけです」

日本の報道機関は、アメリカ軍によるこのたびの広島市への爆撃を一斉に「野蛮な行為」と非難したが、アメリカ軍が一五〇〇万枚にもおよぶ宣伝ビラと、ニュース報道記事を日本の多くの都市にばらまいた結果、日本国内では動揺がひろがった。ニュース報道記事の一面には原子爆弾が爆発したときにボブが撮った写真が載っていた。降伏を勧告する宣伝ビラの文章は、新聞記者の経験があるジョン・モイナハン少佐と詩人肌のファレル少将が作ったものを、沖縄で捕虜になった三人の日本軍将校が日本語に翻訳したものだった。

この無益な戦争を長引かせてゐる軍事上の凡ゆる原動力を此の爆弾を以て破壊する前に我等は諸君が此の戦争を止めるよう陛下に請願することを望む。米国大統領は曩（さき）に名誉ある降伏に関する十三ヶ条の概略を諸君に述べた。この条項を承認しより良い平和を愛好する新日本の建設を開始するよう我等は慫慂（しょうよう）するものである。諸君は直ちに武力抵抗を中止すべく措置を講ぜねばならぬ。

日本の指導者たちは、それでもまだ沈黙を守っていた。一九四五年八月九日午前十一時一分、ボックスカーが長崎に二発目の原子爆弾「ファット・マン」を投下した。

翌八月十日、日本からの公式な降伏声明がスイス経由で届けられる前に、日本からアメリカ政府に対して非公式な降伏の発表が日本のラジオ放送から発信された。軍部の強硬派は政府を転覆して戦争を継続しようと画策していたが、まもなく日本の無条件降伏が決まり、九月二日には東京湾に停泊中の戦艦ミズーリの艦上で降伏文書の調印がおこなわれ、五七ヶ国を巻き込んだ第二次世界大戦は終結した。この大戦によって世界中で五四八〇万人が犠牲となり、その多くは民間人だった。その内の七五〇万人はロシア人で、アメリカでは二九万人の命が失われた。

その年の夏から秋にかけてアメリカ本国に帰ったティベッツ、ヴァン・カーク、フィアビーを除くボブやエノラ・ゲイの搭乗員たちは、まだテニアン島に留められていた。十一月上旬、ルイスに対して、ニューメキシコ州ロズウェルに移動した第五〇九混成部隊に、エノラ・ゲイを操縦して隊員たちを帰隊させる命令がくだされた。帰国するエノラ・ゲイの機内は、飛行と地上任務の隊員たちが所持品をもって搭乗したため寿司詰め状態となったので、ボブは機体尾部の勝手を知った狭い隔室の中で太平洋上を通過した。

帰国することになった五機のB－29は、B－24とB－17が昼間に飛行するあいだに夜間に飛行する許可を受けていた。ルイスがテニアン島の北飛行場から本国に向けて離陸したときは日没前だった。最初の中継場所はクェゼリンで、そのあとがハワイ、最後がカリフォルニアのマザーフィールドの予定だった。

クェゼリンでは、夜になってエノラ・ゲイが離陸しようとしたとき、ほかの飛行機が滑走路の前を塞いでいたため、すぐに離陸することができなかった。ルイスは一刻も早く離陸したかったので、プロペラを逆回転させて機体を後進させ、ほかの飛行機のあいだを縫うようにして地上滑走しながら滑走路の前に出た。それを見た管制塔から「どうしてそんなに急ぐんだ？」とルイスに連絡が入った。「ここから早くずらかりたいんだ」ルイスが応答した。

ホノルルでは報道関係者が待っていた。インタビューと写真撮影が済んでから、隊員たちは分厚いステーキを堪能した。そのあと満腹とほろ酔い気分で入れ墨店に立ち寄り、国への土産に入れ墨を彫ってもらおうと考えたが、自分たちの前にお客が並んで待っていたので、あきらめて宿舎に戻って床に就いた。

ルイスはマザーフィールドからロズウェルまでは昼間に飛行することにした。ロズウェルではボブが二年半ほど任務で一緒だったティベッツが出迎えてくれた。

除隊の手続きは装備品の返却なども必要だったので、二週間かかった。給与の一部は紛失した所持品のため差し引かれたが、装備品の一部を記念品として買うことは許可されたので、ボブはA－2とB－4のジャケットを選んだ。それから積立金の契約書にサインをした。

ケイはカンザス州ドッジシティーから車で迎えに来たが、体重が五七キロに減った夫のボブ・キャロンが初めは見分けられなかった。ふたりはケイの両親が暮らす農場で翌年二月まで過ごし、高熱を出した赤ん坊のジュディが落ちつきボブが痩せた体を回復させるまで農場に滞在した。

ボブは一九四〇年製のシボレー・コンバーチブルを転売するため車の評価額を調べ、六五〇ドルの希望価格に設定したまま買い手には何も宣伝しなかったが、まもなくして闇取引をすると二倍の値で売れることを知った。このようなやり方は嫌いだったので、希望価格ですぐに買い手が付き、その代金で東海岸へ行く飛行便のチケットを買って仕事を探すことにした。

技術者の仕事はニューヨークでは需要が大きく、戦時中に好景気となったマクソン社では熟練の技術者たちが多く残っていた。住居は仕事と同じように不足していたので、ジョージとアンはボブたち一家に自分たちのところに引っ越してくるよう勧め、ジョージはボブたちのために自分の展示ショップに部屋を別に作ってやった。

一九四六年四月、ティベッツは軍隊記念日のパレードのためエノラ・ゲイを操縦してニューヨークのラガーディア空港まで飛行した。そのときボブはパレードをリードする役目をつとめることになり、それと同時にルイスと二人で接待役もつとめた。群衆が五番街の沿道を埋め尽くし、パレードが通り過ぎるとき見物人たちは、行進している軍人たちの飾り紐や制服のボタンを引っ張って記念品として引きちぎった。

一九四六年の晩秋にはボブとケイに息子のボビーが誕生し、まもなくして樫の木の茂ったロングアイランドの人家のまばらな場所にケープコッド風の平屋の家を建てて移り住んだ。

エド・サリバンがニューヨーク・デイリー・ニューズのコラムに、ボビーはエノラ・ゲイの搭乗員に生まれた初めての赤ん坊だと書いて、ある科学者が原子爆弾の放射線の影響で不妊症になると語った主張が根拠のないものだということを証明した。

＊＊＊

戦争が終わって、日本人たちは少しずつ活気を取り戻し、長い時間をかけながら今までの暮らしを立て直しはじめた。実際のところ日本人たちは、戦争を終わらせるために原子爆弾を投下されたことを「仕方がない」と思っていた。

トルーマンは、戦争を終わらせる手段として原子爆弾を投下したことは「別に大した決断ではなかった……。原子爆弾は、正義という兵器庫にあった強力な武器のひとつに過ぎなかった」と語った。トルーマンの信念は簡潔なものだった。大統領執務室の壁にマーク・トウェインの格言が小さな額縁に入れて掛かっていた。「常に正しいことをせよ。それは、ある人には喜びをもたらし、ほかの人には驚きをもたらすだろう」

戦争において正しいこととは、勝利することだった。トルーマンは、それを成し遂げるために、ひとつの道を選んだに過ぎなかった。広島に投下された原子爆弾はトリニティ実験の二倍に相当するTNT火薬二万トンの破壊力を示した。一九四八年、サンドストーン作戦と呼ばれた核実験ではTNT火薬四万九〇〇〇トンに相当する破壊力を示した。最初の核実験からわずか七年後には、アイビー作戦と呼ばれた核実験で水素爆弾がTNT火薬一〇四〇万トンに相当する破壊力を示した。こうして、かつてないほど強力な核兵器が冷戦時の抑止力として保有されるようになった。

「ひとつの戦争を終わらせる以上に、すべての戦争が起きないようにしたいのです」ルーズベルトは、急死した翌日の一九四五年四月十三日のジェファーソン誕生記念日に、国民に向けた放送でこのように語るつもりだった。その演説の抜粋はルーズベルトの信念を如実にあらわしている。

今やわたしたちはきわめて重大な現実に直面しています。もしもこのまま文明が続くとすれば、わたしたちは人間関係についての知識を養わなければなりません。すなわち、すべての人々、すべての人種がひとつの世界で平和に暮らしていくことができるための知識を培うことです。

一九四五年八月六日に広島の上空九六〇〇メートルでボブが一時的に盲目になるほどの目を貫く閃光によって、もっと明らかなことが見えるようになった。想像を絶するような光景を目撃し、考えもおよばないような核兵器の威力を体験しながらも、平和な時代は訪れるのだ。ボブは率直な言い方をするが、情緒豊かな人でもある。

「わたしは、エノラ・ゲイの尾部から見たあの朝の光景を、ほかの誰にも決して見せたくないと願っているのです」

エノラ・ゲイの搭乗員たち

本書が出版される時点で、エノラ・ゲイの搭乗員で現在も存命の六名のうち一人の方とは音信不通であるが、五名の方たちとは連絡を取り合っている。

ジョージ・ロバート・キャロン氏は、戦争が終わってから五年間、ロングアイランドにあった父親の陳列展示の店で働いた。その後、一九五〇年にW・L・マクソン社の代表取締役副社長で主任技術者のジャック・ボーガン氏が、飛行機の翼下に取り付ける銃座と爆弾投下用コンピュータの設計の仕事を依頼してきた。

ただ、キャロン氏の記憶の中にはデンバーへの想いが強く残っていて、ウィチタにあるボーイング社で技術者の地位に就くことができれば、氏の愛するロッキー山脈にも近いという理由で、一九五四年、コロラド州オーロラにあるスタンレー航空に採用され、コロラドに移住したいという夢が実現した。

それから二年後に、デンバーに新しく設立されたサンダーストランド・コーポレーションに移り、スウェーデン製ジェット戦闘機で初めてとなる定速駆動制御装置を設計する仕事に就いた。その後、サンダーストランドで二十七年にわたって航空宇宙にかんするさまざまな計画に携わり、アーバダにある営業部門の施設を立ち上げるときには中心的役割となった三人のうちの一人となった。そして一九八三年十二月にサンダーストランドを退職した。
一九五〇年と一九六一年には娘のジェニーとキャシーが誕生した。ボブとケイは、今では曾祖父母である。一九五七年に両親のジョージ・ジェイ氏とアン・ウェストリック・キャロン氏は、寒いニューヨークからアリゾナに移り住んだ。

*

ポール・ティベッツ氏は、太平洋戦線に従軍する前はマーク・クラーク少将を北アフリカへ、アイゼンハワー大将をジブラルタルへそれぞれ飛行機で送り届けたことがあった。戦後はボーイングB-47ジェット爆撃機のテストパイロットとなり、その後、中央ヨーロッパで連合空軍とともにNATO軍の一員に任命された。准将に昇進してから、一九五九年にはB-47航空師団の司令官に任命され、のちにインドのアメリカ軍顧問団に配属となった。一九六六年に本国に帰国して国防省の仕事に就いた。三十年にわたって際立った軍務をこなし、退役後はジェット・アビエーションで仕事に就き、一九七六年には代表取締役に就任した。現在は退職して、スケートとトラップ射撃を楽しんでいる。

*

トーマス・フィアビー氏は、イギリスとヨーロッパ戦線でティベッツ氏の爆撃手をつとめ、六四回の飛行任務に就いた。第二次世界大戦が終結したあとは、ティベッツ氏とともにビキニ環礁で実施された核実験に参加した。その任務を終えて陸軍指揮幕僚大学に入学した。その後、ＮＡＴＯ軍に所属してＢ－47飛行大隊の武器弾薬部門の司令官に任命され、一九五九年に大佐に昇進した。ベトナム戦争のときには、グアム島へ配備されてベトナムを初空襲したＢ－52航空団に所属した。空軍での輝かしい経歴を経たあと、一九七〇年に退役してから不動産の仕事に就いた。娯楽はゴルフである。

＊

セオドア・「ダッチ」・ヴァン・カーク氏は、一九四一年十月に陸軍航空群に入隊し、一九四二年四月に航法士の養成学校を卒業した。その後、イギリスで第九七爆撃航空群のＢ－17第一作戦航空群に配属され、ティベッツ氏の航法士として任務に就いた。戦争が終わるまでに五八回の実戦任務と八回の輸送任務に就いた。またビキニ環礁での核実験にも参加した。一九四六年八月に少佐で退役したあと、大学へ復学してバックネル大学で化学工学の学士号と修士号を取得した。民間人として国内の大手化学企業での研究、販売、管理の経歴は三十五年におよび、一九八五年に退職した。

＊

リチャード・「ジュニア」・ネルソン氏は、エノラ・ゲイの搭乗員の最年少で、一九四三年に陸軍航空軍に入隊した。大学での教育訓練課程を修了して無線通信士の養成学校で学んだあとB－29の補充員としての訓練を命じられ、ユタ州ウェンドーバーの第五〇九混成部隊へ配属された。退役後は学位を取得するため大学へ復学した。その後、国内の某大手企業に就職して西部地区営業部長に昇進した。退職してからも忙しい日々を送り、現在はカリフォルニアでオレンジ農園を経営している。

＊

モリス・ジェプソン氏は、広島への原子爆弾投下作戦のときはリトル・ボーイの起爆装置を設定する補佐として任務に就き、戦後は物理学者と経営者になった。現在はアメリカ西海岸で暮らしているらしい。

＊

エノラ・ゲイの搭乗員で故人となられた方は、ウィリアム・パーソンズ氏（リトル・ボーイの起爆装置設定担当、一九五三年没）、ロバート・シューマード氏（航空機関士助手、一九六七年没）、ジェイコブ・ビーザー氏（電子対策担当、一九八二年没）、ワイアット・ドゥーゼンベリ氏（航空機関士、一九八二年没）、ロバート・ルイス氏（副操縦士、一九八三年没）、ジョセフ・スティボリック氏（レーダー士、一九八四年没）の諸氏である。

訳者あとがき

一九四五年（昭和二十年）八月六日、人類史上初めての原子爆弾が広島市に投下され、街は一瞬にして阿鼻叫喚の生き地獄と化しました。原子爆弾による犠牲者の詳細な実態は現在に至るまで不明のままですが、その日の内に少なくとも五万人が死亡し、年末までには約一四万人が死亡したと推定されています。そして、その後も後遺症などによって亡くなる人は今もあり、原爆死没者名簿の数は三〇万人を超えています。

原子爆弾を投下したB－29爆撃機エノラ・ゲイには、操縦士以下十二名の搭乗員が任務に就いていました。本書は、その搭乗員の一人だったジョージ・ロバート・キャロン曹長の半生を、本人の口述筆記をもとに出版された原題 *Fire of a Thousand Suns*（千の太陽の火）を訳出したものです。本書の内容は、半生記という性格上、キャロンの少年時代からB－29の搭乗員になるまでのこまかな私生活が中心に描かれていますが、時を同じくして核開発計画が始まり原子爆弾が完成する過程や、「超空の要塞」といわれたB－29が開発され完成するまでの経緯を、キャロンの人生に織り交ぜながら、運命の八月六日に至るまでが語られています。

キャロン曹長は、エノラ・ゲイの機体最後尾にある銃座の射撃手として日本軍戦闘機の攻撃に応戦する任務に就いていました。エノラ・ゲイは原子爆弾（リトル・ボーイ）を投下した直後、炸裂の衝撃を避けるため、いち早く待避しましたので、最後尾にいたキャロンは遠ざかって行く広島の上空で原子爆弾が炸裂する瞬間を目にした唯一の搭乗員でした。現在、わたしたちが目にする、広島上空に立ちのぼったキノコ雲の写真は、そのときキャロンが撮影したものです。

本書は、このような内容のため加害者の立場から原子爆弾の姿を描いたものですが、米国が原子爆弾を投下した背景や、そこに至るまでに紆余曲折があった事情を知ることができ、被害者であるわたしたちとはちがった視点から原子爆弾がどのように見られていたかを知ることができます。

原子爆弾が絶対悪であることは誰もが認めることでしょうが、それでも広島と長崎に原子爆弾を投下したことの是非については、今でもさまざまな議論がなされています。

原子爆弾の投下を認可した当時のトルーマン大統領は「別に大した決断ではなかった……」と語っています。原子爆弾は、正義という兵器庫にあった強力な武器のひとつに過ぎなかった」と語っています。果たして正義の戦争というものがあるのか疑問ですが、米国では、現在でも原子爆弾の投下を正当化する人が少なくないのは事実です。日本に原子爆弾を投下したからこそ戦争が早く終結し、米国人だけでなく日本人も多くの犠牲者を出さずにすんだし、ロシアが日本に侵攻する機会を失いドイツのように国を二分されなかったではないかと主張する人がいます。それは一理あることで、その論理にしたがえば、日本は米国に感謝しなければならないことになります。とはいえ原子爆弾が人類史上まれに見る惨劇をもたらしたことは、まぎれもない事実です。

一九八五年に、キャロンが米国内で受けたインタビューの中で次のように語っています。

記　者：あなたは、原子爆弾を投下したことを後悔していますか？

キャロン：いいえ、少しも後悔していません。あれは自分の任務だと思っていましたから。

記　者：日本の都市に投下するのではなく、海上に投下して威力を示すべきではなかったかと言う人もいますが……。

キャロン：わたしは、そのような方法では戦争を終わらせることはできなかったと思います。当時、日本はすでに戦争に負けていたのに、女性や子供まで駆り出して戦おうとしていたんですよ。そんな相手に別の場所で爆弾の威力を示して効果があったでしょうか。

キャロンのこの言葉は必ずしも非難されるべきではありません。米国にかぎらず軍人である以上、命令を忠実に実行することは当たり前のことだったでしょうし、搭乗員たちは、八月六日当日まで任務の内容を知らされていなかったのです。

一方で、戦後になってエノラ・ゲイの搭乗員の中には、原子爆弾を投下したことについて「恥を知れ」という内容の手紙を何通も受け取った人がいたそうです。しかし、それは的外れな非難だと思います。命令にしたがっただけとはいえ、あれほどの兵器を使用して良心の呵責を感じない人がいたとは考えられませんし、キャロンもそう感じていたはずです。本書の末尾に「わたしは、エノラ・ゲイの尾部から見たあの朝の光景を、ほかの誰にも決して見せたくないと願っているのです」と語ったキャロンの言葉が彼の想いを端的にあらわしていると思います。その言葉は、被爆者たちが「あのような悲劇は二度とくり返してはならない」と悲痛な想いで訴える言葉とも重なるものです。

原著を執筆したシャルロット・ミアーズ（Charlotte Meares）は、原子爆弾の投下が正しかったかどうかについては言及せず、終始、淡々とした筆致で話を進めています。本書で描かれたキャロンの様子について、時にはジョークを交えたりコミカルな表現も出てきますが、半生記という性格上やむを得ないと思います。一方で原子爆弾が投下された直後の惨状についてはほとんど語られていませんが、読み進めて行くうちに、人間の手によってこの世に生まれた原子爆弾が一個の不気味な生命体のように次第に成長してゆき、まもなく人間の理性や力ではどうすることもできないほど強大になって、ついに広島の上空で炸裂した様子が伝わってきます。

わたしは広島の被爆二世です。両親をはじめ身内のほとんどが被爆し、中学生だった十五歳の叔父は被爆翌日に死亡しています。あの日、広島市内で勤労奉仕に従事していた八〇〇〇人あまりの十代の学生たちをはじめとする、何の罪もない民間人を一瞬にして無差別に殺戮した原子爆弾に対する憎しみを、わたしは生涯決して忘れることはできません。ただ、このような悲劇をもたらした加害者が誰なのかを考えたとき、わたしには、特定の誰かではなく一般名詞の人間だとしか考えられません。人間が歴史の潮流の中で核兵器の入ったパンドラの筐を開けてしまった結果が、このような惨劇を招いたのだと思うのです。

一九四六年に*HIROSHIMA*を出版したことで知られるジョン・ハーシーは、戦時中は日本軍に対して野蛮な軍隊だと憎しみの感情を抱いていたそうですが、従軍記者としてガダルカナル島の戦闘を経験したとき、自分を狙って射撃してくる日本兵も結局は同じ人間で誰かの息子、夫、父親なのだと自分に言い聞かせようとしたと語っています。ハーシーのこの言葉は、戦争の不条理を端的にあらわしていて、原子爆弾を製造し投下した人間たちも、誰かの息子、夫、父親だったことを想うとき、本書は、原子爆弾にかぎらず戦争という出来事がわたしたちの人間性をいかに踏みにじるかという側面を語っていると思います。

わたしには、キャロンと被爆死した叔父の半生があまりにも似ていることに驚くとともに、複雑な気持ちになります。キャロンは子供の頃から模型飛行機作りに熱中し飛行機乗りを目指しましたが、そんな彼の半生は、同じように模型飛行機作りに熱中し大空に憧れていた叔父の半生と重なるからです。しかも視力の悪かったキャロンが巧妙な方法で視力検査をパスして搭乗員になったことと、近視だった叔父が飛行機乗りになれず悔し泣きしたという点はちがっていたとしても、二人とも視力が悪かったことまで皮肉なほど似ています。年齢こそちがえ、二人が驚くほど似た半生を送ったことを想うとき、わたしは奇妙な空想に浸ることがあります。もしも米国と日本の立場が逆になって、原子爆弾を開発した日本が米国に飛行機を飛ばして原子爆弾を投下したかも知れない、そしてそのとき叔父が飛行機の搭乗員だったかも知れない、などと空想してしまうのです。馬鹿げた空想かも知れませんが、歴史の流れがわずかでも変われば、被害者が加害者になることもあり得る気がするのです。

原著は、原子爆弾の投下を正当化したり非難したりしようと意図して書かれたものではありません。ただ原子爆弾という恐るべき兵器の姿を客観的な立場から見つめて、広島と長崎に原子爆弾が投下された歴史的事実をわたしたちがどのように考え、未来に向けてどうすべきなのかという問いを投げかけていると言えます。

本書を訳出するにあたっては、米国の友人アレン・スピバック（Allen Spivack）に心より感謝します。原著には一九〇〇年代前半の米国の世相、風俗、庶民の生活などわたしの知らない記述が随所に描かれていて、理解できない部分が少なくありませんでした。そのため、彼に不明な箇所を何度も問い合わせて何とか訳出を終えることができました。その意味で、本書は彼との共訳だと言えます。そもそも原著をわたしに紹介してくれたのはアレンでした。ユダヤ系米国人のアレンは、ナチスによるホロコーストだけでなく米国による原子爆弾投下についても批判的な立場を取っていて、わたしが被爆二世だということを知って原著を勧めてくれたのです。彼はわたしと同世代の戦後生まれで、原子爆弾の惨状を直接知っているわけではありません。しかし毎年八月六日と九日にキャンドルを灯して、広島と長崎の犠牲者を追悼してくれる彼のような米国人がいることも事実です。

また原著の著者シャルロット・ミアーズにも感謝します。彼女は、キャロンの私生活にかんする記述の中でアレンにもわからない箇所について丁寧に説明して下さった上、原著の版権を数年前に米国の太平洋戦争国立博物館に委譲していたため、翻訳権にかんする煩雑な交渉ではさまざまな形で尽力してくれました。このお二人の協力がなければ本書は誕生しませんでした。

さらに、文芸社の片山航氏には細かな指摘や助言をいただき、とても参考になりました。心より感謝申し上げます。

原著は一九九五年に出版されたもので、エノラ・ゲイの搭乗員は現在、存命している人はいません。ボブ・キャロン氏も原著が出版された一九九五年に死去しています。

なお原著の日本にかんする記述で、歴史上の事実と異なる部分が散見されましたが、本書の主旨を大きく変えるものではありませんので、原著のとおり訳出しておきました。

訳者プロフィール

金谷 俊則（かなや としのり）

1951年、広島市に生まれる。
広島大学医学部卒業。広島市在住。
著書：
『吉川興経』（2004年、中央公論事業出版）
『武一騒動　広島・旧浅野藩下における明治農民騒擾の真相』（2005年、同）
『毛利隆元』（2008 年、同）
『ヒロシマ　叔父は十五歳だった』（2014 年、幻冬舎ルネッサンス）
『Hiroshima : From the shadow of the grass』（2015 年、Gentosha RenaissanceInc.）（上記の英訳版）
『毛利隆元私見』（2021年、中央公論事業出版）
訳書：
ウィルソン・D・ミスキャンブル『日本への原爆投下はなぜ必要だったのか』（2023年、幻冬舎ルネッサンス）

わたしは広島の上空から地獄を見た エノラ・ゲイの搭乗員が語る半生記

2023年 5 月15日　初版第 1 刷発行
2023年 6 月15日　初版第 2 刷発行

著　者　ジョージ・R・キャロン＆シャルロット・E・ミアーズ
訳　者　金谷 俊則
発行者　瓜谷 綱延
発行所　株式会社文芸社
〒160-0022　東京都新宿区新宿1－10－1
電話　03-5369-3060（代表）
03-5369-2299（販売）

印刷所　図書印刷株式会社

ISBN978-4-286-30086-3